한국장애인
고용공단

직업기초능력평가

한국장애인고용공단

직업기초능력평가

개정2판 발행	2023년 11월 9일
개정3판 발행	2025년 6월 13일

편 저 자 | 취업적성연구소
발 행 처 | ㈜서원각
등록번호 | 1999-1A-107호
주　　소 | 경기도 고양시 일산서구 덕산로 88-45(가좌동)
교재주문 | 031-923-2051
팩　　스 | 031-923-3815
교재문의 | 카카오톡 플러스 친구[서원각]
홈페이지 | goseowon.com

PREFACE

우리나라 기업들은 1960년대 이후 현재까지 비약적인 발전을 이루었다. 이렇게 급속한 성장을 이룰 수 있었던 배경에는 우리나라 국민들의 근면성 및 도전정신이 있었다. 그러나 빠르게 변화하는 세계 경제의 환경에 적응하기 위해서는 근면성과 도전정신 이외에 또 다른 성장 요인이 필요하다.

최근 많은 공사 · 공단에서는 기존의 직무 관련성에 대한 고려 없이 인 · 적성, 지식 중심으로 치러지던 필기전형을 탈피하고, 산업현장에서 직무를 수행하기 위해 요구되는 능력을 산업부문별 · 수준별로 체계화 및 표준화한 NCS를 기반으로 하여 채용공고 단계에서 제시되는 '직무 설명자료'에서 제시되는 직업기초능력과 직무수행능력을 측정하기 위한 직업기초능력평가, 직무수행능력평가 등을 도입하고 있다.

한국장애인고용공단에서도 업무에 필요한 역량 및 책임감과 적응력 등을 구비한 인재를 선발하기 위하여 고유의 직업기초능력평가를 치르고 있다. 본서는 한국장애인고용공단 채용대비를 위한 필독서로 한국장애인고용공단 직업기초능력평가의 출제경향을 철저히 분석하여 응시자들이 보다 쉽게 시험 유형을 파악하고 효율적으로 대비할 수 있도록 구성하였다.

신념을 가지고 도전하는 사람은 반드시 그 꿈을 이룰 수 있습니다. 처음에 품은 신념과 열정이 취업 성공의 그 날까지 빛바래지 않도록 서원각이 수험생 여러분을 응원합니다.

STRUCTURE

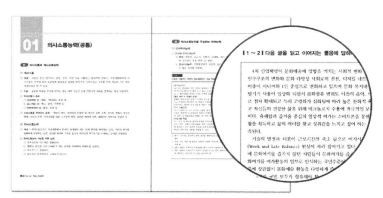

핵심이론정리

반드시 알아야 하는 핵심이론정리를 통해 취업 준비의 시작을 탄탄하게 다질 수 있습니다.

출제예상문제

시험 출제가 예상되는 다양한 문제를 명쾌한 해설과 함께 수록하여 보다 확실한 실전 대비를 할 수 있도록 하였습니다.

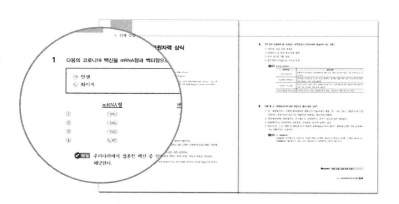

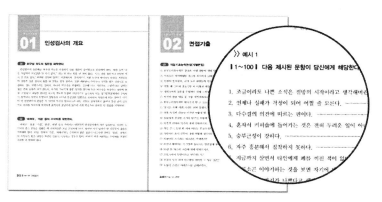

면접

성공취업을 위한 면접기출을 수록하여 취업의 마무리까지 깔끔하게 책임집니다.

CONTENTS

한국장애인고용공단 소개

Chapter 01 공단소개

1 공단소개

(1) 개요

① 설립목적 및 근거
   ㉠ 설립목적 : 장애인이 직업생활을 통하여 자립할 수 있도록 지원하고, 사업주의 장애인 고용을 전문적으로 지원하기 위함
   ㉡ 설립근거 : 장애인고용촉진 및 직업재활법 제43조 제1항

② 수행사업
   ㉠ 장애인의 고용촉진 및 직업재활에 관한 정보의 수집·분석·제공 및 조사·연구
   ㉡ 장애인에 대한 직업상담, 직업적성검사, 직업능력 평가 등 직업지도
   ㉢ 장애인에 대한 직업적응훈련, 직업능력개발훈련, 취업알선, 취업 후 적응지도
   ㉣ 장애인 직업생활 상담원 등 전문요원의 양성·연수
   ㉤ 사업주의 장애인 고용환경 개선 및 고용 의무 이행 지원
   ㉥ 사업주와 관계 기관에 대한 직업재활 및 고용관리에 관한 기술적 사항의 지도·지원
   ㉦ 장애인의 직업적응훈련 시설, 직업능력개발훈련시설 및 장애인표준사업장 운영
   ㉧ 장애인의 고용촉진을 위한 취업알선 기관 사이의 취업알선 전산망 구축·관리, 홍보·교육 및 장애인 기능경기 대회 등 관련 사업
   ㉨ 장애인 고용촉진 및 직업재활과 관련된 공공기관 및 민간 기관 사이의 업무 연계 및 지원
   ㉩ 장애인 고용에 관한 국제 협력
   ㉪ 그 밖에 장애인의 고용촉진 및 직업재활을 위하여 필요한 사업 및 고용노동부장관 또는 중앙행정기관의 장이 위탁하는 사업

(2) 비전 및 경영가치

① 미션 및 비전
- ㉠ **미션** : 안전하게 일할 기회와 여건을 넓혀 장애인과 함께 일하는 사회를 만듭니다.
- ㉡ **비전** : 다함께 일하는 사회를 만드는 장애인 고용 통합 서비스 기관

② 경영목표
- ㉠ 장애인 취업지원 플랫폼 도달률 29.4%
- ㉡ 고용의무사업체 장애인 고용률 3.71%
- ㉢ 장애인 직업능력개발 인원 2만 명
- ㉣ KEAD 경영혁신지수 최고 수준

③ 핵심가치
- ㉠ **공감** : 장애인의 인권과 가능성을 존중하며, 공감 서비스를 제공하는 것이 우리의 최우선 가치입니다.
- ㉡ **소통** : 소통을 통한 실질적인 장애인 고용정책으로 기업 등 이해관계자와의 협력과 동반성장을 추구합니다.
- ㉢ **신뢰** : 전문성과 청렴을 바탕으로 고객과 국민이 믿고 신뢰할 수 있는 기관을 만들겠습니다.
- ㉢ **변화** : 우리 자신부터 변화하여 경제 역동성 회복과 미래 대비에 앞장서겠습니다.

④ 전략목표 및 전략과제

전략 목표	장애인 취업지원 플랫폼 고도화	ESG기반 기업의 일자리 확대	역량 있는 미래 장애 인재 양성	근무여건 개선 고용안정 지원 강화	지속가능 스마트 혁신 추진
전략 과제	수요자 맞춤형 취업지원 고도화	대기업 장애인 일자리 창출 강화	디지털·신산업 인재 육성	수요기반 근로지원 서비스 제공 강화	ESG 경영 인프라 추진체계 고도화
	고용 취약 장애인 취업지원 확대	고용의무사업체 장애인 고용기여 기반 확대	수요자 중심의 맞춤형 훈련 강화	보조공학기기 맞춤 지원 강화	디지털 혁신을 통한 사업 책임성 강화
	미래 대비 적합직무 모델 개발	표준사업장 지원을 통한 고용유지 강화	중증장애인 직무역량 강화	장애인고용 사회적 공감대 확산	민간의 혁신성장 지원 인프라 강화
	이력관리 기반 취업지원 서비스 전문성 강화	고용저조 대기업 컨설팅 집중 지원	민관협력 직업능력개발 강화	장애인을 위한 안전하고 편한 일터 확대	데이터·증거 중심 행정·서비스 기반 강화

(1) 인재상

KEAD 인재상 – 장애 감수성을 가진 신(信)통(通)한(汗) 인재를 찾습니다.

① 신뢰(信) … 가치를 우선으로 신뢰받는 사람

② 소통(通) … 열린 마음으로 소통하는 사람

③ 성취(汗) … 전문성과 끈기로 성취하는 사람

(2) 채용안내

① 채용분야

　㉠ 정규직 : 별정직5급, 일반직5급, 일반직6급, 연구직4급, 교사직교사, 직업평가직5급

　㉡ 특정업무직 : 취업지원상담사, 직업훈련상담사, 전산관리원

② 자격 요건

　㉠ 공통 결격사유

　　• 「국가공무원법」 제33조 각 호에 해당하는 경우

　　• 공단 인사규정 제12조(결격사유) 각 호의 사유에 해당하는 경우

　　• 특정업무직 채용분야의 지원자가 만 18세 미만인 경우

　　　–단, 친권자 또는 후견인 동의서를 제출할 수 있는 자는 제외

　　• 임용예정일 기준 각 직렬별 정년을 도과한 경우

　　　–교사직 만 62세, 그 외 직급은 만 60세

　　• 공단이 지정한 임용예정일에 근무할 수 없는 경우

　㉡ 자격요건

　　• 자격기준은 별도로 정한 바가 없으면 접수 마감일 기준으로 보유여부를 판단함

　　• 경력 산정 시 다수 경력은 월 단위로 합산하여 계산하며, 각 경력별 1개월 미만의 경력은 반영하지 않음

　　• 모집분야별, 모집지역별 중복지원 불가

　　• 전형결과 적격자가 없는 경우 합격자를 선발하지 않을 수 있음

- 응시자격에서 요구하는 자격(증)보유사항, 경력사항, 교육이수사항 등을 지원서에 미기재한 경우 자격요건 부적격으로 간주
- 취업지원대상자, 장애인에 해당하는 지원자가 관련 우대가점 적용을 받기 위해서는 지원서의 보훈항목 또는 장애항목에 관련사항을 기재하여야 함

③ 근무조건

구분	내용
임용방식	채용형 인턴 3개월 적용
신분	기간제 근로자
근무시간	1일 8시간, 주 40시간

※ 수습 및 인턴기간 종료 후 정식 임용 시 정규직은 초임등급 확정 결과에 따른 급여를, 특정업무직은 해당 직렬 1등급 1단계에 해당하는 급여 지급

④ 전형 상세

㉠ 전형절차

서류전형		필기시험		면접시험
• 적격심사 • 정성평가	⇨	• 직업기초능력평가 • 직무수행능력평가	⇨	직무전문성 조직적합성 평가

㉡ 1차전형(서류전형)
- 지원서 제출 인원을 대상으로 실시(입사지원시스템에 제출)
- 제출한 지원서[경력 및 경험기술서(40점), 자기소개서(60점)] 기준으로 전형 실시
  ※ 자기소개서 : 실행력(15), 책임감(15), 전문성(15), 문제해결능력(15)
- 서류전형 합격자 선발 배수
- 필기전형이 포함된 채용 분야 : 각 채용분야별 최종 선발 예정 인원의 20배수 범위 내에서 선발
- 필기전형이 미포함된 채용 분야 : 각 채용분야별 최종 선발 예정 인원의 5배수 범위 내에서 선발
  ※ 정규직-별정직 5급(보건관리), 정규직-연구직 4급(연구직 연구), 특정업무직-전산관리원
- 합격자 선정 기준 : 각 위원이 채점한 평균이 60점 이상인 자 중에서 우대가점을 가산한 총득점의 고득점 순위에 의하여 선발
  ※ 우대가점에 대한 세부사항은 공고문 상의 우대가점 기준 참고
- 동점자 처리 기준 : 합격 최저점에 해당하는 동점자 전원 합격 처리하되, 동점자 중 취업지원대상자가 있으면 해당자를 우선하여 합격자로 선정하고 나머지는 불합격 처리
  ※ 우선합격자 외 동점자가 선발되어야 하는 경우, 전원 합격 처리
- 지원서 제출 인원을 대상으로 각 채용분야별 자격요건 충족 및 가점사항 여부 확인

ⓒ 2차전형(필기시험)

- 서류전형 합격자를 대상으로 필기시험 실시

- 필기시험 과목

- NCS 직업기초능력평가(필기시험이 포함된 채용분야 공통) : 50문항(100점)

- 출제영역 : 의사소통능력, 자원관리능력, 문제해결능력, 수리능력, 대인관계, 직업윤리

- 직무수행능력평가(교사직, 직업평가직만 해당) : 30문항(100점)

  ※ 교사직은 각 모집분야별 직무수행능력평가를, 직업평가직은 1개 분야를 선택하여 응시

- 필기시험 합격자 선정 배수 : 각 채용분야별 최종 선발 예정 인원의 3배수

- 합격자 선정 기준 : 시험성적이 매 과목 40점 이상이고 전 과목 총점 평균 60점 이상 득점자 중에서 우대가점을 가산한 총득점의 고득점 순위에 의하여 선발

  ※ 우대가점에 대한 세부사항은 공고문 상의 우대가점 기준 참고

- 동점자 처리 기준 : 합격 최저점에 해당하는 동점자 전원 합격 처리하되, 동점자 중 취업지원대상자가 있으면 해당자를 우선하여 합격자로 선정하고 나머지는 불합격 처리

  ※ 우선합격자 외 동점자가 선발되어야 하는 경우, 전원 합격 처리

ⓓ 3차전형(면접시험)

- 필기시험 합격자(필기시험 미응시 채용분야 대상자 포함)를 대상으로 면접 실시

  ※ 별정직 5급(보건관리), 연구직 4급, 특정업무직(전산관리원) 서류합격자는 추후 안내 예정

- 직무전문성, 조직적합성, 직업기초능력 등에 대해 경험·상황면접 시행

- 평가항목

항목	고객중심	전문성	의사소통	실행력	문제해결능력	책임의식
배점	20	20	15	15	15	15

- 면접시험 합격자 선정 : 각 채용분야별 최종 선발 예정 인원의 1배수

- 합격자 선정 기준

- 면접전형 고득점자 순으로 결정하며, 동점자에 대해서는 취업지원대상자, 장애인, 필기시험 고득점자 순으로 합격자를 결정

  ※ 이후 동점자는 서류전형 고득점자 순으로 결정

  ※ 우대가점에 대한 세부사항은 공고문 상의 우대가점 기준 참고

- 다만, 각 위원이 채점한 평균이 60점 미만인 자, 위원의 과반수가 어느 하나의 평가요소에 대하여 "부족(D)"등급으로 평가한 경우에는 불합격으로 함

- 채용 예비합격자 선정 : 각 채용분야별 선발 인원의 1배 인원을 채용 예비합격자로 선발, 추가 임용사유 발생 시 예비합격 우선순위에 따라 최종 합격 처리가 가능하며, 이에 따라 예비합격자에게 개별 연락이 갈 수 있음

⑤ 제출서류

  ㉠ 증빙서류 제출

  • 지원자가 제출한 입사지원서 내용만으로 서류심사 진행하며 추후 증빙서류로 검증

  • 면접대상자에 한하여 징구하며, 온라인시스템을 통하여 제출

  ㉡ 제출서류 진위여부 확인

  • 3차전형(면접시험) 대상자를 대상으로 각 채용분야별 자격요건 증빙서류 제출

  • 제출서류 진위여부 확인 결과 지원서 상의 내용과 다를 경우 합격을 취소

  • 우대가점 적용에 해당하는 장애인 또는 취업지원대상자는 위 채용분야별 자격요건 증빙서류 이외에도
  아래의 증빙서류를 추가로 제출 필수

구분	제출 증빙서류
장애인	장애인증명서 또는 중증장애인확인서
취업지원대상자	취업지원대상자 증명서(제출처에 한국장애인고용공단 명시)

⑥ 우대가점

  ㉠ 우대가점 기준

구분	가산점수
취업지원대상자	전형단계마다 각 과목별 만점의 5~10%
장애인	전형단계마다 각 과목별 만점의 5% *단, 중증장애인은 각 과목별 만점의 10%

  • 취업지원대상자 가산점수 적용은 「국가유공자법」에 따름

  • 장애인은 「장애인복지법」 제2조에 따라 등록한 장애인을 의미함

  • 중증장애인은 「장애인고용촉진 및 직업재활법」에서 정한 기준에 따름

  ㉡ 우대가점 적용

  • 서류전형

  – 장애인 우대가점은 원점수 60점 이상인 자에게 적용

  – 취업지원 대상자 우대가점은 보훈 관계법령에 따라 적용

  • 필기시험

  – 장애인 우대가점은 매 과목 40점 이상이고 전 과목 총점 평균 60점 이상인 자에게 적용

  – 취업지원 대상자 우대가점은 보훈 관계법령에 따라 적용

  • 면접시험

  – 장애인 우대가점은 원점수 60점 이상이고, 위원 과반수에 의해 어느 하나의 평가요소에 "부족(D)"등급
  으로 평가된 사례가 없는 자에게 적용

  – 취업지원 대상자 우대가점은 보훈 관계법령에 따라 적용

  ※ 각 전형단계에서 과목별 가점을 반영한 점수가 만점(100점)을 초과할 수 없음

NCS
직업기초능력평가

Chapter 01 의사소통능력

1 의사소통과 의사소통능력

(1) 의사소통

① 개념 : 사람들 간에 생각이나 감정, 정보, 의견 등을 교환하는 총체적인 행위로, 직장생활에서의 의사소통은 조직과 팀의 효율성과 효과성을 성취할 목적으로 이루어지는 구성원 간의 정보와 지식 전달 과정이라고 할 수 있다.

② 기능 : 공동의 목표를 추구해 나가는 집단 내의 기본적 존재 기반이며 성과를 결정하는 핵심 기능이다.

③ 의사소통의 종류

　　㉠ 언어적인 것 : 대화, 전화통화, 토론 등

　　㉡ 문서적인 것 : 메모, 편지, 기획안 등

　　㉢ 비언어적인 것 : 몸짓, 표정 등

④ 의사소통을 저해하는 요인 : 정보의 과다, 메시지의 복잡성 및 메시지 간의 경쟁, 상이한 직위와 과업지향형, 신뢰의 부족, 의사소통을 위한 구조상의 권한, 잘못된 매체의 선택, 폐쇄적인 의사소통 분위기 등

(2) 의사소통능력

① 개념 : 직장생활에서 문서나 상대방이 하는 말의 의미를 파악하는 능력, 자신의 의사를 정확하게 표현하는 능력, 간단한 외국어 자료를 읽거나 외국인의 의사표시를 이해하는 능력을 포함한다.

② 의사소통능력 개발을 위한 방법

　　㉠ 사후검토와 피드백을 활용한다.

　　㉡ 명확한 의미를 가진 이해하기 쉬운 단어를 선택하여 이해도를 높인다.

　　㉢ 적극적으로 경청한다.

　　㉣ 메시지를 감정적으로 곡해하지 않는다.

2 의사소통능력을 구성하는 하위능력

(1) 문서이해능력

① 문서와 문서이해능력

  ㉠ 문서 : 제안서, 보고서, 기획서, 이메일, 팩스 등 문자로 구성된 것으로 상대방에게 의사를 전달하여 설득하는 것을 목적으로 한다.

  ㉡ 문서이해능력 : 직업현장에서 자신의 업무와 관련된 문서를 읽고, 내용을 이해하고 요점을 파악할 수 있는 능력을 말한다.

예제 1

다음은 신용카드 약관의 주요내용이다. 규정 약관을 제대로 이해하지 못한 사람은?

> [부가서비스]
> 카드사는 법령에서 정한 경우를 제외하고 상품을 새로 출시한 후 1년 이내에 부가서비스를 줄이거나 없앨 수가 없다. 또한 부가서비스를 줄이거나 없앨 경우에는 그 세부내용을 변경일 6개월 이전에 회원에게 알려주어야 한다.
> [중도 해지 시 연회비 반환]
> 연회비 부과기간이 끝나기 이전에 카드를 중도해지하는 경우 남은 기간에 해당하는 연회비를 계산하여 10 영업일 이내에 돌려줘야 한다. 다만, 카드 발급 및 부가서비스 제공에 이미 지출된 비용은 제외된다.
> [카드 이용한도]
> 카드 이용한도는 카드 발급을 신청할 때에 회원이 신청한 금액과 카드사의 심사 기준을 종합적으로 반영하여 회원이 신청한 금액 범위 이내에서 책정되며 회원의 신용도가 변동되었을 때에는 카드사는 회원의 이용한도를 조정할 수 있다.
> [부정사용 책임]
> 카드 위조 및 변조로 인하여 발생된 부정사용 금액에 대해서는 카드사가 책임을 진다. 다만, 회원이 비밀번호를 다른 사람에게 알려주거나 카드를 다른 사람에게 빌려주는 등의 중대한 과실로 인해 부정사용이 발생하는 경우에는 회원이 그 책임의 전부 또는 일부를 부담할 수 있다.

① 혜수 : 카드사는 법령에서 정한 경우를 제외하고는 1년 이내에 부가서비스를 줄일 수 없어

② 진성 : 카드 위조 및 변조로 인하여 발생된 부정사용 금액은 일괄 카드사가 책임을 지게 돼

③ 영훈 : 회원의 신용도가 변경되었을 때 카드사가 이용한도를 조정할 수 있어

④ 영호 : 연회비 부과기간이 끝나기 이전에 카드를 중도해지하는 경우에는 남은 기간에 해당하는 연회비를 카드사는 돌려줘야 해

출제의도

주어진 약관의 내용을 읽고 그에 대한 상세 내용의 정보를 이해하는 능력을 측정하는 문항이다.

해 설

② 부정사용에 대해 고객의 과실이 있으면 회원이 그 책임의 전부 또는 일부를 부담할 수 있다.

답 ②

② 문서의 종류

    ㉠ 공문서 : 정부기관에서 공무를 집행하기 위해 작성하는 문서로, 단체 또는 일반회사에서 정부기관을 상대로 사업을 진행할 때 작성하는 문서도 포함된다. 엄격한 규격과 양식이 특징이다.

    ㉡ 기획서 : 아이디어를 바탕으로 기획한 프로젝트에 대해 상대방에게 전달하여 시행하도록 설득하는 문서이다.

    ㉢ 기안서 : 업무에 대한 협조를 구하거나 의견을 전달할 때 작성하는 사내 공문서이다.

    ㉣ 보고서 : 특정한 업무에 관한 현황이나 진행 상황, 연구 · 검토 결과 등을 보고하고자 할 때 작성하는 문서이다.

    ㉤ 설명서 : 상품의 특성이나 작동 방법 등을 소비자에게 설명하기 위해 작성하는 문서이다.

    ㉥ 보도자료 : 정부기관이나 기업체 등이 언론을 상대로 자신들의 정보를 기사화 되도록 하기 위해 보내는 자료이다.

    ㉦ 자기소개서 : 개인이 자신의 성장과정이나, 입사 동기, 포부 등에 대해 구체적으로 기술하여 자신을 소개하는 문서이다.

    ㉧ 비즈니스 레터(E-mail) : 사업상의 이유로 고객에게 보내는 편지다.

    ㉨ 비즈니스 메모 : 업무상 확인해야 할 일을 메모형식으로 작성하여 전달하는 글이다.

③ 문서이해의 절차 : 문서의 목적 이해 → 문서 작성 배경 · 주제 파악 → 정보 확인 및 현안문제 파악 → 문서 작성자의 의도 파악 및 자신에게 요구되는 행동 분석 → 목적 달성을 위해 취해야 할 행동 고려 → 문서 작성자의 의도를 도표나 그림 등으로 요약 · 정리

(2) 문서작성능력

① 작성되는 문서에는 대상과 목적, 시기, 기대효과 등이 포함되어야 한다.

② 문서작성의 구성요소

    ㉠ 짜임새 있는 골격, 이해하기 쉬운 구조

    ㉡ 객관적이고 논리적인 내용

    ㉢ 명료하고 설득력 있는 문장

    ㉣ 세련되고 인상적인 레이아웃

다음은 들은 내용을 구조적으로 정리하는 방법이다. 순서에 맞게 배열하면?

> ㉠ 관련 있는 내용끼리 묶는다.
> ㉡ 묶은 내용에 적절한 이름을 붙인다.
> ㉢ 전체 내용을 이해하기 쉽게 구조화한다.
> ㉣ 중복된 내용이나 덜 중요한 내용을 삭제한다.

① ㉠㉡㉢㉣   ② ㉠㉡㉣㉢
③ ㉡㉠㉣㉢   ④ ㉡㉠㉣㉢

출제의도

음성정보는 문자정보와는 달리 쉽게 잊혀지기 때문에 음성정보를 구조화시키는 방법을 묻는 문항이다.

해 설

내용을 구조적으로 정리하는 방법은 '㉠ 관련 있는 내용끼리 묶는다. → ㉡ 묶은 내용에 적절한 이름을 붙인다. → ㉣ 중복된 내용이나 덜 중요한 내용을 삭제한다. → ㉢ 전체 내용을 이해하기 쉽게 구조화한다.'가 적절하다.

답 ②

③ 문서의 종류에 따른 작성방법

　㉠ 공문서
　　• 육하원칙이 드러나도록 써야 한다.
　　• 날짜는 반드시 연도와 월, 일을 함께 언급하며, 날짜 다음에 괄호를 사용할 때는 마침표를 찍지 않는다.
　　• 대외문서이며, 장기간 보관되기 때문에 정확하게 기술해야 한다.
　　• 내용이 복잡할 경우 '-다음-', '-아래-'와 같은 항목을 만들어 구분한다.
　　• 한 장에 담아내는 것을 원칙으로 하며, 마지막엔 반드시 '끝'자로 마무리 한다.

　㉡ 설명서
　　• 정확하고 간결하게 작성한다.
　　• 이해하기 어려운 전문용어의 사용은 삼가고, 복잡한 내용은 도표화 한다.
　　• 명령문보다는 평서문을 사용하고, 동어 반복보다는 다양한 표현을 구사하는 것이 바람직하다.

　㉢ 기획서
　　• 상대를 설득하여 기획서가 채택되는 것이 목적이므로 상대가 요구하는 것이 무엇인지 고려하여 작성하며, 기획의 핵심을 잘 전달하였는지 확인한다.
　　• 분량이 많을 경우 전체 내용을 한눈에 파악할 수 있도록 목차구성을 신중히 한다.
　　• 효과적인 내용 전달을 위한 표나 그래프를 적절히 활용하고 산뜻한 느낌을 줄 수 있도록 한다.
　　• 인용한 자료의 출처 및 내용이 정확해야 하며 제출 전 충분히 검토한다.

　㉣ 보고서
　　• 도출하고자 하는 핵심내용을 구체적이고 간결하게 작성한다.
　　• 내용이 복잡할 경우 도표나 그림을 활용하고, 참고자료는 정확하게 제시한다.
　　• 제출하기 전에 최종점검을 하며 질의를 받을 것에 대비한다.

다음 중 공문서 작성에 대한 설명으로 가장 적절하지 못한 것은?

① 공문서나 유가증권 등에 금액을 표시할 때에는 한글로 기재하고 그 옆에 괄호를 넣어 숫자로 표기한다.

② 날짜는 숫자로 표기하되 년, 월, 일의 글자는 생략하고 그 자리에 온점(.)을 찍어 표시한다.

③ 첨부물이 있는 경우에는 붙임 표시문 끝에 1자 띄우고 "끝."이라고 표시한다.

④ 공문서의 본문이 끝났을 경우에는 1자를 띄우고 "끝."이라고 표시한다.

업무를 할 때 필요한 공문서 작성법을 잘 알고 있는지를 측정하는 문항이다.

공문서 금액 표시
아라비아 숫자로 쓰고, 숫자 다음에 괄호를 하여 한글로 기재한다.
예) 123,456원의 표시 : 금 123,456(금 일십이만삼천사백오십육원)

답 ①

④ 문서작성의 원칙

   ㉠ 문장은 짧고 간결하게 작성한다.(간결체 사용)

   ㉡ 상대방이 이해하기 쉽게 쓴다.

   ㉢ 불필요한 한자의 사용을 자제한다.

   ㉣ 문장은 긍정문의 형식을 사용한다.

   ㉤ 간단한 표제를 붙인다.

   ㉥ 문서의 핵심내용을 먼저 쓰도록 한다.(두괄식 구성)

⑤ 문서작성 시 주의사항

   ㉠ 육하원칙에 의해 작성한다.

   ㉡ 문서 작성시기가 중요하다.

   ㉢ 한 사안은 한 장의 용지에 작성한다.

   ㉣ 반드시 필요한 자료만 첨부한다.

   ㉤ 금액, 수량, 일자 등은 기재에 정확성을 기한다.

   ㉥ 경어나 단어사용 등 표현에 신경 쓴다.

   ㉦ 문서작성 후 반드시 최종적으로 검토한다.

⑥ 효과적인 문서작성 요령

　　㉠ 내용이해 : 전달하고자 하는 내용과 핵심을 정확하게 이해해야 한다.

　　㉡ 목표설정 : 전달하고자 하는 목표를 분명하게 설정한다.

　　㉢ 구성 : 내용 전달 및 설득에 효과적인 구성과 형식을 고려한다.

　　㉣ 자료수집 : 목표를 뒷받침할 자료를 수집한다.

　　㉤ 핵심전달 : 단락별 핵심을 하위목차로 요약한다.

　　㉥ 대상파악 : 대상에 대한 이해와 분석을 통해 철저히 파악한다.

　　㉦ 보충설명 : 예상되는 질문을 정리하여 구체적인 답변을 준비한다.

　　㉧ 문서표현의 시각화 : 그래프, 그림, 사진 등을 적절히 사용하여 이해를 돕는다.

(3) 경청능력

① 경청의 중요성 : 경청은 다른 사람의 말을 주의 깊게 들으며 공감하는 능력으로 경청을 통해 상대방을 한 개인으로 존중하고 성실한 마음으로 대하게 되며, 상대방의 입장에 공감하고 이해하게 된다.

② 경청을 방해하는 습관 : 짐작하기, 대답할 말 준비하기, 걸러내기, 판단하기, 다른 생각하기, 조언하기, 언쟁하기, 옳아야만 하기, 슬쩍 넘어가기, 비위 맞추기 등

③ 효과적인 경청방법

　　㉠ 준비하기 : 강연이나 프레젠테이션 이전에 나누어주는 자료를 읽어 미리 주제를 파악하고 등장하는 용어를 익혀둔다.

　　㉡ 주의 집중 : 말하는 사람의 모든 것에 집중해서 적극적으로 듣는다.

　　㉢ 예측하기 : 다음에 무엇을 말할 것인가를 추측하려고 노력한다.

　　㉣ 나와 관련짓기 : 상대방이 전달하고자 하는 메시지를 나의 경험과 관련지어 생각해 본다.

　　㉤ 질문하기 : 질문은 듣는 행위를 적극적으로 하게 만들고 집중력을 높인다.

　　㉥ 요약하기 : 주기적으로 상대방이 전달하려는 내용을 요약한다.

　　㉦ 반응하기 : 피드백을 통해 의사소통을 점검한다.

다음은 면접스터디 중 일어난 대화이다. 민아의 고민을 해소하기 위한 조언으로 가장 적절한 것은?

> 지섭 : 민아씨, 어디 아파요? 표정이 안 좋아 보여요.
> 민아 : 제가 원서 넣은 공단이 내일 면접이어서요. 그동안 스터디를 통해서 면접 연습을 많이 했는데도 벌써부터 긴장이 되네요.
> 지섭 : 민아씨는 자기 의견도 명확히 피력할 줄 알고 조리 있게 설명을 잘 하시니 걱정 안하셔도 될 것 같아요. 아, 손에 꽉 쥐고 계신 건 뭔가요?
> 민아 : 아, 제가 예상 답변을 정리해서 모아둔거예요. 내용은 거의 외웠는데 이렇게 쥐고 있지 않으면 불안해서.
> 지섭 : 그 정도로 준비를 철저히 하셨으면 걱정할 이유 없을 것 같아요.
> 민아 : 그래도 압박면접이거나 예상치 못한 질문이 들어오면 어떻게 하죠?
> 지섭 : _____

① 시선을 적절히 처리하면서 부드러운 어투로 말하는 연습을 해보는 건 어때요?
② 공식적인 자리인 만큼 옷차림을 신경 쓰는 게 좋을 것 같아요.
③ 당황하지 말고 질문자의 의도를 잘 파악해서 침착하게 대답하면 되지 않을까요?
④ 예상 질문에 대한 답변을 좀 더 정확하게 외워보는 건 어떨까요?

출제의도

상대방이 하는 말을 듣고 질문 의도에 따라 올바르게 답하는 능력을 측정하는 문항이다.

해 설

민아는 압박질문이나 예상치 못한 질문에 대해 걱정을 하고 있으므로 침착하게 대응하라고 조언을 해주는 것이 좋다.

답 ③

(4) 의사표현능력

① 의사표현의 개념과 종류

　㉠ 개념 : 화자가 자신의 생각과 감정을 청자에게 음성언어나 신체언어로 표현하는 행위이다.

　㉡ 종류

　　• 공식적 말하기 : 사전에 준비된 내용을 대중을 대상으로 말하는 것으로 연설, 토의, 토론 등이 있다.

　　• 의례적 말하기 : 사회・문화적 행사에서와 같이 절차에 따라 하는 말하기로 식사, 주례, 회의 등이 있다.

　　• 친교적 말하기 : 친근한 사람들 사이에서 자연스럽게 주고받는 대화 등을 말한다.

② 의사표현의 방해요인

　㉠ 연단공포증 : 연단에 섰을 때 가슴이 두근거리거나 땀이 나고 얼굴이 달아오르는 등의 현상으로 충분한 분석과 준비, 더 많은 말하기 기회 등을 통해 극복할 수 있다.

　㉡ 말 : 말의 장단, 고저, 발음, 속도, 쉼 등을 포함한다.

　㉢ 음성 : 목소리와 관련된 것으로 음색, 고저, 명료도, 완급 등을 의미한다.

　㉣ 몸짓 : 비언어적 요소로 화자의 외모, 표정, 동작 등이다.

　㉤ 유머 : 말하기 상황에 따른 적절한 유머를 구사할 수 있어야 한다.

③ 상황과 대상에 따른 의사표현법

    ㉠ 잘못을 지적할 때 : 모호한 표현을 삼가고 확실하게 지적하며, 당장 꾸짖고 있는 내용에만 한정한다.

    ㉡ 칭찬할 때 : 자칫 아부로 여겨질 수 있으므로 센스 있는 칭찬이 필요하다.

    ㉢ 부탁할 때 : 먼저 상대방의 사정을 듣고 응하기 쉽게 구체적으로 부탁하며 거절을 당해도 싫은 내색을 하지 않는다.

    ㉣ 요구를 거절할 때 : 먼저 사과하고 응해줄 수 없는 이유를 설명한다.

    ㉤ 명령할 때 : 강압적인 말투보다는 '○○을 이렇게 해주는 것이 어떻겠습니까?'와 같은 식으로 부드럽게 표현하는 것이 효과적이다.

    ㉥ 설득할 때 : 일방적으로 강요하기보다는 먼저 양보해서 이익을 공유하겠다는 의지를 보여주는 것이 좋다.

    ㉦ 충고할 때 : 충고는 가장 최후의 방법이다. 반드시 충고가 필요한 상황이라면 예화를 들어 비유적으로 깨우쳐주는 것이 바람직하다.

    ㉧ 질책할 때 : 샌드위치 화법(칭찬의 말 + 질책의 말 + 격려의 말)을 사용하여 청자의 반발을 최소화 한다.

예제 5

당신은 팀장님께 업무 지시내용을 수행하고 결과물을 보고드렸다. 하지만 팀장님께서는 "최대리 업무를 이렇게 처리하면 어떡하나? 누락된 부분이 있지 않은가."라고 말하였다. 이에 대해 당신이 행할 수 있는 가장 부적절한 대처 자세는?

① "죄송합니다. 제가 잘 모르는 부분이라 이수혁 과장님께 부탁을 했는데 과장님께서 실수를 하신 것 같습니다."

② "주의를 기울이지 못해 죄송합니다. 어느 부분을 수정보완하면 될까요?"

③ "지시하신 내용을 제가 충분히 이해하지 못하였습니다. 내용을 다시 한 번 여쭤보아도 되겠습니까?"

④ "부족한 내용을 보완하는 자료를 취합하기 위해서 하루정도가 더 소요될 것 같습니다. 언제까지 재작성하여 드리면 될까요?"

출제의도

상사가 잘못을 지적하는 상황에서 어떻게 대처해야 하는지를 묻는 문항이다.

해 설

상사가 부탁한 지시사항을 다른 사람에게 부탁하는 것은 옳지 못하며 설사 그렇다고 해도 그 일의 과오에 대해 책임을 전가하는 것은 지양해야 할 자세이다.

답 ①

---

④ 원활한 의사표현을 위한 지침

    ㉠ 올바른 화법을 위해 독서를 하라.

    ㉡ 좋은 청중이 되라.

    ㉢ 칭찬을 아끼지 마라.

    ㉣ 공감하고, 긍정적으로 보이게 하라.

    ㉤ 겸손은 최고의 미덕임을 잊지 마라.

    ㉥ 과감하게 공개하라.

    ㉦ 뒷말을 숨기지 마라.

◎ 첫마디 말을 준비하라.
　　㉝ 이성과 감성의 조화를 꾀하라.
　　㉛ 대화의 룰을 지켜라.
　　㉗ 문장을 완전하게 말하라.

⑤ 설득력 있는 의사표현을 위한 지침
　　㉠ 'Yes'를 유도하여 미리 설득 분위기를 조성하라.
　　㉡ 대비 효과로 분발심을 불러 일으켜라.
　　㉢ 침묵을 지키는 사람의 참여도를 높여라.
　　㉣ 여운을 남기는 말로 상대방의 감정을 누그러뜨려라.
　　㉤ 하던 말을 갑자기 멈춤으로써 상대방의 주의를 끌어라.
　　㉥ 호칭을 바꿔서 심리적 간격을 좁혀라.
　　㉦ 끄집어 말하여 자존심을 건드려라.
　　㉧ 정보전달 공식을 이용하여 설득하라.
　　㉨ 상대방의 불평이 가져올 결과를 강조하라.
　　㉩ 권위 있는 사람의 말이나 작품을 인용하라.
　　㉪ 약점을 보여 주어 심리적 거리를 좁혀라.
　　㉫ 이상과 현실의 구체적 차이를 확인시켜라.
　　㉬ 자신의 잘못도 솔직하게 인정하라.
　　㉭ 집단의 요구를 거절하려면 개개인의 의견을 물어라.
　　ⓐ 동조 심리를 이용하여 설득하라.
　　ⓑ 지금까지의 노고를 치하한 뒤 새로운 요구를 하라.
　　ⓒ 담당자가 대변자 역할을 하도록 하여 윗사람을 설득하게 하라.
　　ⓓ 겉치레 양보로 기선을 제압하라.
　　ⓔ 변명의 여지를 만들어 주고 설득하라.
　　ⓕ 혼자 말하는 척하면서 상대의 잘못을 지적하라.

(5) 기초외국어능력

① 기초외국어능력의 개념과 필요성

    ㉠ 개념 : 외국어로 된 간단한 자료를 이해하거나, 외국인과의 전화응대와 간단한 대화 등 외국인의 의사 표현을 이해하고, 자신의 의사를 기초외국어로 표현할 수 있는 능력이다.

    ㉡ 필요성 : 국제화 · 세계화 시대에 다른 나라와의 무역을 위해 우리의 언어가 아닌 국제적인 통용어를 사용하거나 그들의 언어로 의사소통을 해야 하는 경우가 생길 수 있다.

② 외국인과의 의사소통에서 피해야 할 행동

    ㉠ 상대를 볼 때 흘겨보거나, 노려보거나, 아예 보지 않는 행동

    ㉡ 팔이나 다리를 꼬는 행동

    ㉢ 표정이 없는 것

    ㉣ 다리를 흔들거나 펜을 돌리는 행동

    ㉤ 맞장구를 치지 않거나 고개를 끄덕이지 않는 행동

    ㉥ 생각 없이 메모하는 행동

    ㉦ 자료만 들여다보는 행동

    ㉧ 바르지 못한 자세로 앉는 행동

    ㉨ 한숨, 하품, 신음소리를 내는 행동

    ㉩ 다른 일을 하며 듣는 행동

    ㉪ 상대방에게 이름이나 호칭을 어떻게 부를지 묻지 않고 마음대로 부르는 행동

③ 기초외국어능력 향상을 위한 공부법

    ㉠ 외국어공부의 목적부터 정하라.

    ㉡ 매일 30분씩 눈과 손과 입에 밸 정도로 반복하라.

    ㉢ 실수를 두려워하지 말고 기회가 있을 때마다 외국어로 말하라.

    ㉣ 외국어 잡지나 원서와 친해져라.

    ㉤ 소홀해지지 않도록 라이벌을 정하고 공부하라.

    ㉥ 업무와 관련된 주요 용어의 외국어는 꼭 알아두자.

    ㉦ 출퇴근 시간에 외국어 방송을 보거나, 듣는 것만으로도 귀가 트인다.

    ㉧ 어린이가 단어를 배우듯 외국어 단어를 암기할 때 그림카드를 사용해 보라.

    ㉨ 가능하면 외국인 친구를 사귀고 대화를 자주 나눠 보라.

출 제 예 상 문 제

1 다음 글의 내용을 참고할 때, 빈 칸에 들어갈 가장 적절한 말은 어느 것인가?

> 사람을 비롯한 포유류에서 모든 피를 만드는 줄기세포는 뼈에 존재한다. 그러나 물고기의 조혈 줄기세포(조혈모세포)는 신장에 있다. 신체의 특정 위치 즉 '조혈 줄기세포 자리(blood stem cell niche)'에서 피가 만들어진다는 사실을 처음 알게 된 1970년대 이래, 생물학자들은 생물들이 왜 서로 다른 부위에서 이 기능을 수행하도록 진화돼 왔는지 궁금하게 여겨왔다. 그 40년 뒤, 중요한 단서가 발견됐다. 조혈 줄기세포가 위치한 장소는 (   ) 진화돼 왔다는 사실이다.
>
> 이번에 발견된 '조혈 줄기세포 자리' 퍼즐 조각은 조혈모세포 이식의 안전성을 증진시키는데 도움이 될 것으로 기대된다. 연구팀은 실험에 널리 쓰이는 동물모델인 제브라피쉬를 관찰하다 영감을 얻게 됐다.
>
> 프리드리히 카프(Friedrich Kapp) 박사는 "현미경으로 제브라피쉬의 조혈 줄기세포를 관찰하려고 했으나 신장 위에 있는 멜라닌세포 층이 시야를 가로막았다"고 말했다. 멜라닌세포는 인체 피부 색깔을 나타내는 멜라닌 색소를 생성하는 세포다.
>
> 카프 박사는 "신장 위에 있는 멜라닌세포의 모양이 마치 파라솔을 연상시켜 이 세포들이 조혈줄기세포를 자외선으로부터 보호해 주는 것이 아닐까 하는 생각을 하게 됐다"고 전했다. 이런 생각이 들자 카프 박사는 정상적인 제브라피쉬와 멜라닌세포가 결여된 변이 제브라피쉬를 각각 자외선에 노출시켰다. 그랬더니 변이 제브라피쉬의 조혈 줄기세포가 줄어드는 현상이 나타났다. 이와 함께 정상적인 제브라피쉬를 거꾸로 뒤집어 자외선을 쬐자 마찬가지로 줄기세포가 손실됐다.
>
> 이 실험들은 멜라닌세포 우산이 물리적으로 위에서 내리쬐는 자외선으로부터 신장을 보호하고 있다는 사실을 확인시켜 주었다.

① 줄기세포가 햇빛과 원활하게 접촉할 수 있도록
② 줄기세포에 일정한 양의 햇빛이 지속적으로 공급될 수 있도록
③ 멜라닌 색소가 생성되기에 최적의 공간이 형성될 수 있도록
④ 멜라닌세포 층과 햇빛의 반응이 최소화될 수 있도록
⑤ 햇빛의 유해한 자외선(UV)으로부터 이 줄기세포를 보호하도록

✔ **해설** 제브라피쉬의 실험은 햇빛의 자외선으로부터 줄기세포를 보호하는 멜라닌 세포를 제거한 후 제브라피쉬를 햇빛에 노출시켜 본 사실이 핵심적인 내용이라고 할 수 있다. 따라서 이를 통하여 알 수 있는 결론은, 줄기세포가 존재하는 장소는 햇빛의 자외선으로부터 보호받을 수 있는 방식으로 진화하게 되었다는 것이 타당하다고 볼 수 있다.

2 다음에 제시된 글의 목적에 대해 바르게 나타낸 것은?

제목 : 사내 신문의 발행

1. 우리 회사 직원들의 원만한 커뮤니케이션과 대외 이미지를 재고하기 위하여 사내 신문을 발간하고 자 합니다.

2. 사내 신문은 홍보지와 달리 새로운 정보와 소식지로서의 역할이 기대되오니 아래의 사항을 검토하 시고 재가해주시기 바랍니다.

−아 래−

㉠ 제호 : We 서원인
㉡ 판형 : 140 × 210mm
㉢ 페이지 : 20쪽
㉣ 출간 예정일 : 2016. 1. 1

별첨 견적서 1부

---

① 회사에서 정부를 상대로 사업을 진행하려고 작성한 문서이다.
② 회사의 업무에 대한 협조를 구하기 위하여 작성한 문서이다.
③ 회사의 업무에 대한 현황이나 진행상황 등을 보고하고자 하는 문서이다.
④ 회사 상품의 특성을 소비자에게 설명하기 위하여 작성한 문서이다.
⑤ 회사의 행사를 안내하기 위해 작성한 문서이다.

✔해설 위 문서는 기안서로 회사의 업무에 대한 협조를 구하거나 의견을 전달할 때 작성하며, 흔히 사내 공문서라고도 한다.

Answer 1.⑤ 2.②

3 다음 제시된 글의 내용과 일치하는 것을 모두 고른 것은?

유물(遺物)을 등록하기 위해서는 명칭을 붙인다. 이 때 유물의 전반적인 내용을 알 수 있도록 하는 것이 바람직하다. 따라서 명칭에는 그 유물의 재료나 물질, 제작기법, 문양, 형태가 나타난다. 예를 들어 도자기에 청자상감운학문매병(靑瓷象嵌雲鶴文梅瓶)이라는 명칭이 붙여졌다면, '청자'는 재료를, '상감'은 제작기법은, '운학문'은 문양을, '매병'은 그 형태를 각각 나타낸 것이다. 이러한 방식으로 다른 유물에 대해서도 명칭을 붙이게 된다.

유물의 수량은 점(點)으로 계산한다. 작은 화살촉도 한 점이고 커다란 철불(鐵佛)도 한 점으로 처리한다. 유물의 파편이 여럿인 경우에는 일괄(一括)이라 이름 붙여 한 점으로 계산하면 된다. 귀걸이와 같이 쌍(雙)으로 된 것은 한 쌍으로 하고, 하나인 경우에는 한 짝으로 하여 한 점으로 계산한다. 귀걸이 한 쌍은, 먼저 그 유물번호를 적고 그 뒤에 각각 (2-1), (2-2)로 적는다. 뚜껑이 있는 도자기나 토기도 한 점으로 계산하되, 번호를 매길 때는 귀걸이의 예와 같이 하면 된다.

유물을 등록할 때는 그 상태를 잘 기록해 둔다. 보존상태가 완전한 경우도 많지만, 일부가 손상된 유물도 많다. 예를 들어 유물의 어느 부분이 부서지거나 깨졌지만 그 파편이 남아 있는 상태를 파손(破損)이라고 하고, 파편이 없는 경우를 결손(缺損)이라고 표기한다. 그리고 파손된 것을 붙이거나 해서 손질했을 때 이를 수리(修理)라 하고, 결손된 부분을 모조해 원상태로 재현했을 때는 복원(復原)이라는 용어를 사용한다.

㉠ 도자기 뚜껑의 일부가 손상되어 파편이 떨어진 유물의 경우, 뚜껑은 파편과 일괄하여 한 점이지만 도자기 몸체와는 별개이므로 전체가 두 점으로 계산된다.

㉡ 조선시대 방패의 한 귀퉁이가 부서져나가 그 파편을 찾을 수 없다면, 수리가 아닌 복원의 대상이 된다.

㉢ 위 자료에 근거해 볼 때, 청자화훼당초문접시(靑瓷花卉唐草文皿)는 그 명칭에 비추어 청자상감운학문매병과 동일한 재료 및 문양을 사용하였으나, 그 제작기법과 형태에 있어서 서로 다른 것으로 추정된다.

㉣ 박물관이 소장하고 있는 한 쌍의 귀걸이 중 한 짝이 소실되는 경우에도 그 박물관 전체 유물의 수량이 줄어들지는 않을 것이다.

㉤ 일부가 결손된 철불의 파편이 어느 지방에서 발견되어 그 철불을 소장하던 박물관에서 함께 소장하게 된 경우, 그 박물관이 소장하는 전체 유물의 수량은 늘어난다.

① ㉠

② ㉡㉢

③ ㉡㉣

④ ㉠㉢㉤

⑤ ㉡㉣㉤

✔해설 ㉠ 뚜껑과 도자기 몸체는 한 점으로 분류된다.
㉡ 파편을 찾을 수 없으면 결손이고 결손은 복원의 대상이 된다.
㉢ 재료만 동일하고 제작기법, 문양, 형태는 모두 다르다.
㉣ 한 쌍일 때도 한 점, 한 짝만 있을 때도 한 점으로 계산된다.
㉤ 파편이 발견되면 기존의 철불과 일괄로 한 점 처리된다.

Answer 3.③

4 다음 글의 관점 A ~ C에 대한 평가로 적절한 것만을 고른 것은?

> 위험은 우리의 안전을 위태롭게 하는 실제 사건의 발생과 진행의 총체라고 할 수 있다. 위험에 대해 사람들이 취하는 태도에 대해서는 여러 관점이 존재한다.
>
> 관점 A에 따르면, 위험 요소들은 보편타당한 기준에 따라 계산 가능하고 예측 가능하기 때문에 객관적이고 중립적인 것으로 인식될 수 있다. 그 결과, 각각의 위험에 대해 개인이나 집단이 취하게 될 태도 역시 사고의 확률에 대한 객관적인 정보에 의해서만 결정된다. 하지만 이 관점은 객관적인 발생가능성이 높지 않은 위험을 민감하게 받아들이는 개인이나 사회가 있다는 것을 설명하지 못한다.
>
> 한편 관점 B는 위험에 대한 태도가 객관적인 요소뿐만 아니라 위험에 대한 주관적 인지와 평가에 의해 좌우된다고 본다. 예를 들어 위험이 발생할 객관적인 가능성은 크지 않더라도, 그 위험의 발생을 스스로 통제할 수 없는 경우에 사람들은 더욱 민감하게 반응한다. 그뿐만 아니라 위험을 야기하는 사건이 자신에게 생소한 것이어서 그에 대한 지식이 부족할수록 사람들은 그 사건을 더 위험한 것으로 인식하는 경향이 있다. 하지만 이것은 동일한 위험에 대해 서로 다른 문화와 가치관을 가지고 있는 사회 또는 집단들이 다른 태도를 보이는 이유를 설명하지 못한다.
>
> 이와 관련해 관점 C는 위험에 대한 태도가 개인의 심리적인 과정에 의해서만 결정되는 것이 아니라, 개인이 속한 집단의 문화적 배경에도 의존한다고 주장한다. 예를 들어 숙명론이 만연한 집단은 위험을 통제 밖의 일로 여겨 위험에 대해서 둔감한 태도를 보이게 되며, 구성원의 안전 문제를 다른 무엇보다도 우선시하는 집단은 그렇지 않은 집단보다 위험에 더 민감한 태도를 보이게 될 것이다.

> ㉠ 관점 A와 달리 관점 B는 위험에 대한 사람들의 태도가 객관적인 요소에 영향을 받지 않는다고 주장한다.
> ㉡ 관점 B와 관점 C는 사람들이 동일한 위험에 대해서 다른 태도를 보이는 사례를 설명할 수 있다.
> ㉢ 관점 A는 민주화 수준이 높은 사회일수록 사회 구성원들이 기후변화의 위험에 더 민감한 태도를 보인다는 것을 설명할 수 있지만, 관점 C는 그렇지 않다.

① ㉠
② ㉡
③ ㉠㉢
④ ㉡㉢
⑤ ㉠㉡㉢

✔️**해설** 관점 A – 객관적인 정보에 의해서 결정
관점 B – 객관적 요소 뿐 아니라 주관적 인지와 평가에 좌우
관점 C – 개인의 심리적 과정과 속한 집단의 문화적 배경에도 의존
㉠ 관점 B는 객관적인 요소에 영향을 받는다.
㉡ 관점 B는 주관적 인지와 평가, 관점 C는 문화적 배경
㉢ 민주화 수준이 높은 사회는 개인이 속한 집단의 문화적 배경에 해당하므로 관점 C에 해당하며, 관점 A는 사회 구성원들이 기후변화의 위험에 더 민감한 태도를 보인다는 것을 설명할 수 없다.

5 다음 글을 읽고 빈칸에 들어갈 알맞은 진술로 가장 적합한 것은?

> '실은 몰랐지만 넘겨짚어 시험의 정답을 맞힌' 경우와 '제대로 알고 시험의 정답을 맞힌' 경우를 구별할 수 있을까? 또 무작정 외워서 쓴 경우와 제대로 이해하고 쓴 경우는 어떤가? 전자와 후자는 서로 다르게 평가받아야 할까, 아니면 동등한 평가를 받는 것이 마땅한가?
>
> 선택형 시험의 평가는 오로지 답안지에 표기된 선택지가 정답과 일치하는가의 여부에만 달려 있다. 이는 위의 첫 번째 물음이 항상 긍정으로 대답되지는 않으리라는 사실을 말해준다. 그러나 만일 시험관이 답안지를 놓고 응시자와 면담할 기회가 주어진다면, 시험관은 응시자에게 그가 정답지를 선택한 근거를 물음으로써 그가 과연 문제에 관해 올바른 정보와 추론 능력을 가지고 있었는지 검사할 수 있을 것이다.
>
> 예를 들어 한 응시자가 '대한민국의 수도가 어디냐?'는 물음에 대해 '서울'이라고 답했다고 하자. 그렇게 답한 이유가 단지 '부모님이 사시는 도시라 이름이 익숙해서'였을 뿐, 정작 대한민국의 지리나 행정에 관해서는 아는 바 없다는 사실이 면접을 통해 드러났다고 하자. 이 경우에 시험관은 이 응시자가 대한민국의 수도에 관한 올바른 정보를 갖고 있다고 인정하기 어려울 것이다. 이 예는 응시자가 올바른 답을 제시하는데 필요한 정보가 부족한 경우이다.
>
> 그렇다면, 어떤 사람이 문제의 올바른 답을 추론해내는 데 필요한 모든 정보를 갖고 있었고 실제로도 정답을 제시했다는 것이, 그가 문제에 대한 올바른 추론 능력을 가지고 있다고 할 필요충분조건이라고 할 수 있는가?
>
> 어느 도난사건을 함께 조사한 홈즈와 왓슨이 사건의 모든 구체적인 세부사항, 예컨대 범행 현장에서 발견된 흙발자국의 토양 성분 등에 관한 정보뿐 아니라 올바른 결론을 내리는 데 필요한 모든 일반적 정보, 예컨대 영국의 지역별 토양의 성분에 관한 정보 등을 똑같이 갖고 있었고, 실제로 동일한 용의자를 범인으로 지목했다고 하자. 이 경우 두 사람의 추론을 동등하게 평가해야 하는가? 그렇지 않다. 예컨대 왓슨은 모든 정보를 완비하고 있었음에도 불구하고, 이름에 모음의 수가 가장 적다는 엉터리 이유로 범인을 지목했다고 하자. 이런 경우에도 우리는 왓슨의 추론에 박수를 보낼 수 있을까? 아니다. 왜냐하면 _____

① 왓슨은 일반적으로 타당한 개인적 경험을 토대로 추론했기 때문이다.
② 왓슨은 올바른 추론의 방법을 알고 있었음에도 불구하고 요행을 우선시했기 때문이다.
③ 왓슨은 추론에 필요한 전문적인 훈련을 받지 못해서 범인을 잘못 골랐기 때문이다.
④ 왓슨은 올바른 추론에 필요한 정보를 가지고 있긴 했지만 그 정보와 무관하게 범인을 지목했기 때문이다.
⑤ 왓슨은 올바른 추론에 필요한 논리적 능력은 갖추고 있음에도 불구하고 범인을 추론하는 데 필요한 관련 정보가 부족했기 때문이다.

> ✔ **해설** 왓슨의 추론은 필요한 모든 정보가 있음에도 이와 무관하게 엉터리 이유로 범인을 지목했기 때문에 박수를 받을 수 없다. 그러므로 "올바른 추론에 필요한 정보를 가지고 있긴 했지만 그 정보와 무관하게 범인을 지목했기 때문이다." 가 빈칸에 들어가야 한다.

Answer 4.② 5.④

6 다음 글을 읽고 알 수 있는 매체와 매체 언어의 특성으로 가장 적절한 것은?

> 텔레비전 드라마는 텔레비전과 드라마에 대한 각각의 이해를 전제로 하고 보아야 한다. 즉 텔레비전이라는 매체에 대한 이해와 드라마라는 장르적 이해가 필요하다.
>
> 텔레비전은 다양한 장르, 양식 등이 교차하고 공존한다. 텔레비전에는 다루고 있는 내용이 매우 무거운 시사토론 프로그램부터 매우 가벼운 오락 프로그램까지 섞여서 나열되어 있다. 또한 시청률에 대한 생산자들의 강박관념까지 텔레비전 프로그램 안에 들어있다. 텔레비전 드라마의 경우도 마찬가지로 이러한 강박이 존재한다. 드라마는 광고와 여러 문화 산업에 부가가치를 창출하며 드라마의 장소는 관광지가 되어서 지방의 부가가치를 만들어 내기도 한다. 이 때문에 시청률을 걱정해야 하는 불안정한 텔레비전 드라마 시장의 구조 속에서 상업적 성공을 거두기 위해 텔레비전 드라마는 이미 높은 시청률을 기록한 드라마를 복제하게 되는 것이다. 이것은 드라마 제작자의 수익성과 시장의 불확실성을 통제하기 위한 것으로 구체적으로는 속편이나 아류작의 제작이나 유사한 장르 복제 등으로 나타난다. 이러한 복제는 텔레비전 내부에서만 일어나는 것이 아니라 문화 자본과 관련되는 모든 매체, 즉 인터넷, 영화, 인쇄 매체에서 동시적으로 나타나는 현상이기도 하다.
>
> 이들은 서로 역동적으로 자리바꿈을 하면서 환유적 관계를 형성한다. 이 환유에는 수용자들, 즉 시청자나 매체 소비자들의 욕망이 투사되어 있다. 수용자의 욕망이 매체나 텍스트의 환유적 고리와 만나게 되면 각각의 텍스트는 다른 텍스트나 매체와의 관련 속에서 의미화 작용을 거치게 된다.
>
> 이렇듯 텔레비전 드라마는 시청자의 욕망과 텔레비전 안팎의 다른 프로그램이나 텍스트와 교차하는 지점에서 생산된다. 상업성이 검증된 것의 반복적 생산으로 말미암아 텔레비전 드라마는 거의 모든 내용이 비슷해지는 동일화의 길을 걷게 된다고 볼 수 있다.

① 텔레비전과 같은 매체는 문자 언어를 읽고 쓰는 능력을 반드시 필요로 한다.
② 디지털 매체 시대에 독자는 정보의 수용자이면서 동시에 생산자가 되기도 한다.
③ 텔레비전 드라마 시청자들의 욕구는 매체의 특성을 변화시키는 경우가 많다.
④ 영상 매체에 있는 자료들이 인터넷, 영화 등과 결합하는 것은 사실상 불가능하다.
⑤ 텔레비전 드라마는 독자들의 니즈를 충족시키기 위해 내용의 차별성에 역점을 두고 있다.

✔해설 인간은 매체를 사용하여 타인과 소통하는데 그 매체는 음성 언어에서 문자로 발전했으며 책이나 신문, 라디오나 텔레비전, 영화, 인터넷 등으로 발전해 왔다. 매체의 변화는 사람들 간의 소통양식은 물론 문화 양식에까지 영향을 미친다. 현대에는 음성, 문자, 이미지, 영상, 음악 등이 결합된 매체 환경이 생기고 있다. 이 글에서는 텔레비전 드라마가 인터넷, 영화, 인쇄매체 등과 연결되어 복제되는 형상을 낳기도 하고 수용자의 욕망이 매체에 드러난다고 언급한다. 즉 디지털 매체 시대의 독자는 정보를 수용하기도 하지만 생산자가 될 수도 있음을 언급하고 있다고 볼 수 있다.

7 다음 글의 주제로 가장 적절한 것은 어느 것인가?

> 조직개발 컨설턴트들은 아무리 좋은 기술, 전략, 조직구조, 생산 프로세스를 도입해도 기업문화가 같이 바뀌지 않으면 실패할 가능성이 매우 높다고 말한다. 기업문화는 곧 기업의 체질을 의미하고, 기업에서 가장 변화시키기 어려운 것이다. 권위주의 문화도 마찬가지다. 요즘 기업의 사회적 책임이 화두로 등장하면서 윤리경영에 대한 관심도 높아지고 있다. 많은 기업이 너나할 것 없이 윤리경영을 천명하고 있다. 부조리신고 포상제도, 자율 재산 등록제도, 청렴 평가제도, 윤리교육 의무화제도, 협력업체의 부당거래 신고제도, 전자입찰 확대 등 다양한 절차와 제도를 마련하고 있다. 하지만 이런 제도적, 절차적 변화가 진정한 윤리경영으로 정착되기 위해서는 권위주의 문화도 함께 변화해야 한다.
>
> 바람직한 윤리경영 문화를 정립하기 위해서는 권위주의가 아닌 권위를 존중하는 문화가 정립되어야 한다. 업무 지시는 대부분의 사람들이 동의할 수 있는 객관적 사실에 기초해야 하고, 주어진 역할 범위 안에서 이루어져야 한다. 그렇지 않을 경우 반대할 수 있는 권리나 그 이유를 설명하도록 요구할 수 있는 권리가 동시에 주어져야 한다. 근거의 타당성과 함께 자기가 한 말이나 행동에 대해 책임을 지는 것도 중요하다. 물론 최고위 경영자의 솔선수범이 우선되어야 한다. 책임지는 상급자는 권위를 갖는다. 권위가 바로 선 기업은 투명하고, 공정하며, 합리적인 윤리경영을 할 수 있다.
>
> 소니 픽처스는 권위주의 문화를 변화시키기 위해 '코드의례'라는 것을 실시했다. 상급자가 동의할 수 없는 일방적 지시나 명령을 내릴 때, 하급자는 "코드"라는 말을 외칠 수 있다. 이것은 "근거를 알려 주십시오. 내가 동의할 수 있는 설명을 해 주십시오."라는 말을 대신하는 그들만의 '은어'이다. 권위주의 문화에서 부하직원이 상사에게 객관적 근거를 대달라고, 혹은 동의하지 못하겠다고 면전에서 직접 말하기는 쉽지 않으니, 같은 의미의 은어를 사용하는 것이다. 코드의례는 상사와 부하직원의 합리적 의사소통을 가능케 한다. 물론 오랜 역사를 통해 형성된 권위주의 문화가 하나의 제도만으로 쉽게 사라지지는 않는다. 하지만 이런 작은 문화적 의례들이 실천되고 확산될 때, 권위주의 문화가 서서히 사라지면서 투명하고, 공정하며, 합리적인 윤리경영의 토대가 마련될 수 있다.

① 윤리경영을 실천하기 위해 기업은 권위주의 문화를 극복해야 한다.
② 기업은 상사와 부하직원 간의 원활한 소통을 위해 그들만의 용어를 찾아내야 한다.
③ 윤리경영 실천의 핵심은 해외의 사례를 벤치마킹하는 일이 되어야 한다.
④ 건전한 조직문화를 유지하기 위해서는 권위주의 문화를 타파해야 한다.
⑤ 상사는 부하 직원에게 객관적이고 합리적인 업무 지시만을 해야 한다.

> ✔ **해설** 윤리경영의 올바른 실천은 조직문화의 개선이 동반되어야 하며 조직문화의 개선을 위해서는 권위주의 문화의 극복이 매우 중요하다는 것이 강조된 글로서, '권위주의 문화 극복 → 윤리경영 실천'의 관계를 설명한 것이 전체 글의 주제로 가장 적절하다.
> ②③ '은어'를 활용한다는 것은 소니 픽처스의 사례를 든 내용의 일부이며, 글이 지향하는 궁극적인 내용은 아니며, 해외 사례의 벤치마킹이 필요하다는 주장 역시 제시되어 있지 않다.
> ④ 권위주의 문화를 타파하는 것의 목적은 윤리경영의 실천이지, 건전한 조직문화 유지에 있지 않다.
> ⑤ 객관적이고 합리적인 상사의 지시 자체를 지향하는 것은 글 전체의 주제로 보기 어렵다.

다음 밑줄 친 단어와 바꿔 쓰기에 적절한 한자어가 아닌 것은?

> 과거는 지나가 버렸기 때문에 역사가가 과거의 사실과 직접 만나는 것은 불가능하다. 역사가는 사료를 매개로 과거와 만난다. 사료는 과거를 그대로 재현하는 것은 아니기 때문에 불완전하다. 사료의 불완전성은 역사 연구의 범위를 제한하지만, 그 불완전성 때문에 역사학이 학문이 될 수 있으며 역사는 끝없이 다시 서술된다. 매개를 거치지 않은 채 손실되지 않은 과거와 ㉠만날 수 있다면 역사학이 설 자리가 없을 것이다. 역사학은 전통적으로 문헌 사료를 주로 활용해 왔다. 그러나 유물, 그림, 구전 등 과거가 남긴 흔적은 모두 사료로 활용될 수 있다. 역사가들은 새로운 사료를 발굴하기 위해 노력한다. 알려지지 않았던 사료를 찾아내기도 하지만, 중요하지 않게 ㉡여겨졌던 자료를 새롭게 사료로 활용하거나 기존의 사료를 새로운 방향에서 파악하기도 한다. 평범한 사람들의 삶의 모습을 중점적인 주제로 다루었던 미시사 연구에서 재판 기록, 일기, 편지, 탄원서, 설화집 등의 이른바 '서사적' 자료에 주목한 것도 사료 발굴을 위한 노력의 결과이다.
>
> 시각 매체의 확장은 사료의 유형을 더욱 다양하게 했다. 이에 따라 역사학에서 영화를 통한 역사 서술에 대한 관심이 일고, 영화를 사료로 파악하는 경향도 ㉢나타났다. 역사가들이 주로 사용하는 문헌 사료의 언어는 대개 지시 대상과 물리적·논리적 연관이 없는 추상화된 상징적 기호이다. 반면 영화는 카메라 앞에 놓인 물리적 현실을 이미지화하기 때문에 그 자체로 물질성을 띤다. 즉, 영화의 이미지는 닮은꼴로 사물을 지시하는 도상적 기호가 된다. 광학적 메커니즘에 따라 피사체로부터 비롯된 영화의 이미지는 그 피사체가 있었음을 지시하는 지표적 기호이기도 하다. 예를 들어 다큐멘터리 영화는 피사체와 밀접한 연관성을 갖기 때문에 피사체의 진정성에 대한 믿음을 고양하여 언어적 서술에 비해 호소력 있는 서술로 비춰지게 된다.
>
> 그렇다면 영화는 역사와 어떻게 관계를 맺고 있을까? 역사에 대한 영화적 독해와 영화에 대한 역사적 독해는 영화와 역사의 관계에 대한 두 축을 ㉣이룬다. 역사에 대한 영화적 독해는 영화라는 매체로 자기 나름의 시선을 서사와 표현 기법으로 녹여내어 역사를 비평할 수 있다. 역사를 소재로 한 역사 영화는 역사적 고증에 충실한 개연적 역사 서술 방식을 취할 수 있다. 혹은 역사적 사실을 자원으로 삼되 상상력에 의존하여 가공의 인물과 사건을 덧대는 상상적 역사 서술 방식을 취할 수도 있다. 그러나 비단 역사 영화만이 역사를 재현하는 것은 아니다. 모든 영화는 명시적이거나 우회적인 방법으로 역사를 증언한다. 영화에 대한 역사적 독해는 영화에 담겨 있는 역사적 흔적과 맥락을 검토하는 것과 연관된다. 역사가는 영화 속에 나타난 풍속, 생활상 등을 통해 역사의 외연을 확장할 수 있다. 나아가 제작 당시 대중이 공유하던 욕망, 강박, 믿음, 좌절 등의 집단적 무의식과 더불어 이상, 지배적 이데올로기 같은 미처 파악하지 못했던 가려진 역사를 끌어내기도 한다. 영화는 주로 허구를 다루기 때문에 역사 서술과는 거리가 있다고 보는 사람도 있다. 왜냐하면 역사가들은 일차적으로 사실을 기록한 자료에 기반해서 연구를 ㉤펼치기 때문이다.

① 대면(對面)　　　　　　　　　② 간주(看做)

③ 대두(擡頭)　　　　　　　　　④ 결합(結合)

⑤ 전개(展開)

> **✔해설** ① 대면(對面) : 서로 얼굴을 마주 보고 대함
> ② 간주(看做) : 그러한 것으로 여김 또는 그렇다고 침
> ③ 대두(擡頭) : (어떤 현상이) 일어남. 고개를 듦
> ④ 결합(結合) : 둘 이상(以上)이 서로 관계(關係)를 맺고 합치어 하나가 됨
> ⑤ 전개(展開) : 열리어 벌어짐 또는 늘여서 폄

Answer 8.④

| 9~10 | 다음 글을 읽고 이어지는 질문에 답하시오.

국내외 사정으로 경기가 불안정할 때에 정부와 중앙은행은 경기 안정 정책을 펼친다. 정부는 정부 지출과 조세 등을 조절하는 재정정책을, 중앙은행은 통화량과 이자율을 조정하는 통화정책을 활용한다. 이 정책들은 경기 상황에 따라 달리 활용된다. 경기가 좋지 않을 때에는 총수요를 증가시키기 위해 정부 지출을 늘리거나 조세를 감면하는 확장적 재정정책이나 통화량을 늘리고 이자율을 낮추는 확장적 통화정책이 활용된다. 또 경기 과열이 우려될 때에는 정부 지출을 줄이거나 세금을 올리는 긴축적 재정정책이나 통화량을 줄이고 이자율을 올리는 긴축적 통화정책이 활용된다. 이러한 정책들의 효과 여부에 대해서는 이견들이 존재하는데 대표적으로 '통화주의'와 '케인스주의'를 들 수 있다. 두 학파의 입장 차이를 확장적 정책을 중심으로 살펴보자.

먼저 정부의 시장 개입을 최소화해야 한다고 보는 통화주의는 화폐 수요가 소득 증가에 민감하게 반응한다고 주장했다. 여기서 화폐란 물건을 교환하기 위한 수단을 말하고, 화폐 수요는 특정한 시점에 사람들이 보유하고 싶어 하는 화폐의 총액을 의미한다. 통화주의에서는 화폐 수요의 변화에 따라 이자율 변화가 크게 나타나고 이자율이 투자 수요에 미치는 영향도 크다고 보았다. 따라서 불경기에 정부 지출을 증가시키는 재정정책을 펼치면 국민 소득이 증가함에 따라 화폐 수요가 크게 증가하고 이에 영향을 받아 이자율이 매우 높게 상승한다고 보았다. 더불어 이자율에 크게 영향을 받는 투자 수요는 높아진 이자율로 인해 예상된 투자 수요보다 급격히 감소하면서 경기를 호전시키지 못한다고 보았다. 이 때문에 확장적 재정정책의 효과가 기대보다 낮을 것이라 주장했다. 결국 불황기에는 정부 주도의 재정정책보다는 중앙은행의 통화정책을 통해 통화량을 늘리고 이자율을 낮추는 방식을 택하면 재정정책과 달리 투자 수요가 증가하여 경기를 부양시킬 수 있다고 본 것이다.

반면에 경기 안정을 위해 정부의 적극적인 개입이 필요하다고 보는 케인스주의는 화폐를 교환 수단으로만 보지 않고 이자율과 역의 관계를 가지는 투기적 화폐 수요가 존재한다고 보았다. 투기적 화폐 수요는 통화량이 늘어나도 소비하지 않고 더 높은 이익을 얻기 위해 화폐를 소유하고자 하는 수요이다. 따라서 통화정책을 통해 통화량을 늘리고 이자율을 낮추면 투기적 화폐 수요가 늘어나 화폐가 시중에 돌지 않기 때문에 투자 수요가 거의 증가하지 않는다고 본 것이다. 즉 케인스주의는 실제로 사람들이 화폐를 거래 등에 얼마나 자주 사용하였는지 소득의 변화보다 화폐 수요에 크게 영향을 미친다고 본 것이다. 그래서 케인스주의는 확장적 재정정책을 시행하여 정부 지출이 증가하면 국민 소득은 증가하지만, 소득의 변화가 화폐 수요에 미치는 영향이 작기 때문에 화폐 수요도 작게 증가할 것이라 보았다. 이에 따라 이자율도 낮게 상승하기 때문에 투자 수요가 예상된 것보다 작게 감소할 것이라 보았던 것이다.

또한 확장적 재정정책의 효과는 ㉠ 승수 효과와 ㉡ 구축 효과가 나타나는 정도에 따라 달리 볼 수 있다. 승수 효과란 정부의 재정 지출이 그것의 몇 배나 되는 국민 소득의 증가로 이어지면서 소비와 투자가 촉진되는 것을 의미한다. 케인스주의는 이러한 승수 효과를 통해 경기 부양이 가능하다고 보았다. 한편 승수 효과가 발생하기 위해서는 케인스주의가 주장한 바와 같이 정부 지출을 늘렸을 때 이자율의 변화가 거의 없어 투자 수요가 예상 투자 수요보다 크게 감소하지 않아야 한다. 그런데 정부가 재정정책을 펼치기 위해 재정 적자를 감수하고 국가가 일종의 차용 증서인 국채를 발행해 시중의 돈을 빌리게 되는 경우가 많다. 국채 발행으로 시중의 돈이 정부로 흘러 들어가면 이자율이 오르고 이에 대한 부담으로 가계나 기업들의 소비나 투자 수요가 감소되는 상황이 발생하게 된다. 결국 세금으로 충당하기 어려운 재정정책을 펼치기 위해 국채를 활용하는 과정에서 이자율이 올라가고 이로 인해 민간의 소비나 투자를 줄어들게 하는 구축 효과가 발생하게 된다는 것이다. 통화주의에서는 구축 효과에 의해 승수 효과가 감쇄되어 확장적 재정정책의 효과가 기대보다 줄어들 것이라고 본 것이다.

이처럼 경기를 안정화시키기 위해 특정한 정책의 긍정적 효과만을 고려하여 정책을 시행하게 될 경우 예상치 못한 문제들이 발생하여 기대했던 경기 안정을 가져오지 못할 수 있다. 경제학자들은 재정정책과 통화정책의 의의를 인정하면서, 이 정책들을 적절하게 활용한다면 경기 안정이라는 목적을 달성하는 데에 중요한 열쇠가 될 수 있을 것이라 보았다.

9 다음 글을 통해 해결할 수 있는 질문으로 적절하지 못한 것은?

① 정부의 재정 적자를 해소하는 방법은 무엇인가?

② 확장적 정책과 긴축적 정책의 시행 시기는 언제인가?

③ 투기적 화폐 수요가 투자 수요에 미치는 영향은 무엇인가?

④ 정부의 지출 증가가 국민 소득에 미치는 영향은 무엇인가?

⑤ 정부와 중앙은행이 각각 활용하는 경기 안정 정책은 무엇인가?

> ✔해설 정부의 재정 적자를 해소하는 방법은 윗글에 제시되어 있지 않다.
> ② 확장적 정책은 경기가 좋지 않을 때, 긴축적 정책은 경기 과열이 우려될 때라고 설명하고 있다.
> ③ 투기적 화폐 수요가 늘어나면 투자 수요가 거의 증가하지 않음을 알 수 있다.
> ④ 정부 지출이 증가하면 국민 소득이 증가함을 알 수 있다.
> ⑤ 정부는 재정정책을, 중앙은행은 통화정책을 활용함을 알 수 있다.

10 ㉠과 ㉡에 대한 설명으로 적절하지 않은 것은?

① ㉠은 정부의 재정 지출에 비해 더 큰 소득의 증가가 나타나는 현상에 대한 설명이다.

② ㉡은 세금으로 충당하기 어려운 정부 지출을 위해 시중의 돈이 줄어드는 상황에서 나타나는 것이다.

③ ㉠과 달리 ㉡은 정부 지출이 정부의 의도만큼 효과를 거두지 못할 것이라는 주장의 근거가 된다.

④ ㉡과 달리 ㉠은 정부가 재정 지출을 늘릴 경우 투자 수요가 줄어들 것이라는 주장의 근거가 된다.

⑤ ㉠과 ㉡은 모두 정부 지출을 확대했을 때 발생할 수 있는 결과들에 대해 분석한 것이다.

> ✔해설 ㉠은 정부의 재정 지출이 지출의 몇 배나 되는 소득의 증가로 이어지면서 소비와 투자가 촉진되는 것을 의미한다고 하였으므로, 투자 수요가 줄어들 것이라는 주장의 근거가 된다는 설명은 적절하지 않다.
> ㉡은 정부가 재정정책을 펼치기 위해 국채를 발행하여 시중의 돈이 줄어드는 상황에서 나타나는 것임을 알 수 있다.

01. 의사소통능력 » 37

11 다음은 K공사의 신입사원 채용에 관한 안내문의 일부 내용이다. 다음 내용을 근거로 할 때, K공사가 안내문의 내용에 부합되게 취할 수 있는 행동이라고 볼 수 없는 것은?

- 모든 응시자는 1인 1개 분야만 지원할 수 있습니다.
- 응시희망자는 지역제한 등 응시자격을 미리 확인하고 응시원서를 접수하여야 하며, 응시원서의 기재사항 착오 · 누락, 공인어학능력시험 점수 · 자격증 · 장애인 · 취업지원대상자 가산점수 · 가산비율 기재 착오, 연락불능 등으로 발생되는 불이익은 일체 응시자의 책임으로 합니다.
- 입사지원서 작성내용은 추후 증빙서류 제출 및 관계기관에 조회할 예정이며 내용을 허위로 입력한 경우에는 합격이 취소됩니다.
- 응시자는 시험장소 공고문, 답안지 등에서 안내하는 응시자 주의사항에 유의하여야 하며, 이를 준수하지 않을 경우에 본인에게 불이익이 될 수 있습니다.
- 원서접수결과 지원자가 채용예정인원 수와 같거나 미달이더라도 적격자가 없는 경우 선발하지 않을 수 있습니다.
- 시험일정은 사정에 의하여 변경될 수 있으며 변경내용은 7일 전까지 공사 채용홈페이지를 통해 공고할 계획입니다.
- 제출된 서류는 본 채용목적 이외에는 사용하지 않으며, 채용절차의 공정화에 관한 법령에 따라 최종합격자 발표일 이후 180일 이내에 반환청구를 할 수 있습니다.
- 최종합격자 중에서 신규임용후보자 등록을 하지 않거나 관계법령에 의한 신체검사에 불합격한 자 또는 공사 인사규정 제21조에 의한 응시자격 미달자는 신규임용후보자 자격을 상실하고 차순위자를 추가합격자로 선발할 수 있습니다.
- 임용은 교육성적을 포함한 채용시험 성적순으로 순차적으로 임용하되, 장애인 또는 경력자의 경우 성적순위에도 불구하고 우선 임용될 수 있습니다.

※ 공사 인사규정 제22조 제2항에 의거 신규임용후보자의 자격은 임용후보자 등록일로부터 1년으로 하며, 필요에 따라 1년의 범위 안에서 연장될 수 있습니다.

① 동일한 응시자가 기계직과 운영직에 동시 응시를 한 사실이 뒤늦게 발견되어 임의로 기계직 응시 관련 사항 일체를 무효처리하였다.

② 대학 졸업예정자로 채용된 A씨는 마지막 학기 학점이 부족하여 졸업이 미뤄지는 바람에 채용이 취소되었다.

③ 50명 선발이 계획되어 있었고, 45명이 지원을 하였으나 42명만 선발하였다.

④ 최종합격자 중 신규임용후보자 자격을 상실한 자가 있어 불합격자 중 임의의 인원을 추가 선발하였다.

⑤ 채용시험 성적이 합격권이 아닌 경력자 B씨를 채용하였다.

✔ 해설 결원이 생겼을 때에는 그대로 추가 선발 없이 채용을 마감할 수 있으며, 추가합격자를 선발할 경우 반드시 차순위자를 선발하여야 한다.
① 모든 응시자는 1인 1개 분야만 지원할 수 있다.
② 입사지원서 작성 내용과 다르게 된 결과이므로 취소 처분이 가능하다.
③ 지원자가 채용예정인원 수와 같거나 미달하더라도 적격자가 없는 경우 선발하지 않을 수 있다.
⑤ 장애인 또는 경력자의 경우 성적순위에도 불구하고 우선 임용될 수 있다.

12 다음 글의 단락 ㈎ ~ ㈑를 문맥에 맞는 순서로 적절하게 재배열한 것은?

㈎ 가벼울수록 에너지 소모가 줄어들기 때문에 철도차량은 끊임없이 경량화를 추구하고 있다. 물론 차량속도를 높이기 위해서는 추진 장치의 성능을 높일 수도 있지만, 이는 가격상승과 더 많은 전력 손실을 가져온다. 또한 차량이 무거울수록 축중이 증가해 궤도와 차륜의 유지보수 비용도 증가하고, 고속화 했을 때 그만큼 안전성이 떨어지는 등 문제가 있어 경량화는 열차의 설계에 있어서 필수적인 사항이 되었다.

㈏ 이를 위해 한 종류의 소재로 전체 차체구조에 적용하는 것이 아니라, 소재의 기계적 특성과 해당 부재의 기능적 역할에 맞게 2종류 이상의 소재를 동시에 적용하는 하이브리드 형 차체가 개발되었다. 예를 들면 차체 지붕은 탄소섬유강화플라스틱(CFRP)과 알루미늄 압출재, 하부구조는 스테인리스 스틸 또는 고장력강 조합 등으로 구성되는 등 다양한 소재를 병용해 사용하고 있다. 이렇게 복합재료를 사용하는 것은 두 가지 이상의 독립된 재료가 서로 합해져서 보다 우수한 기계적 특성을 나타낼 수 있기 때문이다.

㈐ 초기의 철도 차량은 오늘날과 전혀 다른 소재와 모양을 하고 있었다. 열차가 원래 마차를 토대로 하여 만들어졌고, 증기기관의 성능도 뛰어나지 못해 대형 차량을 끌 수 없었기 때문이다. 하지만 크기가 커지면서 구조적으로 집과 유사한 형태를 가지게 되어, 철도 차량은 벽과 기둥이 만들어지고 창문이 설치되면서 집과 유사한 구조를 가지게 되었다. 열차의 차체는 가벼운 목재에서 제철산업이 발달하면서 강제로 변화되었다. 차체 소재가 목재에서 금속재로 변경된 이유는 충돌, 탈선 및 전복, 화재 등의 사고가 발생했을 때 목재 차체는 충분한 안전을 확보하는데 어렵기 때문이다. 물론 생산제조 기술의 발전으로 금속재료 차체들의 소재원가 및 제조비용이 낮아졌다는 것도 중요하다고 할 수 있다.

㈑ 철강 기술이 발달하면서 다양한 부위에 녹이 슬지 않는 스테인리스를 사용하게 되었다. 그리고 구조적으로도 변화가 생겼다. 단순한 상자모양에서 차량은 프레임 위에 상자 모양의 차체를 얹어서 만드는 형태로 진화했고, 위치에 따라 작용하는 힘의 크기를 계산해 다양한 재료를 사용하기에 이르렀다. 강재나 SUS(스테인리스 스틸), 알루미늄 합금 등 다양한 금속재료를 활용하는 등 소재의 종류도 크게 증가했다. 그리고 금속소재뿐만 아니라 엔지니어링 플라스틱이나 섬유강화복합(FRP, Fiber Reinforced Polymer) 소재와 같은 비금속 재료도 많이 활용되고 있다. FRP는 우수한 내식성과 성형성을 가진 에폭시나 폴리에스터와 같은 수지를 유리나 탄소섬유와 같이 뛰어난 인장과 압축강도를 가진 강화재로 강도를 보강해 두 가지 재료의 강점만 가지도록 만든 것이다.

① (다) - (라) - (가) - (나)

② (라) - (다) - (가) - (나)

③ (다) - (라) - (나) - (가)

④ (나) - (라) - (가) - (다)

⑤ (다) - (가) - (라) - (나)

✔ 해설 도 차량 소재의 변천 과정을 설명하고 있는 글로서, 최초의 목재에서 안전을 위한 철제 재료가 사용되었음을 언급하는 (다) 단락이 가장 처음에 위치한다. 이러한 철제 재료가 부식 방지와 강도 보강을 목적으로 비금속 재료로 대체 사용되기도 하였으며, 이후 강도 보강에 이은 경량화를 목적으로 소재가 바뀌게 되었고, 다시 하이브리드형 소재의 출현으로 부위별 다양한 소재의 병용 사용을 통한 우수한 기계적 특성 구현이 가능하게 되었다. 따라서 이러한 소재의 변천 과정을 순서대로 나열한 (다) - (라) - (가) - (나)가 가장 자연스러운 문맥의 흐름이다.

|13~14 | 다음은 어느 공사의 윤리강령에 관한 일부 내용이다. 이를 보고 물음에 답하시오.

임직원의 기본윤리
• 제4조 : 임직원은 공사의 경영이념과 비전을 공유하고 공사가 추구하는 목표와 가치에 공감하여 창의적인 정신과 성실한 자세로 맡은바 책임을 다하여야 한다.
• 제7조 : 임직원은 직무를 수행함에 있어 공사의 이익에 상충되는 행위나 이해관계를 하여서는 아니 된다.
• 제8조 : 임직원은 직무와 관련하여 사회통념상 용인되는 범위를 넘어 공정성을 저해할 수 있는 금품 및 향응 등을 직무관련자에게 제공하거나 직무관련자로부터 제공받아서는 아니 된다.
• 제12조 : 임직원은 모든 정보를 정당하고 투명하게 취득·관리하여야 하며 회계기록 등의 정보는 정확하고 정직하게 기록·관리하여야 한다.

고객에 대한 윤리
• 제13조 : 임직원은 고객이 공사의 존립이유이며 목표라는 인식하에서 항상 고객을 존중하고 고객의 입장에서 생각하며 고객을 모든 행동의 최우선의 기준으로 삼는다.
• 제14조 : 임직원은 고객의 요구와 기대를 정확하게 파악하여 이에 부응하는 최고의 상품과 최상의 서비스를 제공하기 위해 노력한다.

경쟁사 및 거래업체에 대한 윤리
• 제16조 : 임직원은 모든 사업 및 업무활동을 함에 있어서 제반법규를 준수하고 국내외 상거래관습을 존중한다.
• 제17조 : 임직원은 자유경쟁의 원칙에 따라 시장경제 질서를 존중하고 경쟁사와는 상호존중을 기반으로 정당한 선의의 경쟁을 추구한다.
• 제18조 : 임직원은 공사가 시행하는 공사·용역·물품구매 등의 입찰 및 계약체결 등에 있어서 자격을 구비한 모든 개인 또는 단체에게 평등한 기회를 부여한다.

임직원에 대한 윤리
• 제19조 : 공사는 임직원에 대한 믿음과 애정을 가지고 임직원 개개인을 존엄한 인격체로 대하며, 임직원 개인의 종교적·정치적 의사와 사생활을 존중한다.
• 제20조 : 공사는 교육 및 승진 등에 있어서 임직원 개인의 능력과 자질에 따라 균등한 기회를 부여하고, 성과와 업적에 대해서는 공정하게 평가하고 보상하며, 성별·학력·연령·종교·출신지역·장애 등을 이유로 차별하거나 우대하지 않는다.
• 제21조 : 공사는 임직원의 능력개발을 적극 지원하여 전문적이고 창의적인 인재로 육성하고, 임직원의 독창적이고 자율적인 사고와 행동을 촉진하기 위하여 모든 임직원이 자유롭게 제안하고 의사표현을 할 수 있는 여건을 조성한다.

13 공사의 윤리강령을 보고 이해한 내용으로 가장 적절하지 않은 것은?

① 윤리강령은 윤리적 판단의 기준을 임직원에게 제공하기 위해 작성되었다.

② 국가와 사회에 대한 윤리는 위의 윤리강령에 언급되지 않았다.

③ 임직원이 지켜야 할 행동 기준뿐만 아니라 공사가 임직원을 어떻게 대해야 하는지에 관한 윤리도 포함되었다.

④ 강령에 저촉된 행위를 한 임직원에 대하여는 징계 조치를 취할 수 있다.

⑤ 공사는 임직원에 대하여 성별·학력·연령·종교·출신지역·장애 등을 이유로 차별하거나 우대하지 않는다.

✔해설 ④ 윤리강령을 나열하였을 뿐, 징계 조치에 관한 부분은 나와 있지 않다.

14 위의 '임직원의 기본윤리' 중 언급되지 않은 항목은?

① 이해충돌 회피

② 부당이득 수수금지

③ 투명한 정보관리

④ 책임완수

⑤ 자기계발

✔해설 제4조는 책임완수, 제7조는 이해충돌 회피, 제8조는 부당이득 수수 금지, 제12조는 투명한 정보관리에 관한 내용이다. 자기계발에 관한 부분은 언급되지 않았다.

15 다음 글을 읽고 ㉠에 담긴 의미로 적절한 것을 고르시오.

최근 국제 시장에서 원유 가격이 가파르게 오르면서 세계 경제를 크게 위협하고 있다. 기름 한 방울 나지 않는 나라에 살고 있는 우리로서는 매우 어려운 상황이 아닐 수 없다. 에너지 자원을 적극적으로 개발하고, 다른 한편으로는 에너지 절약을 생활화해서 이 어려움을 슬기롭게 극복해야만 한다.

다행히 우리는 1970년대 초부터 원자력 발전소 건설을 적극적으로 추진해 왔다. 그 결과 현재 원자력 발전소에서 생산하는 전력이 전체 전력 생산량의 약 40%를 차지하고 있다. 원자력을 주요 에너지 자원으로 활용함으로써 우리는 석유, 석탄, 가스와 같은 천연 자원에 대한 의존도를 어느 정도 낮출 수 있게 되었다.

그러나 그 정도로는 턱없이 부족하다. 전체 에너지 자원의 97%를 수입하는 우리는 절약을 생활화하지 않으면 안 된다. 하지만 국민들은 아직도 '설마 전기가 어떻게 되랴'하는 막연한 생각을 하면서 살고 있다. 한여름에도 찬 기운을 느낄 정도로 에어컨을 켜 놓은 곳도 많다. 이것은 지나친 에너지 낭비이다. 여름철 냉방 온도를 1도만 높이면 약 2조 5천억원의 건설비가 들어가는 원자로 1기를 덜 지어도 된다. ㉠절약이 곧 생산인 것이다.

에너지를 절약하는 방법에는 여러 가지가 있다. 가까운 거리는 걸어서 다니기, 승용차 대신 대중교통이나 자전거 이용하기, 에너지 절약형 가전제품 쓰기, 승용차 요일제 참여하기, 적정 냉·난방 온도 지키기, 사용하지 않는 가전제품의 플러그 뽑기 등이 모두 에너지를 절약하는 방법이다.

또, 에너지 절약 운동은 일회성으로 그쳐서는 안 된다. 그것은 반복적이고 지속적으로 실천해야만 할 과제이다. 국가적 어려움을 극복하기 위해 얼마간의 개인적 불편을 기꺼이 받아들이겠다는 마음가짐이 필요하다.

에너지 절약은 더 이상 선택 사항이 아니다. 그것은 생존과 직결되므로 반드시 실천해야 할 사항이다. 고유가 시대를 극복하기 위해서는 우리 모두 허리띠를 졸라매는 것 외에는 다른 방법이 없다. 당장 에어컨보다 선풍기를 사용해서 전기 절약을 생활화해 보자. 온 국민이 지혜를 모으고 에너지 절약에 적극적으로 동참한다면 우리는 이 어려움을 슬기롭게 극복할 수 있을 것이다.

① 절약은 절약일 뿐 생산과는 관련이 없다.
② 절약을 하게 되면 생산이 감소한다.
③ 절약하면 불필요한 생산을 하지 않아도 된다.
④ 절약으로 전력 생산량을 증가시킨다.
⑤ 생산을 줄이면 절약하게 된다.

✔해설 절약은 소비를 줄이는 행동이지만 이를 통해 원자로 1기를 덜 지어도 동일한 생산 효과를 얻을 수 있다는 것이다.

16 문화체육관광부 홍보팀에 근무하는 김문화씨는 '탈춤'에 관한 영상물을 제작하는 프로젝트를 맡게 되었다. 제작계획서 중 다음의 제작 회의 결과가 제대로 반영되지 않은 것은?

- 제목 : 탈춤 체험의 기록임이 나타나도록 표현
- 주 대상층 : 탈춤에 무관심한 젊은 세대
- 내용 : 실제 경험을 통해 탈춤을 알아가고 가까워지는 과정을 보여 주는 동시에 탈춤에 대한 정보를 함께 제공
- 구성 : 간단한 이야기 형식으로 구성
- 전달방식 : 정보들을 다양한 방식으로 전달

<제작계획서>

제목	'기획 특집 – 탈춤 속으로 떠나는 10일간의 여행'	①
제작 의도	젊은 세대에게 우리 고유의 문화유산인 탈춤에 대한 관심을 불러일으킨다.	②
전체 구성	중심 얼개	• 대학생이 우리 문화 체험을 위해 탈춤이 전승되는 마을을 찾아가는 상황을 설정한다. • 탈춤을 배우기 시작하여 마지막 날에 공연으로 마무리한다는 줄거리로 구성한다.	③
	보조 얼개	탈춤에 대한 정보를 별도로 구성하여 중간 중간에 삽입한다.	
전달 방식	해설	내레이션을 통해 탈춤에 대한 학술적 이견들을 깊이 있게 제시하여 탈춤에 조예가 깊은 시청자들의 흥미를 끌도록 한다.	④
	영상 편집	• 탈에 대한 정보를 시각 자료로 제시한다. • 탈춤의 종류, 지역별 탈춤의 특성 등에 대한 그래픽 자료를 보여 준다. • 탈춤 연습 과정과 공연 장면을 현장감 있게 보여 준다.	⑤

✔ 해설 ④ 해당 영상물의 제작 의도는 탈춤에 무관심한 젊은 세대를 대상으로 하여 우리 고유의 문화유산인 탈춤에 대한 관심을 불러일으키기 위한 것이다. 따라서 탈춤에 대한 학술적 이견들을 깊이 있게 제시하는 것은 제작 의도와 맞지 않는다.

Answer 15.③ 16.④

17 다음 글의 내용과 부합하는 것은?

여러 가지 호흡기 질환을 일으키는 비염은 미세먼지 속의 여러 유해 물질들이 코 점막을 자극하여 맑은 콧물이나 코막힘, 재채기 등의 증상을 유발하는 것을 말한다. 왜 코 점막의 문제인데, 비염 증상으로 재채기가 나타날까? 비염 환자들의 코 점막을 비내시경을 통해 관찰하게 되면 알레르기성 비염 환자에겐 코 점막 내의 돌기가 관찰된다. 이 돌기들이 외부에서 콧속으로 유입되는 먼지, 꽃가루, 유해 물질 등에 민감하게 반응하면서 재채기 증상이 나타나는 것이다.

알레르기성 비염은 집먼지, 진드기 등이 매개가 되는 통연성 비염과 계절성 원인이 문제가 되는 계절성 비염으로 나뉜다. 최근 들어 미세먼지, 황사 등 대기 질을 떨어뜨리는 이슈가 자주 발생하면서 계절성 비염의 발생 빈도는 점차 늘어나고 있는 추세다.

아직도 비염을 단순히 코 점막 질환이라 생각한다면 큰 오산이다. 비염은 면역력의 문제, 체열 불균형의 문제, 장부의 문제, 독소의 문제가 복합적으로 얽혀서 코 점막의 비염 증상으로 표출되는 복합질환이다. 비염의 원인이 다양하고 복합적인만큼 환자마다 나타나는 비염 유형도 가지각색이다. 비염 유형에 따른 비염 증상에는 어떤 것이 있을까? 비염은 크게 열성 비염, 냉성 비염, 알레르기성 비염으로 나눌 수 있다.

가장 먼저, 열성 비염은 뇌 과열과 소화기의 열이 주된 원인으로 발생한다. 코 점막을 건조하게 만드는 열은 주로 뇌 과열과 소화기의 열 상승으로 발생하기 때문에 비염 증상으로는 코 점막의 건조, 출혈 및 부종 외에도 두통, 두중감, 학습장애, 얼굴열감, 급박한 변의 등이 동반되어 나타날 수 있다. 냉성 비염은 호흡기의 혈액순환 저하로 코 점막이 창백해지고 저온에 노출됐을 때 맑은 콧물 및 시큰한 자극감을 주 증상으로 하는 비염을 말한다. 또한, 호흡기 점막의 냉각은 소화기능의 저하와 신진대사 저하를 동반하기도 한다. 냉성 비염 증상은 맑은 콧물, 시큰거림 외에도 수족냉증, 체열 저하, 활력 감소, 만성 더부룩함, 변비가 동반되어 나타난다. 알레르기성 비염은 먼저, 꽃가루, 온도 등에 대한 면역 반응성이 과도하여 콧물, 코막힘, 재채기, 가려움증 등을 유발하는 비염 유형이다. 알레르기성 비염은 임상적으로 열성과 냉성으로 또 나뉠 수 있는데, 열성 비염의 동반증상으로는 코막힘, 건조함, 충혈, 부종 및 콧물이 있고, 냉성 비염의 동반증상은 맑은 콧물과 시큰한 자극감이 나타날 수 있다.

겨울철 환절기인 9~11월, 알레르기성 비염과 코감기 때문에 고생하는 이들이 많다. 코감기는 알레르기성 비염과 증상이 비슷해 많은 이들이 헷갈려 하지만, 치료법이 다르기 때문에 정확하게 구분하는 것이 중요하다. 알레르기성 비염은 여러 자극에 대해 코 점막이 과잉반응을 일으키는 염증성 질환으로 맑은 콧물, 코막힘, 재채기라는 3대 비염 증상과 함께 코 가려움증, 후비루 등이 나타날 수 있다. 또한 발열이나 오한 없이 오직 코의 증상이 나타나는데, 원인은 일교차, 꽃가루, 스트레스 등으로 다양하다. 반면 코감기는 몸 전체가 아픈 바이러스질환으로 누런 코, 심한 코막힘에 오한, 발열을 동반한 코 증상이 있으며, 코 점막이 새빨갛게 부어 오른 경우는 코감기로 볼 수 있다. 코감기는 충분한 휴식만으로도 치료가 가능할 수 있지만 알레르기성 비염은 꼭 약물치료가 필요하다.

① 비염은 단순히 코 점막의 질환이다.

② 냉성 비염은 뇌 과열과 소화기의 열이 주된 원인으로 발생한다.

③ 열성 비염은 두통, 두중감, 학습장애, 얼굴열감, 급박한 변의 등이 동반되어 나타날 수 있다.

④ 코감기는 오한이나 발열없이 맑은 콧물, 코막힘, 재채기의 증상이 나타난다.

⑤ 3대 비염증상은 진한 콧물, 빨간 코점막, 재채기이다.

✔ 해설 ① 비염은 면역력의 문제, 체열 불균형의 문제, 장부의 문제, 독소의 문제가 복합적으로 얽혀서 코 점막의 비염 증상으로 표출되는 복합질환이다.
② 열성 비염은 뇌 과열과 소화기의 열이 주된 원인으로 발생하고 냉성 비염은 호흡기의 혈액순환 저하로 발생한다.
④ 코감기는 몸 전체가 아픈 바이러스질환으로 누런 코, 심한 코막힘에 오한, 발열을 동반한 코 증상이 있다.
⑤ 알레르기성 비염은 맑은 콧물, 코막힘, 재채기라는 3대 비염증상을 동반한다.

Answer 17.③

주로 군사목적이나 외교통신 수단으로 사용된 ㉠암호는 최근 들어 사업용으로도 많이 이용되고 있다. 이러한 암호는 그 작성방식에 따라 문자암호(문자암호는 전자방식과 환자방식으로 다시 나뉜다.)와 어구암호로 나뉘고 사용기구에 따라 기계암호와 서식암호, 스트립식 암호 등으로 나뉜다.

인류 역사상 가장 처음 사용된 암호는 스파르타 시대 때 사용된 스키탈레 암호로 이것은 일정한 너비의 종이테이프를 원통에 서로 겹치지 않도록 감아서 그 테이프 위에 세로쓰기로 통신문을 기입하는 방식이다. 그리하여 그 테이프를 그냥 풀어 보아서는 기록내용을 전혀 판독할 수 없으나 통신문을 기록할 때 사용했던 것과 같은 지름을 가진 원통에 감아보면 내용을 읽을 수 있게 고안된 일종의 전자방식의 암호이다.

또한 ㉡환자방식으로 사용된 암호는 로마 시대의 카이사르에 의해서 고안되었는데 이것은 전달받고자 하는 통신문의 글자를 그대로 사용하지 않고 그 글자보다 알파벳 순서로 몇 번째 뒤, 또는 앞의 글자로 바꾸어 기록하는 방식이다. 예를 들면 암호를 주고받는 사람끼리 어떤 글자를 그보다 네 번째 뒤의 글자로 환자한다는 약속이 되어 있다면, A는 E로 표시되고, B는 F로 표시하는 등이다. 이와 같은 암호는 로마 시대뿐만 아니라 영국의 알프레드 1세나 칼 대제 시대 때도 다양한 방식으로 사용되었다.

근대적인 암호는 14 ~ 15세기의 이탈리아에서 발달하여, 최초의 완전암호라고 할 수 있는 베네치아 암호가 고안되었으며 16세기의 프랑스에서는 근대적 암호의 시조(始祖)라고 불리는 비지넬이 나타나 이른바 비지넬 암호표가 고안되었다. 이 암호는 아주 교묘하게 만들어져서 해독 불능 암호라고까지 평가를 받았으며, 현재에도 환자암호의 기본형식의 하나로 쓰이고 있다.

18 다음 중 옳지 않은 것은?

① 암호는 통신문의 내용을 다른 사람이 읽을 수 없도록 하기 위해 글자나 숫자 또는 부호 등을 변경하여 작성한 것이다.
② 암호는 작성방식이나 사용기구에 따라 다양한 종류로 분류된다.
③ 베네치아 암호는 최초의 완전암호라 할 수 있으며 아주 교묘하게 만들어져 해독 불능 암호로 평가받았다.
④ 암호는 보내는 사람과 받는 사람의 일종의 약속에 의해 이루어진다.
⑤ 16세기의 프랑스에서는 비지넬 암호표가 고안되었다.

> ✔**해설** ③ 해독 불능 암호로 평가받은 것은 16세기 프랑스의 비지넬이 고안한 비지넬 암호이다.

19 위 글의 밑줄 친 ㉠과 바꿔 쓸 수 없는 단어는?

① 암구호

② 사인

③ 패스워드

④ 심상

⑤ 가상

✔ 해설 ④ 감각에 의하여 획득한 현상이 마음 속에서 재생된 것.
① 적군과 아군을 분간할 수 없는 야간에 아군 여부를 확인하기 위하여 정하여 놓은 말
② 몸짓이나 눈짓 따위로 어떤 의사를 전달하는 일. 또는 그런 동작.
③ 특정한 시스템에 로그인을 할 때에 사용자의 신원을 확인하기 위하여 입력하는 문자열
⑤ 사실이 아니거나 사실 여부가 분명하지 않은 것을 사실이라고 가정하여 생각함

제6조(보증사고)

① 보증사고라 함은 아래에 열거된 보증사고 사유 중 하나를 말합니다.

    1. 보증채권자가 전세계약기간 종료 후 1월까지 정당한 사유 없이 전세보증금을 반환받지 못하였을 때

    2. 전세계약 기간 중 전세목적물에 대하여 경매 또는 공매가 실시되어, 배당 후 보증채권자가 전세보증금을 반환받지 못하였을 때

② 제1항 제1호의 보증사고에 있어서는 전세계약기간이 갱신(묵시적 갱신을 포함합니다)되지 않은 경우에 한합니다.

제7조(보증이행 대상이 아닌 채무)

보증회사는 다음 각 호의 어느 하나에 해당하는 사유가 있는 경우에는 보증 채무를 이행하지 아니합니다.

    1. 천재지변, 전쟁, 내란 기타 이와 비슷한 사정으로 주채무자가 전세계약을 이행하지 못함으로써 발생한 채무

    2. 주채무자의 전세보증금 반환의무 지체에 따른 이자 및 지연손해금

    3. 주채무자가 실제 거주하지 않는 명목상 임차인 등 정상계약자가 아닌 자에게 부담하는 채무

    4. 보증채권자가 보증채무이행을 위한 청구서류를 제출하지 아니하거나 협력의무를 이행하지 않는 등 보증채권자의 책임 있는 사유로 발생하거나 증가된 채무 등

제9조(보증채무 이행청구시 제출서류)

① 보증채권자가 보증채무의 이행을 청구할 때에는 보증회사에 다음의 서류를 제출하여야 합니다.

    1. 보증채무이행청구서

    2. 신분증 사본

    3. 보증서 또는 그 사본(보증회사가 확인 가능한 경우에는 생략할 수 있습니다)

    4. 전세계약이 해지 또는 종료되었음을 증명하는 서류

    5. 명도확인서 또는 퇴거예정확인서

    6. 배당표 등 전세보증금 중 미수령액을 증명하는 서류(경·공매시)

    7. 회사가 요구하는 그 밖의 서류

② 보증채권자는 보증회사로부터 전세계약과 관계있는 서류사본의 교부를 요청받은 때에는 이에 응하여야 합니다.

③ 보증채권자가 제1항 내지 제2항의 서류 중 일부를 누락하여 이행을 청구한 경우 보증회사는 서면으로 기한을 정하여 서류보완을 요청할 수 있습니다.

제18조(분실·도난 등)

보증채권자는 이 보증서를 분실·도난 또는 멸실한 경우에는 즉시 보증회사에 신고하여야 합니다. 만일 신고하지 아니함으로써 일어나는 제반 사고에 대하여 보증회사는 책임을 부담하지 아니합니다.

20 이 회사의 사원 L은 약관을 읽고 질의응답에 답변을 했다. 질문에 대한 답변으로 옳지 않은 것은?

① Q : 2년 전세 계약이 만료되고 묵시적으로 계약이 연장되었는데, 이 경우도 보증사고에 해당하는 건가요?

　A : 묵시적으로 전세계약기간이 갱신된 경우에는 보증사고에 해당하지 않습니다.

② Q : 보증서를 분실하였는데 어떻게 해야 하나요?

　A : 즉시 보증회사에 신고하여야 합니다. 그렇지 않다면 제반 사고에 대하여 보증회사는 책임지지 않습니다.

③ Q : 주채무자가 전세보증금 반환의무를 지체하는 바람에 생긴 지연손해금도 보증회사에서 이행하는 건가요?

　A : 네. 주채무자의 전세보증금 반환의무 지체에 따른 이자 및 지연손해금도 보증 채무를 이행하고 있습니다.

④ Q : 보증회사에 제출해야 하는 서류는 어떤 것들이 있나요?

　A : 보증채무이행청구서, 신분증 사본, 보증서 또는 그 사본, 전세계약이 해지 또는 종료되었음을 증명하는 서류, 명도확인서 또는 퇴거예정확인서, 배당표 등 전세보증금중 미수령액을 증명하는 서류(경·공매 시) 등이 있습니다.

⑤ Q : 여름 홍수로 인해서 주채무자가 전세계약을 이행하지 못하고 있습니다. 이 경우에도 보증회사가 보증 채무를 이행하는 건가요?

　A : 천재지변의 사유가 있는 경우에는 보증 채무를 이행하지 아니합니다.

> ✔**해설**　③ 주채무자의 전세보증금 반환의무 지체에 따른 이자 및 지연손해금은 보증 채무를 이행하지 아니한다(제7조 제2호).

21 다음과 같은 상황이 발생하여 적용되는 약관을 찾아보려고 한다. 적용되는 약관의 조항과 그에 대한 대응방안으로 옳은 것은?

> 　　보증채권자인 A는 보증채무 이행을 청구하기 위하여 보증채무이행청구서, 신분증 사본, 보증서 사본, 명도확인서를 제출하였다. 이를 검토해 보던 사원 L은 A가 전세계약이 해지 또는 종료되었음을 증명하는 서류를 제출하지 않은 것을 알게 되었다. 이 때, 사원 L은 어떻게 해야 하는가?

① 제9조 제2항, 청구가 없었던 것으로 본다.

② 제9조 제2항, 기간을 정해 서류보완을 요청한다.

③ 제9조 제3항, 청구가 없었던 것으로 본다.

④ 제9조 제3항, 기간을 정해 서류보완을 요청한다.

⑤ 제9조 제3항, 처음부터 청구를 다시 하도록 한다.

> ✔**해설**　보증채권자가 서류 중 일부를 누락하여 이행을 청구한 경우 보증회사는 서면으로 기한을 정하여 서류보완을 요청할 수 있다.

22 다음 자료는 H전자 50주년 기념 프로모션에 대한 안내문이다. 안내문을 보고 이해한 내용으로 틀린 사람을 모두 고른 것은?

H전자 50주년 기념행사 안내

　　50년이라는 시간동안 저희 H전자를 사랑해주신 고객여러분들께 감사의 마음을 전하고자 아래와 같이 행사를 진행합니다. 많은 이용 부탁드립니다.

– 아래 –

1. 기간 : 20××년 12월 1일~ 12월 15일
2. 대상 : 전 구매고객
3. 내용 : 구매 제품별 혜택 상이

제품명		혜택	비고
노트북	H-100	• 15% 할인	현금결제 시 할인금액의 5% 추가 할인
	H-105	• 2년 무상 A/S • 사은품 : 노트북 파우치 or 5GB USB(택1)	
세탁기	H 휘롬	• 20% 할인 • 사은품 : 세제 세트, 고급 세탁기커버	전시상품 구매 시 할인 금액의 5% 추가 할인
TV	스마트 H TV	• 46in 구매시 LED TV 21.5in 무상 증정	
스마트폰	H-Tab20	• 10만 원 할인(H카드 사용 시) • 사은품 : 샤오밍 10000mAh 보조배터리	–
	H-V10	• 8만 원 할인(H카드 사용 시) • 사은품 : 샤오밍 5000mAh 보조배터리	–

4. 기타 : 기간 내에 H카드로 매장 방문 20만 원 이상 구매고객에게 1만 서비스 포인트를 더 드립니다.
5. 추첨행사 안내 : 매장 방문고객 모두에게 추첨권을 드립니다(1인 1매).

등수	상품
1등상(1명)	H캠-500D
2등상(10명)	샤오밍 10000mAh 보조배터리
3등상(500명)	스타베네 상품권(1만 원)

※ 추첨권 당첨자는 20××년 12월 25일 www.H-digital.co.kr에서 확인하실 수 있습니다.

⊙ 수미 : H-100 노트북을 현금으로 사면 20%나 할인 받을 수 있구나.

　　ⓒ 병진 : 스마트폰 할인을 받으려면 H카드가 있어야 해.

　　ⓒ 지수 : 46in 스마트 H TV를 사면 같은 기종의 작은 TV를 사은품으로 준대.

　　ⓔ 효정 : H전자에서 할인 혜택을 받으려면 H카드나 현금만 사용해야 하나봐.

① 수미

② 병진, 지수

③ 수미, 효정

④ 수미, 병진, 효정

⑤ 수미, 지수, 효정

✔ 해설　⊙ 15% 할인 후 가격에서 5%가 추가로 할인되는 것이므로 20%보다 적게 할인된다.
　　　　ⓒ 위 안내문과 일치한다.
　　　　ⓒ 같은 기종이 아닌 LED TV가 증정된다.
　　　　ⓔ 노트북, 세탁기, TV는 따로 H카드를 사용해야 한다는 항목이 없으므로 옳지 않다.

Answer　22.⑤

패스트트랙
- Fast Track을 이용하려면 교통약자(보행장애인, 7세 미만 유소아, 80세 이상 고령자, 임산부, 동반여객 2인 포함)는 본인이 이용하는 항공사의 체크인카운터에서 이용대상자임을 확인 받고 'Fast Track Pass'를 받아 Fast Track 전용출국장인 출국장 1번, 6번 출국장입구에서 여권과 함께 제시하면 됩니다.
- 인천공항 동편 전용출국통로(Fast Track, 1번 출국장), 오전7시 ~ 오후7시까지 운영 중이며, 운영상의 미비점을 보완하여 정식운영(동·서편, 전 시간 개장)을 개시할 예정에 있습니다.

휠체어 및 유모차 대여
공항 내 모든 안내데스크에서 휠체어 및 유모차를 필요로 하는 분께 무료로 대여하여 드리고 있습니다.

장애인 전용 화장실
- 여객터미널 내 화장실마다 최소 1실의 장애인 전용화장실이 있습니다.
- 장애인분들의 이용 편의를 위하여 넓은 출입구와 내부공간, 버튼식자동문, 비상벨, 센서작동 물내림 시설을 설치하였으며 항상 깨끗하게 관리하여 편안한 공간이 될 수 있도록 하고 있습니다.

주차대행 서비스
- 공항에서 허가된 주차대행 서비스(유료)를 이용하시면 보다 편리하고 안전하게 차량을 주차하실 수 있습니다.
- 경차, 장애인, 국가유공자의 경우 할인된 금액으로 서비스를 이용하실 수 있습니다.

장애인 주차 요금 할인
주차장 출구의 유인부스를 이용하는 장애인 차량은 장애인증을 확인 후 일반주차요금의 50%를 할인하여 드리고 있습니다.

휠체어 리프트 서비스
- 장기주차장에서 여객터미널까지의 이동이 불편한 장애인, 노약자 등 교통약자의 이용 편의 증진을 위해 무료 이동 서비스를 제공하여 드리고 있습니다.
- 여객터미널↔장기주차장, 여객터미널↔화물터미널행의 모든 셔틀버스에 휠체어 탑승리프트를 설치, 편안하고 안전하게 모시고 있습니다.

23 다음 교통약자를 위한 서비스 중 무료로 이용할 수 있는 서비스만으로 묶인 것은?

① 주차대행 서비스, 장애인 전용 화장실 이용

② 장애인 차량 주차, 휠체어 및 유모차 대여

③ 휠체어 및 유모차 대여, 휠체어 리프트 서비스

④ 휠체어 및 유모차 대여, 주차대행 서비스

⑤ 장애인 차량 주차, 휠체어 리프트 서비스

> ✔ **해설** ①④ 주차대행 서비스가 유료이다.
> ②⑤ 장애인 차량은 장애인증 확인 후 일반주차요금의 50%가 할인된다.

24 Fast Track 이용 가능한 교통약자가 아닌 사람은?

① 80세 고령자   ② 임산부

③ 보행장애인   ④ 8세 아동

⑤ 6세 유아

> ✔ **해설** Fast Track 이용 가능한 교통약자는 보행장애인, 7세 미만 유소아, 80세 이상 고령자, 임산부, 동반여객 2인이다.

Answer 23.③ 24.④

25 다음 글을 통해 답을 찾을 수 없는 질문은?

사진은 자신의 주관대로 끌고 가야 한다. 일정한 규칙이 없는 사진 문법으로 의사 소통을 하고자 할 때 필요한 것은 대상이 되는 사물의 객관적 배열이 아니라 주관적 조합이다. 어떤 사물을 어떻게 조합해서 어떤 생각이나 느낌을 나타내는가 하는 것은 작가의 주관적 판단에 의할 수밖에 없다. 다만 철저하게 주관적으로 엮어야 한다는 것만은 확실하다.

주관적으로 엮고, 사물을 조합한다고 해서 소위 '만드는 사진'처럼 합성을 하고 이중 촬영을 하라는 뜻은 아니다. 특히 요즈음 디지털 사진이 보편화되면서 포토샵을 이용한 합성이 많이 보이지만, 그런 것을 권하려는 것이 아니다. 사물을 있는 그대로 찍되, 주위 환경과 어떻게 어울리게 하여 어떤 의미로 살려 낼지를 살펴서 그들끼리 연관을 지을 줄 아는 능력을 키우라는 뜻이다.

사람들 중에는 아직도 사진이 객관적인 매체라고 오해하는 사람들이 퍽 많다. 그러나 사진의 형태만 보면 객관적일 수 있지만, 내용으로 들어가 보면 객관성은 한 올도 없다. 어떤 대상을 찍을 것인가 하는 것부터가 주관적인 선택 행위이다. 아름다움을 표현하기 위해서 꽃을 찍는 사람이 있는가 하면 꽃 위를 나는 나비를 찍는 사람도 있을 것이고 그 곁의 여인을 찍는 사람도 있을 것이다. 이처럼 어떤 대상을 택하는가 하는 것부터가 주관적인 작업이며, 이것이 사진이라는 것을 머리에 새겨 두고 사진에 임해야 한다. 특히 그 대상을 어떻게 찍을 것인가로 들어가면 이제부터는 전적으로 주관적인 행위일 수밖에 없다. 렌즈의 선택, 셔터 스피드나 조리개 값의 결정, 대상과의 거리 정하기 등 객관적으로는 전혀 찍을 수 없는 것이 사진이다. 그림이나 조각만이 주관적 예술은 아니다.

때로 객관적이고자 하는 마음으로 접근할 수도 있기는 하다. 특히 다큐멘터리 사진의 경우 상황을 객관적으로 파악, 전달하고자 하는 마음은 이해가 되지만, 어떤 사람도 완전히 객관적으로 접근할 수는 없다. 그 객관이라는 것도 그 사람 입장에서의 객관이지 절대적 객관이란 이 세상에 있을 수가 없는 것이다. 더구나 예술로서의 사진으로 접근함에 있어서야 말할 것도 없는 문제이다. 객관적이고자 하는 시도도 과거의 예술에서 있기는 했지만, 그 역시 객관적이고자 실험을 해 본 것일 뿐 객관적 예술을 이루었다는 것은 아니다.

예술이 아닌 단순 매체로서의 사진이라 해도 객관적일 수는 없다. 그 이유는 간단하다. 사진기가 저 혼자 찍으면 모를까, 찍는 사람이 있는 한 그 사람의 생각과 느낌은 어떻게든지 그 사진에 작용을 한다. 하다못해 무엇을 찍을 것인가 하는 선택부터가 주관적인 행위이다. 더구나 예술로서, 창작으로서의 사진은 주관을 배제하고는 존재조차 할 수 없다는 사실을 깊이 새겨서, 언제나 '나는 이렇게 보았다. 이렇게 생각한다. 이렇게 느꼈다.'라는 점에 충실하도록 노력해야 할 것이다.

① 사진의 주관성을 염두에 두어야 하는 까닭은 무엇인가?
② 사진으로 의사 소통을 하고자 할 때 필요한 것은 무엇인가?
③ 단순 매체로서의 사진도 객관적일 수 없는 까닭은 무엇인가?
④ 사진의 객관성을 살리기 위해서는 구체적으로 어떤 작업을 해야 하는가?
⑤ 사진을 찍을 때 사물을 주관적으로 엮고 조합하라는 것은 어떤 의미인가?

26 다음 IT회사에 인턴으로 채용된 두 사람의 대화이다. 두 사람이 제출했을 토론 주제로 적합한 것은?

> A : 대리님께서 말씀하신 토론 주제 정했나요? 저는 인터넷에서 '저무는 육필의 시대'라는 기사를 찾아봤는데 토론 주제로 괜찮을 것 같아서 그걸 정리하려고 해요.
>
> B : 전 아직 마땅한 게 없어서 찾는 중이에요. 그런데 육필이 뭔가요?
>
> A : 컴퓨터로 글을 쓰는 게 디지털 글쓰기라면 손으로 글을 쓰는 걸 육필이라고 해요!
>
> B : 아! 그렇군요. 그럼 저희는 디지털 글쓰기 세대군요!
>
> A : 그런 셈이죠. 요즘 다들 컴퓨터로 글을 쓰니까요. 그나저나 디지털 글쓰기의 장점이 뭐라고 생각하세요?
>
> B : 떠오르는 대로 빨리 쓸 수 있다는 거 아닐까요? 또 쉽게 고칠 수도 있고, 그래서 누구나 쉽게 글을 쓸 수 있다는 점이 디지털 글쓰기의 최대 장점이라고 생각해요.
>
> A : 맞아요. 기존의 글쓰기가 소수의 전유물이었다면, 디지털 글쓰기 덕분에 누구나 쉽게 글을 쓰고 의사소통을 할 수 있게 되었다는 게 제가 본 기사의 핵심이었죠. 한마디로 글쓰기의 민주화가 이루어진 거죠.
>
> B : 글쓰기의 민주화라니 멋있어 보이긴 하지만 꼭 장점만 있는 건 아닌 거 같아요. 누구나 쉽게 글을 쓴다는 건, 그만큼 글이 가벼워졌다는 거 아닌가요? 주변에도 그런 글들을 많이 볼 수 있잖아요.
>
> A : 하긴, 디지털 글쓰기 때문에 과거보다 진지하게 글을 쓰는 사람이 적어진 건 사실이죠. 남의 글을 베끼거나 근거 없는 내용을 담은 글들이 많아졌어요.
>
> B : 그럼 우리 이 주제로 토론을 해보는 거 어떤가요?

① 세대 간 정보화 격차
② 디지털 글쓰기의 장단점
③ 디지털 글쓰기와 정보화
④ 디지털 글쓰기의 미래
⑤ 디지털 글쓰기와 의사소통의 관계

Answer 25.④ 26.②

27 다음은 안전한 스마트뱅킹을 위한 스마트폰 정보보호 이용자 6대 안전수칙이다. 다음 안전수칙에 따르지 않은 행동은?

---

1. 의심스러운 애플리케이션 다운로드하지 않기
   스마트폰용 악성코드는 위·변조된 애플리케이션에 의해 유포될 가능성이 있습니다. 따라서 의심스러운 애플리케이션의 다운로드를 자제하시기 바랍니다.
2. 신뢰할 수 없는 사이트 방문하지 않기
   의심스럽거나 알려지지 않은 사이트를 방문할 경우 정상 프로그램으로 가장한 악성 프로그램이 사용자 몰래 설치될 수 있습니다. 인터넷을 통해 단말기가 악성코드에 감염되는 것을 예방하기 위해서 신뢰할 수 없는 사이트에는 방문 하지 않도록 합니다.
3. 발신인이 불명확하거나 의심스러운 메시지 및 메일 삭제하기
   멀티미디어메세지(MMS)와 이메일은 첨부파일 기능을 제공하기 때문에 스마트폰 악성코드를 유포하기 위한 좋은 수단으로 사용되고 있습니다. 해커들은 게임이나 공짜 경품지급, 혹은 유명인의 사생활에 대한 이야기 등 자극적이거나 흥미로운 내용을 전달하여 사용자를 현혹하는 방법으로 악성코드를 유포하고 있습니다. 발신인이 불명확하거나 의심스러운 메시지 및 메일은 열어보지 마시고 즉시 삭제하시기 바랍니다.
4. 블루투스 등 무선인터페이스는 사용 시에만 켜놓기
   지금까지 국외에서 발생한 스마트폰 악성코드의 상당수가 무선인터페이스의 일종인 블루투스(Bluetooth) 기능을 통해 유포된 것으로 조사되고 있습니다. 따라서 블루투스나 무선랜을 사용하지 않을 경우에는 해당 기능을 비활성화(꺼놓음) 하는 것이 필요합니다. 이로써 악성코드 감염 가능성을 줄일 뿐만 아니라 단말기의 불필요한 배터리 소모를 막을 수 있습니다.
5. 다운로드한 파일은 바이러스 유무를 검사한 후 사용하기
   스마트폰용 악성프로그램은 인터넷을 통해 특정 프로그램이나 파일에 숨겨져 유포될 수 있으므로, 프로그램이나 파일을 다운로드하여 실행하고자 할 경우 가급적 스마트폰용 백신프로그램으로 바이러스 유무를 검사한 후 사용하는 것이 좋습니다.
6. 비밀번호 설정 기능을 이용하고 정기적으로 비밀번호 변경하기
   단말기를 분실 혹은 도난당했을 경우 개인정보가 유출되는 것을 방지하기 위하여 단말기 비밀번호를 설정하여야 합니다. 또한 단말기를 되찾은 경우라도 악의를 가진 누군가에 의해 악성코드가 설치될 수 있기 때문에 비밀번호 설정은 중요합니다. 제품출시 시 기본으로 제공되는 비밀번호(예 : "0000")를 반드시 변경하여 사용하시기 바라며, 비밀번호를 설정할 때에는 유추하기 쉬운 비밀번호(예 : "1111", "1234" 등)는 사용하지 않도록 합니다.

---

① 봉순이는 유명인 A씨에 대한 사생활 내용이 담긴 MMS를 받아서 열어보고선 삭제했다.

② 형식이는 개인정보 유출을 방지하기 위해 1개월에 한번 씩 비밀번호를 변경하고 있다.

③ 음악을 즐겨듣는 지수는 블루투스를 사용하지 않을 때에는 항상 블루투스를 꺼놓는다.

④ 평소 의심이 많은 봉기는 신뢰할 수 없는 사이트는 절대 방문하지 않는다.

⑤ 해진이는 스마트폰으로 파일을 다운로드 한 경우는 반드시 바이러스 유무를 검사한 후 사용한다.

✔ 해설 ① 발신인이 불명확하거나 의심스러운 메시지 및 메일은 열어보지 말고 즉시 삭제해야 한다.

28 다음 ⊙, ⓒ에 들어갈 내용으로 올바르게 짝지어진 것은?

현행 「독점규제 및 공정거래에 관한 법률」(이하 "공정거래법") 집행의 큰 문제점 중의 하나는 제재는 많으나 피해기업에 대한 배상은 쉽지가 않다는 점이다. 과징금제도는 제재와 부당이득환수의 목적이 있으나 금전적으로는 부당이득을 피해자가 아닌 국가가 환수하는 구조이다. 공정거래법 위반으로 인해 피해를 입은 자가 공정거래위원회에 신고하여 가해기업에게 거액의 과징금이 부과된다 하더라도 과징금은 국고로 편입되어 버리기 때문에 피해자에 대한 배상은 별도의 민사소송을 제기하여야 한다.

그런데 민사소송은 절차가 복잡하고 시간이 많이 소요될 뿐만 아니라 미국식의 당연위법원칙, 약자에게 관대한 경향이 있는 배심원 제도, 증거개시제도(discovery) 등이 도입되어 있지 않기 때문에 경제적 약자가 경제적 강자를 상대로 소송을 제기하여 승소하는 것은 쉽지가 않다. 미국에서도 사적 집행으로서의 손해배상소송이 급증한 것은 1960년대 이후이며 1977년에 절정이었는데, 당연위법원칙이나 배심원 제도 등이 주요 원인으로 지적되고 있다. 반면 1980년대 들어서는 당연위법원칙의 후퇴, 시카고 학파의 영향에 따른 경제분석 강화 등으로 손해배상소송이 (⊙   )

결국, 피해자의 신고 후 공정거래위원회가 조사하여 거액의 과징금을 부과한다 하더라도 피해자는 그 결과에 만족하지 못하는 경우가 생기게 되고 그렇게 되면 공정거래절차의 효용성이 크게 (ⓒ) 국민의 불신이 높아질 수밖에 없다. 따라서 피해자의 실질적인 구제를 위하여서는 별도의 민사소송 제기 없이 공정거래위원회의 결정에 의해 손해배상명령을 직접 내리는 것이 효율적이라는 주장이 과거에도 간헐적으로 제기되어 왔다. 하지만 이러한 제도는 외국에서도 사례를 찾아보기 어려울 뿐만 아니라 우리나라의 법체계에 있어서도 너무나 독특한 것이기 때문에 정부 안팎에서만 논의가 되었을 뿐이다.

⊙	ⓒ
① 늘어났다.	떨어지고
② 늘어났다.	올라가고
③ 줄어들었다.	올라가고
④ 줄어들었다.	떨어지고
⑤ 유지되었다.	떨어지고

✔ **해설** ⊙ 미국에서 손해배상소송이 급증한 것은 당연위법원칙이나 배심원 제도 때문이었는데 1980년대 들어서 당연위법원칙이 후퇴하였으므로 손해배상소송이 줄어들었다.
ⓒ 가해자에게 과징금을 부과한다 하더라도 국고로 편입되기 때문에 피해자는 만족하지 못하게 되며 공정거래절차의 효용성이 크게 떨어지고 국민의 불신이 높아진다.

29 다음은 은행을 사칭한 대출 주의 안내문이다. 이에 대한 설명으로 옳지 않은 것은?

항상 OO은행을 이용해 주시는 고객님께 감사드립니다.

 최근 OO은행을 사칭하면서 대출 협조문이 Fax로 불특정 다수에게 발송되고 있어 각별한 주의가 요망됩니다. OO은행은 절대로 Fax를 통해 대출 모집을 하지 않으니 아래의 Fax 발견시 즉시 폐기하시기 바랍니다.

 아래 내용을 검토하시어 자금문제로 고민하는 대표이하 직원 여러분들에게 저의 은행의 금융정보를 공유할 수 있도록 업무협조 부탁드립니다.

수신 : 직장인 및 사업자
발신 : OO은행 여신부
여신상담전화번호 : 070-xxxx-xxxx

대상	직장인 및 개인/법인 사업자
금리	개인신용등급적용 (최저 4.8~)
연령	만 20세~만 60세
상환 방식	1년만기일시상환, 원리금균등분할상환
대출 한도	100만원~1억원
대출 기간	12개월~최장 60개월까지 설정가능
서류 안내	공통서류 – 신분증 직장인 – 재직, 소득서류 사업자 – 사업자 등록증, 소득서류

※ 기타사항
• 본 안내장의 내용은 법률 및 관련 규정 변경시 일부 변경될 수 있습니다.
• 용도에 맞지 않을 시, 연락 주시면 수신거부 처리 해드리겠습니다.

 현재 OO은행을 사칭하여 문자를 보내는 불법업체가 기승입니다. OO은행에서는 본 안내장 외엔 문자를 발송치 않으니 이점 유의하시어 대처 바랍니다.

---

① Fax 수신문에 의하면 최대 대출 한도는 1억원까지이다.
② Fax로 수신되는 대출 협조문은 OO은행에서 보낸 것이 아니다.
③ 대출 주의 안내문은 수신거부 처리가 가능하다.
④ Fax로 수신되는 대출 협조문은 즉시 폐기하여야 한다.
⑤ OO은행에서는 대출 협조문을 문자로 발송한다.

 ✔해설 ⑤ OO은행에서는 본 안내장 외엔 문자를 발송하지 않는다.

30 다음은 라디오 대담의 일부이다. 대담 참여자의 말하기 방식에 대한 설명으로 적절하지 않은 것은?

> 진행자 : 청취자 여러분, 안녕하세요. 오늘은 ○○ 법률 연구소에 계신 법률 전문가를 모시고 생활 법률 상식을 배워보겠습니다. 안녕하세요?
>
> 전문가 : 네, 안녕하세요. 오늘은 '정당행위'에 대해 말씀드리고자 합니다. 먼저 여러분께 문제 하나 내보겠습니다. 만약 스파이더맨이 도시를 파괴하려는 악당들과 싸우다 남의 건물을 부쉈다면, 부서진 건물은 누가 배상해야 할까요?
>
> 진행자 : 일반적인 경우라면 건물을 부순 사람이 보상해야겠지만, 이런 경우에 정의를 위해 악당과 싸운 스파이더맨에게 보상을 요구하는 것은 좀 지나친 것 같습니다.
>
> 전문가 : 청취자 여러분들도 이와 비슷한 생각을 하실 것 같은데요, 이런 경우에는 스파이더맨의 행위를 악당으로부터 도시를 지키기 위한 행위로 보고 민법 제761조 제1항에 의해 배상책임을 면할 수 있도록 하고 있습니다. 이때 스파이더맨의 행위를 '정당행위'라고 합니다.
>
> 진행자 : 아, 그러니까 악당으로부터 도시를 지키기 위해 싸운 스파이더맨의 행위가 '정당행위'이고, 정당행위로 인한 부득이한 손해는 배상할 필요가 없다는 뜻이군요.
>
> 전문가 : 네, 맞습니다. 그래야 스파이더맨의 경우처럼 불의를 보고 나섰다가 오히려 손해를 보는 일이 없겠죠.
>
> 진행자 : 그런데 문득 이런 의문이 드네요. 만약 스파이더맨에게 배상을 받을 수 없다면 건물 주인은 누구에게 배상을 받을 수 있을까요?
>
> 전문가 : 그래서 앞서 말씀드린 민법 동일 조항에서는 정당행위로 인해 손해를 입은 사람이 애초에 불법행위를 저질러 손해의 원인을 제공한 사람에게 배상을 청구할 수 있도록 하고 있습니다. 즉 건물 주인은 악당에게 손해배상을 청구할 수 있습니다.

① 진행자는 화제와 관련된 질문을 던지며 대담을 진전시키고 있다.
② 진행자는 전문가가 한 말의 핵심 내용을 재확인함으로써 청취자들의 이해를 돕고 있다.
③ 전문가는 청취자가 관심을 가질 질문을 던져 화제에 집중도를 높이고 있다.
④ 전문가는 구체적인 법률 근거를 제시하여 신뢰성을 높이고 있다.
⑤ 전문가는 추가적인 정보를 제시함으로써 진행자의 오해를 바로 잡고 있다.

> ✔ **해설** 제시문은 라디오 대담 상황으로, 진행자와 전문가의 대담을 통해 '정당행위'의 개념과 배상 책임 면제에 관한 법리를 쉽게 설명해 주고 있다. 전문가는 마지막 말에서 추가적인 정보를 제시하고 있지만 그것을 통해 진행자의 오해를 바로잡고 있는 것은 아니다.

1 자원과 자원관리

(1) 자원

① 자원의 종류 ··· 시간, 돈, 물적자원, 인적자원

② 자원의 낭비요인 ··· 비계획적 행동, 편리성 추구, 자원에 대한 인식 부재, 노하우 부족

(2) 자원관리 기본 과정

① 필요한 자원의 종류와 양 확인

② 이용 가능한 자원 수집하기

③ 자원 활용 계획 세우기

④ 계획대로 수행하기

예제 1

당신은 A출판사 교육훈련 담당자이다. 조직의 효율성을 높이기 위해 전사적인 시간관리에 대한 교육을 실시하기로 하였지만 바쁜 일정 상 직원들을 집합교육에 동원할 수 있는 시간은 제한적이다. 다음 중 귀하가 최우선의 교육 대상으로 삼아야 하는 것은 어느 부분인가?

구분	긴급한 일	긴급하지 않은 일
중요한 일	제1사분면	제2사분면
중요하지 않은 일	제3사분면	제4사분면

출제의도

주어진 일들을 중요도와 긴급도에 따른 시간관리 매트릭스에서 우선순위를 구분할 수 있는가를 측정하는 문항이다.

해 설

교육훈련에서 최우선 교육대상으로 삼아야 하는 것은 긴급하지 않지만 중요한 일이다. 이를 긴급하지 않다고 해서 뒤로 미루다보면 급박하게 처리해야하는 업무가 증가하여 효율적인 시간관리가 어려워진다.

① 중요하고 긴급한 일로 위기사항이나 급박한 문제, 기간이 정해진 프로젝트 등이 해당되는 제1사분면

② 긴급하지는 않지만 중요한 일로 인간관계구축이나 새로운 기회의 발굴, 중장기 계획 등이 포함되는 제2사분면

③ 긴급하지만 중요하지 않은 일로 잠깐의 급한 질문, 일부 보고서, 눈 앞의 급박한 사항이 해당되는 제3사분면

④ 중요하지 않고 긴급하지 않은 일로 하찮은 일이나 시간낭비거리, 즐거운 활동 등이 포함되는 제4사분면

구분	긴급한 일	긴급하지 않은 일
중요한 일	위기사항, 급박한 문제, 기간이 정해진 프로젝트	인간관계구축, 새로운 기회의 발굴, 중장기계획
중요 하지 않은 일	잠깐의 급한 질문, 일부 보고서, 눈앞의 급박한 사항	하찮은 일, 우편물, 전화, 시간낭비거리, 즐거운 활동

답 ②

2 　자원관리능력을 구성하는 하위능력

(1) 시간관리능력

① 시간의 특성
　㉠ 시간은 매일 주어지는 기적이다.
　㉡ 시간은 똑같은 속도로 흐른다.
　㉢ 시간의 흐름은 멈추게 할 수 없다.
　㉣ 시간은 꾸거나 저축할 수 없다.
　㉤ 시간은 사용하기에 따라 가치가 달라진다.

② 시간관리의 효과
　㉠ 생산성 향상
　㉡ 가격 인상
　㉢ 위험 감소
　㉣ 시장 점유율 증가

③ 시간계획

    ⊙ 개념 : 시간 자원을 최대한 활용하기 위하여 가장 많이 반복되는 일에 가장 많은 시간을 분배하고, 최단 시간에 최선의 목표를 달성하는 것을 의미한다.

    ⓒ 60 : 40의 Rule

계획된 행동 (60%)	계획 외의 행동 (20%)	자발적 행동 (20%)
총 시간		

예제 2

유아용품 홍보팀의 사원 은이씨는 일산 킨텍스에서 열리는 유아용품박람회에 참여하고자 한다. 당일 회의 후 출발해야 하며 회의 종료 시간은 오후 3시이다.

장소	일시
일산 킨텍스 제2전시장	2016. 1. 20(금) PM 15:00~19:00 * 입장가능시간은 종료 2시간 전까지

오시는 길
지하철 : 4호선 대화역(도보 30분 거리)
버스 : 8109번, 8407번(도보 5분 거리)

• 회사에서 버스정류장 및 지하철역까지 소요시간

출발지	도착지	소요시간	
회사	×× 정류장	도보	15분
		택시	5분
	지하철역	도보	30분
		택시	10분

• 일산 킨텍스 가는 길

교통편	출발지	도착지	소요시간
지하철	강남역	대화역	1시간 25분
버스	×× 정류장	일산 킨텍스 정류장	1시간 45분

위의 제시 상황을 보고 은이씨가 선택할 교통편으로 가장 적절한 것은?

① 도보 – 지하철
② 도보 – 버스
③ 택시 – 지하철
④ 택시 – 버스

(2) 예산관리능력

① 예산과 예산관리

ㄱ 예산 : 필요한 비용을 미리 헤아려 계산하는 것이나 그 비용

ㄴ 예산관리 : 활동이나 사업에 소요되는 비용을 산정하고, 예산을 편성하는 것뿐만 아니라 예산을 통제하는
것 모두를 포함한다.

② 예산의 구성요소

비용	직접비용	재료비, 원료와 장비, 시설비, 여행(출장) 및 잡비, 인건비 등
	간접비용	보험료, 건물관리비, 광고비, 통신비, 사무비품비, 각종 공과금 등

③ 예산수립 과정 : 필요한 과업 및 활동 구명 → 우선순위 결정 → 예산 배정

예제 3

당신은 가을 체육대회에서 총무를 맡으라는 지시를 받았다. 다음과 같은 계획에 따라 예산을 진행하였으나 확보된 예산이 생각보다 적게 되어 불가피하게 비용항목을 줄여야 한다. 다음 중 귀하가 비용 항목을 없애기에 가장 적절한 것은 무엇인가?

〈○○산업공단 춘계 1차 워크숍〉

1. 해당부서 : 인사관리팀, 영업팀, 재무팀
2. 일   정 : 2016년 4월 21일~23일(2박 3일)
3. 장   소 : 강원도 속초 ○○연수원
4. 행사내용 : 바다열차탑승, 체육대회, 친교의 밤 행사, 기타

① 숙박비   ② 식비
③ 교통비   ④ 기념품비

출제의도

업무에 소요되는 예산 중 꼭 필요한 것과 예산을 감축해야할 때 삭제 또는 감축이 가능한 것을 구분해내는 능력을 묻는 문항이다.

해 설

한정된 예산을 가지고 과업을 수행할 때에는 중요도를 기준으로 예산을 사용한다. 위와 같이 불가피하게 비용 항목을 줄여야 한다면 기본적인 항목인 숙박비, 식비, 교통비는 유지되어야 하기에 항목을 없애기 가장 적절한 정답은 ④번이 된다.

답 ④

(3) 물적관리능력

① 물적자원의 종류
　　㉠ **자연자원** : 자연상태 그대로의 자원 ex) 석탄, 석유 등
　　㉡ **인공자원** : 인위적으로 가공한 자원 ex) 시설, 장비 등

② 물적자원관리 … 물적자원을 효과적으로 관리할 경우 경쟁력 향상이 향상되어 과제 및 사업의 성공으로 이어지며, 관리가 부족할 경우 경제적 손실로 인해 과제 및 사업의 실패 가능성이 커진다.

③ 물적자원 활용의 방해요인
　　㉠ 보관 장소의 파악 문제
　　㉡ 훼손
　　㉢ 분실

④ 물적자원관리 과정

과정	내용
사용 물품과 보관 물품의 구분	• 반복 작업 방지 • 물품활용의 편리성
동일 및 유사 물품으로의 분류	• 동일성의 원칙 • 유사성의 원칙
물품 특성에 맞는 보관 장소 선정	• 물품의 형상 • 물품의 소재

예제 4

S호텔의 외식사업부 소속인 K씨는 예약일정 관리를 담당하고 있다. 아래의 예약일 정과 정보를 보고 K씨의 판단으로 옳지 않은 것은?

〈S호텔 일식 뷔페 1월 ROOM 예약 일정〉

* 예약 : ROOM 이름(시작시간)

SUN	MON	TUE	WED	THU	FRI	SAT
					1	2
					백합(16)	장미(11) 백합(15)
3	4	5	6	7	8	9
라일락(15)	백향목(10) 백합(15)	장미(10) 백향목(17)	백합(11) 라일락(18)	백향목(15)	장미(10) 라일락(15)

ROOM 구분	수용가능인원	최소투입인력	연회장 이용시간
백합	20	3	2시간
장미	30	5	3시간
라일락	25	4	2시간
백향목	40	8	3시간

– 오후 9시에 모든 업무를 종료함
– 한 타임 끝난 후 1시간씩 세팅 및 정리
– 동 시간 대 서빙 투입인력은 총 10명을 넘을 수 없음

안녕하세요, 1월 첫째 주 또는 둘째 주에 신년회 행사를 위해 ROOM을 예약하려고 하는데요, 저희 동호회의 총 인원은 27명이고 오후 8시쯤 마무리하려고 합니다. 신정 과 주말, 월요일은 피하고 싶습니다. 예약이 가능할까요?

① 인원을 고려했을 때 장미ROOM과 백향목ROOM이 적합하겠군.
② 만약 2명이 안 온다면 예약 가능한 ROOM이 늘어나겠구나.
③ 조건을 고려했을 때 예약 가능한 ROOM은 5일 장미ROOM뿐이겠구나.
④ 오후 5시부터 8시까지 가능한 ROOM을 찾아야해.

 ③

(4) 인적자원관리능력

① **인맥** … 가족, 친구, 직장동료 등 자신과 직접적인 관계에 있는 사람들인 핵심인맥과 핵심인맥들로부터 알게 된 파생인맥이 존재한다.

② **인적자원의 특성** … 능동성, 개발가능성, 전략적 자원

③ **인력배치의 원칙**

　ㄱ **적재적소주의** : 팀의 효율성을 높이기 위해 팀원의 능력이나 성격 등과 가장 적합한 위치에 배치하여 팀원 개개인의 능력을 최대로 발휘해 줄 것을 기대하는 것

　ㄴ **능력주의** : 개인에게 능력을 발휘할 수 있는 기회와 장소를 부여하고 그 성과를 바르게 평가하며 평가된 능력과 실적에 대해 그에 상응하는 보상을 주는 원칙

　ㄷ **균형주의** : 모든 팀원에 대한 적재적소를 고려

④ **인력배치의 유형**

　ㄱ **양적 배치** : 부문의 작업량과 조업도, 여유 또는 부족 인원을 감안하여 소요인원을 결정하여 배치하는 것

　ㄴ **질적 배치** : 적재적소의 배치

　ㄷ **적성 배치** : 팀원의 적성 및 흥미에 따라 배치하는 것

예제 5

최근 조직개편 및 연봉협상 과정에서 직원들의 불만이 높아지고 있다. 온갖 루머가 난무한 가운데 인사팀원인 당신에게 사내 게시판의 직원 불만사항에 대한 진위여부를 파악하고 대안을 세우라는 팀장의 지시를 받았다. 다음 중 당신이 조치를 취해야 하는 직원은 누구인가?

① 사원 A는 팀장으로부터 업무 성과가 탁월하다는 평가를 받았는데도 조직개편으로 인한 부서 통합으로 인해 승진을 못한 것이 불만이다.

② 사원 B는 회사가 예년에 비해 높은 영업 이익을 얻었는데도 불구하고 연봉 인상에 인색한 것이 불만이다.

③ 사원 C는 회사가 급여 정책을 변경해서 고정급 비율을 낮추고 기본급과 인센티브를 지급하는 제도로 바꾼 것이 불만이다.

④ 사원 D는 입사 동기인 동료가 자신보다 업무 실적이 좋지 않고 불성실한 근무태도를 가지고 있는데, 팀장과의 친분으로 인해 자신보다 높은 평가를 받은 것이 불만이다.

출제의도

주어진 직원들의 정보를 통해 시급하게 진위여부를 가리고 조치하여 인력배치를 해야 하는 사항을 확인하는 문제이다.

해 설

사원 A, B, C는 각각 조직 정책에 대한 불만이기에 논의를 통해 조직적으로 대처하는 것이 옳지만, 사원 D는 팀장의 독단적인 전횡에 대한 불만이기 때문에 조사하여 시급히 조치할 필요가 있다. 따라서 가장 적절한 답은 ④번이 된다.

답 ④

출 제 예 상 문 제

1 다음 〈조건〉을 근거로 판단할 때, 광고홍보비를 분배기준으로 할 경우 A사의 분배액은 얼마인가?

〈조건〉

• A사와 B사는 신제품을 공동 개발하여 판매한 총 순이익을 다음과 같은 기준에 의해 분배하기로 하였다.
　-A사와 B사는 총 순이익에서 각 회사 제조원가의 10%에 해당하는 금액을 우선 각자 배분한다.
　-총 순이익에서 ㉠의 금액을 제외한 나머지 금액에 대한 분배기준은 연구개발비, 판매관리비, 광고홍보비 중 어느 하나로 결정하며, 각 회사가 지출한 비용에 비례하여 분배액을 정하기로 한다.
• 신제품 개발과 판매에 따른 비용과 총 순이익은 다음과 같다.

구분	A사	B사
제조원가	200억 원	600억 원
연구개발비	100억 원	300억 원
판매관리비	200억 원	200억 원
광고홍보비	300억 원	150억 원
총 순이익	200억 원	

① 50억 원　　　　　　　　　② 80억 원
③ 100억 원　　　　　　　　　④ 120억 원
⑤ 150억 원

✔ **해설** A사의 제조원가의 10%는 20억 원, B사의 제조원가의 10%는 60억 원
총 순이익이 200억 원이므로 분배액은 120억 원
광고홍보비를 분배기준으로 하면 2 : 1이 비율이 되므로
A사의 분배액은 20억 원+120억 원$\times\dfrac{2}{3}$=100억 원

Answer 1.③

2 다음 글의 내용과 〈조건〉에 따를 경우, 기획재정부가 채택하기에 적합하지 않은 정책은?

- 올해의 전력수급현황은 다음과 같다.
  - 총공급전력량 : 7,200만kW
  - 최대전력수요 : 6,000만kW

이에 따라 기획재정부는 내년도 전력수급기본계획을 마련하고, 정책목표를 다음과 같이 설정하였다.
  - 정책목표 : 내년도 전력예비율을 30% 이상으로 유지한다.

$$전력예비율(\%) = \frac{총공급전력량 - 최대전력수요}{최대전력수요} \times 100$$

〈조건〉

조건 1 : 발전소를 하나 더 건설하면 총공급전력량이 100만kW 증가한다.

조건 2 : 전기요금을 $\alpha\%$ 인상하면 최대전력수요는 $\alpha\%$ 감소한다.

※ 발전소는 즉시 건설·운영하는 것으로 가정하고 이외의 다른 변수는 고려하지 않는다.

① 발전소를 1개 더 건설하고, 전기요금을 10% 인상한다.

② 발전소를 3개 더 건설하고, 전기요금을 3% 인상한다.

③ 발전소를 6개 더 건설하고, 전기요금을 1% 인상한다.

④ 발전소를 8개 더 건설하고, 전기요금을 동결한다.

⑤ 발전소를 더 이상 건설하지 않고, 전기요금을 12% 인상한다.

✔ 해설 ① 발전소를 1개 더 건설하고, 전기요금을 10% 인상한다. → 발전소를 1개 더 건설하면 총공급전력량은 100만kW 증가하므로 7,300만kW가 된다. 전기요금을 10% 인상하면 최대전력수요는 10% 감소하므로 최대전력수요는 $6,000 \times 0.9 = 5,400$만kW가 된다.

따라서 전력예비율은 $\frac{7,300 - 5,400}{5,400} \times 100 = 35.18\%$

② 발전소를 3개 더 건설하고, 전기요금을 3% 인상한다. → 발전소를 3개 더 건설하면 총공급전력량 300만kW 증가하므로 7,500만kW, 전기요금을 3% 인상하면 최대전력수요는 3% 감소하므로 $6,000 \times 0.97 = 5,820$만kW가 된다.

따라서 전력예비율은 $\frac{7,500 - 5,820}{5,820} \times 100 = 28.86\%$

③ 발전소를 6개 더 건설하고, 전기요금을 1% 인상한다. → 발전소를 6개 더 건설하면 총공급전력량 600만kW 증가하므로 7,800만kW, 전기요금을 1% 인상하면 최대전력수요는 1% 감소하므로 $6,000 \times 0.99 = 5,940$만kW가 된다.

따라서 전력예비율은 $\frac{7,800 - 5,940}{5,940} \times 100 = 31.31\%$

④ 발전소를 8개 더 건설하고, 전기요금을 동결한다. → 발전소를 8개 더 건설하면 총공급전력량 800만kW 증가하므로 8,000만kW, 전기요금은 동결이므로 6,000만kW이다.

따라서 전력예비율은 $\frac{8,000 - 6,000}{6,000} \times 100 = 33.33\%$

⑤ 발전소를 더 이상 건설하지 않고, 전기요금을 12% 인상한다. → 발전소를 건설하지 않으므로 총공급전력량은 7,200만kW, 전기요금을 12% 인상하면 최대전력수요는 12% 감소하므로 $6,000 \times 0.88 = 5,280$만kW이다.

따라서 전력예비율은 $\frac{7,200 - 5,280}{5,280} \times 100 = 36.36\%$

3 다음 표와 보기는 대중교통 환승유형과 환승정책에 관한 자료이다. 신규 환승정책 시행 전과 후를 비교할 때 환승유형 종류 중 연간 총 교통요금 절감액이 큰 순서대로 바르게 나열한 것은?

〈표〉 연간 환승유형별 이용건수

환승유형	환승내용	연간 환승유형 이용건수
A	버스 → 버스	1,650
B	버스 → 지하철	1,700
C	지하철 → 버스	1,150
D	버스 → 버스 → 버스	800
E	버스 → 지하철 → 버스	600

〈보기〉
- 모든 승객은 교통카드만 이용하고, 교통카드를 통해서 환승유형이 확인되었다.
- 신규 환승정책 시행 전후, 지하철과 버스의 기본요금은 각각 950원이고, 기본요금에 대한 할인요금은 없다.
- 신규 환승정책 시행 전에는 대중교통 수단을 이용할 때마다 각각의 기본요금을 지불하였다.
- 신규 환승정책 시행 후에는 환승유형 이용 1건당 지불요금은 다음과 같다.
- 최초 탑승시 기본요금
- 동일 교통수단으로 환승시 마다 150원의 환승요금
- 다른 교통수단으로 환승시 마다 200원의 환승요금

① A-B-D-C-E
② A-D-B-E-C
③ B-A-D-C-E
④ D-A-B-E-C
⑤ D-E-C-B-A

 해설

	시행 전 요금	시행 후 요금	정책 시행 후 절감액	연간환승유형이용건수	총 절감액
A	1,900	1,100	800	1,650	1,320,000
B	1,900	1,150	750	1,700	1,275,000
C	1,900	1,150	750	1,150	862,500
D	2,850	1,250	1,600	800	1,280,000
E	2,850	1,350	1,500	600	900,000

Answer 2.② 3.②

| 4~5 | 다음 예제를 보고 물음에 답하시오.

〈프로젝트의 단위활동〉

활동	직전 선행활동	활동시간(일)
A	–	3
B	–	5
C	A	3
D	B	2
E	C, D	4

〈프로젝트의 PERT 네트워크〉

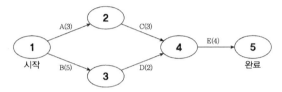

이 프로젝트의 단위활동과 PERT 네트워크를 보면
• A와 B활동은 직전 선행활동이 없으므로 동시에 시작할 수 있다.
• A활동 이후에 C활동을 하고, B활동 이후에 D활동을 하며, C와 D활동이 끝난 후 E활동을 하므로 한 눈에 볼 수 있는 표로 나타내면 다음과 같다.

A(3일)		C(3일)		E(4일)
B(5일)			D(2일)	

∴ 이 프로젝트를 끝내는 데는 최소한 11일이 걸린다.

4 R회사에 근무하는 J대리는 Z프로젝트의 진행을 맡고 있다. J대리는 이 프로젝트를 효율적으로 끝내기 위해 위의 예제를 참고하여 일의 흐름도를 다음과 같이 작성하였다. 이 프로젝트를 끝내는 데 최소한 며칠이 걸리겠는가?

〈Z프로젝트의 단위활동〉		
활동	직전 선행활동	활동시간(일)
A	–	7
B	–	5
C	A	4
D	B	2
E	B	4
F	C, D	3
G	C, D, E	2
H	F, G	2

〈Z프로젝트의 PERT 네트워크〉

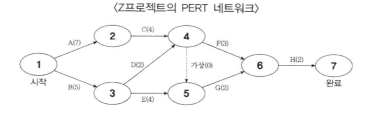

① 15일　　　　　　　　② 16일

③ 17일　　　　　　　　④ 18일

⑤ 20일

✔ 해설

A(7일)		C(4일)		F(3일)		H(2일)
B(5일)	D(2일)			G(2일)		
	E(4일)					

5 위의 문제에서 A활동을 7일에서 3일로 단축시킨다면 전체 일정은 며칠이 단축되겠는가?

① 1일   ② 2일

③ 3일   ④ 4일

⑤ 5일

 해설

A(3일)		C(4일)		F(3일)		H(2일)
B(5일)		D(2일)				
		E(4일)		G(2일)		

총 13일이 소요되므로 전체일정은 3일이 단축된다.

6 다음 글을 읽고 글쓴이의 의도인 '인적관리의 방안'과 거리가 먼 기업은?

역할 중심 모델로는 세계화 불가능 … 직무 세분화, 직무기술서 작성 등 필수

얼마 전 ○○그룹의 아시아 지역 내 임원 보상을 담당하는 임원이 방문해 다음과 같은 질문을 한 적이 있다. "한국 기업의 최근 인사관리(HR) 화두는 무엇입니까." 필자는 다음과 같이 대답했다. "최근 한국 기업의 세계화가 가속화함에 따라 직무 중심 인사로 변화하는 것에 관심이 높아지고 있습니다."

그러자 그는 의아해 하며 다음과 같이 물었다. "직무 중심 인사로 변화한다니, 그러면 그전에는 인사의 중심이 무엇이었나요." 다소 당황한 필자는 이에 대해 다음과 같은 설명을 늘어놓았다. 역할을 기반으로 한 한국의 인사 운영 시스템과 그에 따른 연공서열 문화, 한국의 급성장 동력인 회사에 대한 애정과 열정 등등…. 마지막으로 그가 물었다.

"직무기술서가 없다면 무엇을 기준으로 인재를 채용합니까. 그리고 직무기술서대로 업무가 이뤄지지 않는다면 도대체 무엇을 토대로 업무를 부여합니까. 또한 어떤 사람이 해당 포지션에 최적의 인재인지 어떻게 확신하고 조직 내에서 해당 분야별 직무 전문성을 가진 인력을 어떻게 육성할 수 있습니까."

독자들도 잠시 이 질문에 대한 답을 생각해 보길 바란다. 꼭 인사 제도에 국한되지 않더라도 일하는 방식 자체에 대해 고민해 보는 것도 좋다. 한국의 많은 기업들이 세계화되고 있으며 상당수는 산업에서 이미 글로벌 1위가 된 지 오래다. 과연 우리의 인사관리 시스템 또는 더 나아가 우리가 일하는 방식도 글로벌 1위일까.

---

① 승진대상자를 현재 수행하는 직무기술서를 토대로 검토한 기관
② 직무기술서를 작성하고 직무평가를 올바르게 시행한 기업
③ 직무기술서에 기재된 업무를 부여하고 그 결과를 평가한 기업
④ 직무가치 및 평가 결과와 연계하여 적절한 보상을 지급한 기업
⑤ 직무기술서에 기재된 지식과 스킬을 배양하기 위한 교육을 실시한 기업

✔ **해설** 직무중심의 인적관리에 대한 내용이다.
승진대상자는 승진하는 자리인 상위의 직무기술서에 표현된 직무기술을 토대로 승진대상자의 적합성 유무를 판단해야 옳다.

Answer 5.③ 6.①

7 다음 중 신입사원 인성씨가 해야 할 일을 시간관리 매트릭스 4단계로 구분한 것으로 잘못 된 것은?

〈인성씨가 해야 할 일〉

㉠ 어제 못 본 드라마보기
㉡ 마감이 정해진 프로젝트
㉢ 인간관계 구축하기
㉣ 업무 보고서 작성하기
㉤ 회의하기
㉥ 자기개발하기
㉦ 상사에게 급한 질문하기

〈시간관리 매트릭스〉

	긴급함	긴급하지 않음
중요함	제1사분면	제2사분면
중요하지 않음	제3사분면	제4사분면

① 제1사분면 : ㉢   ② 제2사분면 : ㉥
③ 제3사분면 : ㉣   ④ 제3사분면 : ㉤
⑤ 제4사분면 : ㉠

✔ 해설

〈시간관리 매트릭스〉

	긴급함	긴급하지 않음
중요함	㉡	㉢㉥
중요하지 않음	㉣㉤㉦	㉠

8 다음 중 조직에서 인적자원이 예산이나 물적자원보다 중요한 이유로 적절하지 않은 것은 어느 것인가?

① 예산이나 물적자원을 활용하는 것이 바로 사람이기 때문이다.

② 인적자원은 수동적인 예산이나 물적자원에 비해 능동적이다.

③ 인적자원은 개발될 수 있는 많은 잠재능력과 자질을 보유하고 있다.

④ 조직의 영리 추구에 부합하는 이득은 인적자원에서 나온다.

⑤ 인적자원의 행동동기와 만족감은 경영관리에 의해 조건화되어 있다.

> **✔해설** 조직의 영리 추구에 부합하는 이득은 인적자원뿐 아니라 시간, 돈, 물적자원과의 적절한 조화를 통해서 창출된다. 그러나 인적자원은 능동성, 개발가능성, 전략적 차원이라는 특성에서 예산이나 물적자원보다 중요성이 크다고 할 수 있다.

9 S사의 재고 물품 보관 창고에는 효율적인 물품 관리에 대한 기준이 마련되어 있다. 다음 중 이기준에 포함될 내용으로 가장 적절하지 않은 것은 어느 것인가?

① 물품의 입고일을 기준으로 오래된 것은 안쪽에, 새로 입고된 물품은 출입구 쪽에 보관해야 한다.

② 동일한 물품은 한 곳에, 유사한 물품은 인접한 장소에 보관하고 동일성이 떨어지는 물품일수록 보관 장소도 멀리 배치한다.

③ 당장 사용해야 할 물품과 한동안 사용하지 않을 것으로 예상되는 물품을 구분하여 각기 다른 장소에 보관한다.

④ 물품의 재질을 파악하여 동일 재질의 물품을 한 곳에, 다른 재질의 물품을 다른 곳에 각각 보관한다.

⑤ 물품의 크기 및 형태를 감안하여 최적화된 공간 활용이 될 수 있도록 배치한다.

> **✔해설** 물품 보관 시에는 사용 물품과 보관 물품의 구분, 동일 및 유사 물품으로의 분류, 물품 특성에 맞는 보관 장소 선정 등의 원칙을 따라야 한다. 보관의 가장 중요한 포인트는 '물품의 손쉽고 효과적인 사용'이 되어야 하므로, 단순히 입고일을 기준으로 물품을 보관하는 것은 특별히 필요한 경우가 아니라면 바람직한 물품 관리 기준이 될 수 없다.

Answer 7.① 8.④ 9.①

10 귀하는 OO국제협력단의 회의 담당자이다. 귀사의 〈통역경비 산정기준〉과 아래의 〈상황〉을 근거로 판단할 때, 귀사가 A시에서 개최한 설명회에 쓴 총 통역경비는?

〈통역경비 산정기준〉

통역경비는 통역료와 출장비(교통비, 이동보상비)의 합으로 산정한다.

■ 통역료(통역사 1인당)

구분	기본요금(3시간까지)	추가요금(3시간 초과 시)
영어, 아랍어, 독일어	500,000원	100,000원/시간
베트남어, 인도네시아어	600,000원	150,000원/시간

■ 출장비(통역사 1인당)
 - 교통비는 왕복으로 실비 지급
 - 이동보상비는 이동 시간당 10,000원 지급

〈상황〉

귀사는 20XX년 3월 9일 A시에서 설명회를 개최하였다. 통역은 영어와 인도네시아어로 진행되었고, 영어 통역사 2명과 인도네시아어 통역사 2명이 통역하였다. 설명회에서 통역사 1인당 영어 통역은 4시간, 인도네시아어 통역은 2시간 진행되었다. A시까지는 편도로 2시간이 소요되며, 개인당 교통비는 왕복으로 100,000원이 들었다.

---

① 244만 원
② 276만 원
③ 288만 원
④ 296만 원
⑤ 326만 원

✔해설 통역료는 통역사 1인 기준으로 영어 통역은 총 4시간 진행하였으므로 기본요금 500,000원에 추가요금 100,000원을 합쳐 600,000원을 지급해야 한다. 인도네시아어 통역사에게는 2시간 진행하였으므로 기본요금 600,000원만 지급한다.
• 영어, 인도네시아 언어별로 2명에게 통역을 맡겼으므로(600,000 + 600,000)×2 = 2,400,000원
• 출장비의 경우 통역사 1인 기준 교통비는 왕복실비인 100,000원으로 4회 책정되므로 400,000원
• 이동보상비는 이동 시간당 10,000원 지급하므로 왕복 4시간을 이동하였으므로 10,000×4×4 = 160,000원
총 출장비는 교통비와 이동보상비를 합한 560,000원
총 통역경비는 2,400,000 + 560,000 = 2,960,000원

11 다음 ㉠ ~ ㉧ 중, 시간계획을 함에 있어 명심하여야 할 사항으로 적절하지 않은 설명을 모두 고른 것은 어느 것인가?

> ㉠ 자신에게 주어진 시간 중 적어도 60%는 계획된 행동을 해야 한다.
> ㉡ 계획은 다소 어렵더라도 의지를 담은 목표치를 반영한다.
> ㉢ 예정 행동만을 계획하는 것이 아니라 기대되는 성과나 행동의 목표도 기록한다.
> ㉣ 여러 일 중에서 어느 일이 가장 우선적으로 처리해야 할 것인가를 결정한다.
> ㉤ 유연하고 융통성 있는 시간계획을 정하기보다 가급적 변경 없이 계획대로 밀고 나갈 수 있어야 한다.
> ㉥ 예상 못한 방문객 접대, 전화 등의 사건으로 예정된 시간이 부족할 경우를 대비하여 여유시간을 확보한다.
> ㉦ 반드시 해야 할 일을 끝내지 못했을 경우, 다음 계획에 영향이 없도록 가급적 빨리 잊는다.
> ㉧ 자기 외의 다른 사람(비서, 부하, 상사)의 시간 계획을 감안하여 계획을 수립한다.

① ㉠, ㉡, ㉦

② ㉢, ㉤, ㉥

③ ㉡, ㉤, ㉦

④ ㉡, ㉢, ㉤

⑤ ㉣, ㉥, ㉧

✔ **해설** 시간 관리를 효율적으로 하기 위하여 ㉡, ㉤, ㉦은 다음과 같이 수정되어야 한다.
㉡ 시간 배정을 계획하는 일이므로 무리한 계획을 세우지 말고, 실현 가능한 것만을 계획하여야 한다.
㉤ 시간계획은 유연하게 해야 한다. 시간계획은 그 자체가 중요한 것이 아니고, 목표달성을 위해 필요한 것이다.
㉦ 꼭 해야만 할 일을 끝내지 못했을 경우에는 차기 계획에 반영하여 끝내도록 하는 계획을 세우는 것이 바람직하다.

12 외국계 은행 서울지사에 근무하는 甲은 런던지사 乙, 시애틀지사 丙과 같은 프로젝트를 진행하면서 다음과 같이 영상업무회의를 진행하였다. 회의 시각은 런던을 기준으로 11월 1일 오전 9시라고 할 때, ㉠에 들어 갈 일시는? (단 런던은 GMT+0, 서울은 GMT+9, 시애틀은 GMT−7을 표준시로 사용한다.)

> 甲 : 제가 프로젝트에서 맡은 업무는 오늘 오후 10시면 마칠 수 있습니다. 런던에서 받아서 1차 수정을 부탁드립니다.
>
> 乙 : 네, 저는 甲님께서 제시간에 끝내 주시면 다음날 오후 3시면 마칠 수 있습니다. 시애틀에서 받아서 마지막 수정을 부탁드립니다.
>
> 丙 : 알겠습니다. 저는 앞선 두 분이 제시간에 끝내 주신다면 서울을 기준으로 모레 오전 10시면 마칠 수 있습니다. 제가 업무를 마치면 프로젝트가 최종 마무리 되겠군요.
>
> 甲 : 잠깐, 다들 말씀하신 시각의 기준이 다른 것 같은데요? 저는 처음부터 런던을 기준으로 이해하고 말씀드렸습니다.
>
> 乙 : 저는 처음부터 시애틀을 기준으로 이해하고 말씀드렸는데요?
>
> 丙 : 저는 처음부터 서울을 기준으로 이해하고 말씀드렸습니다. 그렇다면 계획대로 진행될 때 서울을 기준으로 (㉠)에 프로젝트를 최종 마무리할 수 있겠네요.
>
> 甲, 乙 : 네, 맞습니다.

① 11월 2일 오후 3시 ② 11월 2일 오후 11시
③ 11월 3일 오전 10시 ④ 11월 3일 오후 3시
⑤ 11월 3일 오후 7시

 해설 회의 시간이 런던을 기준으로 11월 1일 9시이므로, 이때 서울은 11월 1일 18시, 시애틀은 11월 1일 2시이다.

- 甲은 런던을 기준으로 말했으므로 甲이 프로젝트에서 맡은 업무를 마치는 시간은 런던 기준 11월 1일 22시로, 甲이 맡은 업무를 마치는 데 필요한 시간은 22 − 9 = 13시간이다.
- 乙은 시애틀을 기준으로 이해하고 말했으므로 乙은 甲이 말한 乙이 말한 다음날 오후 3시는 시애틀 기준 11월 2일 15시이다. 乙은 甲이 시애틀을 기준으로 11월 1일 22시에 맡은 일을 끝내 줄 것이라고 생각하였으므로, 乙이 맡은 업무를 마치는 데 필요한 시간은 2 + 15 = 17시간이다.
- 丙은 서울을 기준으로 말했으므로 丙이 말한 모레 오전 10시는 11월 3일 10시이다. 丙은 乙이 서울을 기준으로 11월 2일 15시에 맡은 일을 끝내 줄 것이라고 생각하였으므로, 丙이 맡은 업무를 마치는 데 필요한 시간은 9 + 10 = 19시간이다.

따라서 계획대로 진행될 경우 甲, 乙, 丙이 맡은 업무를 끝내는 데 필요한 총 시간은 13 + 17 + 19 = 49시간으로, 2 일하고 1시간이라고 할 수 있다. 이를 서울 기준으로 보면 11월 1일 18시에서 2일하고 1시간이 지난 후이므로, 11월 3일 19시이다.

13 인적자원 관리의 특징에 관한 다음 ㉠∼㉣의 설명 중 그 성격이 같은 것끼리 알맞게 구분한 것은 어느 것인가?

> ㉠ 개인에게 능력을 발휘할 수 있는 기회와 장소를 부여하고, 그 성과를 바르게 평가하고, 평가된 능력과 실적에 대해 그에 상응하는 보상을 주어야 한다.
> ㉡ 팀 전체의 능력향상, 의식개혁, 사기양양 등을 도모하는 의미에서 전체와 개체가 균형을 이루어야 한다.
> ㉢ 많은 사람들이 번거롭다는 이유로 자신의 인맥관리에 소홀히 하는 경우가 많지만 인맥관리는 자신의 성공을 위한 첫걸음이라는 생각을 가져야 한다.
> ㉣ 효율성을 높이기 위해 팀원의 능력이나 성격 등과 가장 적합한 위치에 배치하여 팀원 개개인의 능력을 최대로 발휘해 줄 것을 기대한다.

① [㉠, ㉡] — [㉢, ㉣]
② [㉠] — [㉡, ㉢, ㉣]
③ [㉠, ㉣] — [㉡, ㉢]
④ [㉠, ㉡, ㉣] — [㉢]
⑤ [㉠, ㉡, ㉢] — [㉣]

✔ **해설** ㉠, ㉡, ㉣은 조직 차원에서의 인적자원관리의 특징이고, ㉢은 개인 차원에서의 인적자원관리능력의 특징으로 구분할 수 있다. 한편, 조직의 인력배치의 3대 원칙에는 적재적소주의(㉣), 능력주의(㉠), 균형주의(㉡)가 있다.

14 다음 ㉠∼㉣에 제시된 자원관리의 기본 과정들을 순서에 맞게 재배열한 것은 어느 것인가?

> ㉠ 확보된 자원을 활용하여 계획에 맞는 업무를 수행해 나가야 한다. 물론 계획에 얽매일 필요는 없지만 최대한 계획대로 수행하는 것이 바람직하다. 불가피하게 수정해야 하는 경우는 전체 계획에 미칠 수 있는 영향을 고려하여야 할 것이다.
>
> ㉡ 자원을 실제 필요한 업무에 할당하여 계획을 세워야 한다. 여기에서 중요한 것은 업무나 활동의 우선순위를 고려하는 것이다. 최종적인 목적을 이루는 데 가장 핵심이 되는 것에 우선순위를 두고 계획을 세울 필요가 있다. 만약, 확보한 자원이 실제 활동 추진에 비해 부족할 경우 우선순위가 높은 것에 중심을 두고 계획하는 것이 바람직하다.
>
> ㉢ 실제 상황에서 그 자원을 확보하여야 한다. 수집 시 가능하다면 필요한 양보다 좀 더 여유 있게 확보할 필요가 있다. 실제 준비나 활동을 하는 데 있어서 계획과 차이를 보이는 경우가 빈번하기 때문에 여유 있게 확보하는 것이 안전할 것이다.
>
> ㉣ 업무를 추진하는 데 있어서 어떤 자원이 필요하며, 또 얼마만큼 필요한지를 파악하는 단계이다. 자원의 종류는 크게 시간, 예산, 물적자원, 인적자원으로 나눌 수 있지만 실제 업무 수행에서는 이보다 더 구체적으로 나눌 필요가 있다. 구체적으로 어떤 활동을 할 것이며, 이 활동에 어느 정도의 시간, 돈, 물적·인적자원이 필요한지를 파악한다.

① ㉢ – ㉣ – ㉡ – ㉠

② ㉣ – ㉢ – ㉠ – ㉡

③ ㉠ – ㉢ – ㉡ – ㉣

④ ㉣ – ㉡ – ㉢ – ㉠

⑤ ㉣ – ㉢ – ㉡ – ㉠

✔해설 자원을 활용하기 위해서는 가장 먼저 나에게 필요한 자원은 무엇이고 얼마나 필요한지를 명확히 설정하는 일이다. 무턱대고 많은 자원을 수집하는 것은 효율적인 자원 활용을 위해 바람직하지 않다. 나에게 필요한 자원을 파악했으면 다음으로 그러한 자원을 수집하고 확보해야 할 것이다. 확보된 자원을 유용하게 사용할 수 있는 활용 계획을 세우고 수립된 계획에 따라 자원을 활용하는 것이 적절한 자원관리 과정이 된다. 따라서 이를 정리하면, 다음 순서와 같다.

㉣ 어떤 자원이 얼마나 필요한지를 확인하기

㉢ 이용 가능한 자원을 수집(확보)하기

㉡ 자원 활용 계획 세우기

㉠ 계획에 따라 수행하기

15 회계팀에서 업무를 시작하게 된 A씨는 각종 내역의 비용이 어느 항목으로 분류되어야 하는지 정리 작업을 하고 있다. 다음 중 A씨가 나머지와 다른 비용으로 분류해야 하는 것은 어느 것인가?

① 구매부 자재 대금으로 지불한 U$7,000
② 상반기 건물 임대료 및 관리비
③ 임직원 급여
④ 계약 체결을 위한 영업부 직원 출장비
⑤ 컴프레서 구매 대금 1,200만 원

✔해설 ②는 간접비용, 나머지(①③④⑤)는 직접비용의 지출 항목으로 분류해야 한다.
직접비용과 간접비용으로 분류되는 지출 항목은 다음과 같은 것들이 있다.
• 직접비용 : 재료비, 원료와 장비, 시설비, 출장 및 잡비, 인건비
• 간접비용 : 보험료, 건물관리비, 광고비, 통신비, 사무비품비, 각종 공과금

16 다음에서 의미하는 가치들 중, 직무상 필요한 가장 핵심적인 네 가지 자원에 해당하지 않는 설명은 어느 것인가?

① 민간 기업이나 공공단체 및 기타 조직체는 물론이고 개인의 수입·지출에 관한 것도 포함하는 가치
② 인간이 약한 신체적 특성을 보완하기 위하여 활용하는, 정상적인 인간의 활동에 수반되는 많은 자원들
③ 기업이 나아가야 할 방향과 목적 등 기업 전체가 공유하는 비전, 가치관, 사훈, 기본 방침 등으로 표현되는 것
④ 매일 주어지며 똑같은 속도로 흐르지만 멈추거나 빌리거나 저축할 수 없는 것
⑤ 산업이 발달함에 따라 생산 현장이 첨단화, 자동화되었지만 여전히 기본적인 생산요소를 효율적으로 결합시켜 가치를 창조하는 자원

✔해설 ③은 기업 경영의 목적이다. 기업 경영에 필수적인 네 가지 자원으로는 시간(④), 예산(①), 인적자원(⑤), 물적자원(②)이 있으며 물적자원은 다시 인공자원과 천연자원으로 나눌 수 있다.

17 귀하는 OO문화재단 문화시설 운영 담당자이다. 다음 글을 근거로 판단할 때 OO문화재단에서 운영할 프로그램은?

> OO문화재단은 학생들의 창의력을 증진시키기 위해 '창의 테마파크'를 운영하고자 한다. 이를 위해 다음과 같은 프로그램을 후보로 정했다.
>
> | 분야 | 프로그램명 | 전문가 점수 | 학생 점수 |
> |------|-----------|-----------|----------|
> | 미술 | 내 손으로 만드는 동물 | 26 | 32 |
> | 인문 | 세상을 바꾼 생각들 | 31 | 18 |
> | 무용 | 스스로 창작 | 37 | 25 |
> | 인문 | 역사랑 놀자 | 36 | 28 |
> | 음악 | 연주하는 교실 | 34 | 34 |
> | 연극 | 연출노트 | 32 | 30 |
> | 미술 | 창의 예술학교 | 40 | 25 |
> | 진로 | 항공체험 캠프 | 30 | 35 |
>
> • 전문가와 학생은 후보로 선정된 프로그램을 각각 40점 만점제로 우선 평가하였다.
> • 전문가 점수와 학생 점수의 반영 비율을 3 : 2로 적용하여 합산한 후, 하나밖에 없는 분야에 속한 프로그램에는 취득점수의 30%를 가산으로 부여한다.
> • OO문화재단은 가장 높은 점수를 받은 프로그램을 최종 선정하여 운영한다.

① 연주하는 교실
② 항공체험 캠프
③ 스스로 창작
④ 연출노트
⑤ 창의 예술학교

해설 문화재단은 가장 높은 점수를 받은 프로그램을 최종 선정한다. 따라서 가산점을 고려하여 최고 점수를 받은 프로그램을 알 수 있어야 한다. 먼저, 전문가 점수와 학생 점수의 단순 합이 상위 5개인 프로그램을 도출할 수 있다.

분야	프로그램명	전문가 점수	학생 점수	단순합
무용	스스로 창작	37	25	62
음악	연주하는 교실	34	34	68
연극	연출노트	32	30	62
미술	창의 예술학교	40	25	65
진로	항공체험 캠프	30	35	65

점수의 반영 비율은 전문가와 학생 간 3 : 2의 비율이므로 전문가의 점수에 50%(0.5)를 추가한다. 이 점수에 최종적으로 가산점 30%을 부여해야 한다. 가산점 부여 대상은 하나 밖에 없는 분야에 속한 프로그램인 무용, 음악, 연극, 진로 분야이다. 이를 반영하여 다음과 같이 도출할 수 있다.

분야	프로그램명	전문가 점수	학생 점수	단순합	전문가 점수(×0.5합)	가산점수(×1.3)
무용	스스로 창작	37	25	62	80.5	104.65
음악	연주하는 교실	34	34	68	85	110.5
연극	연출노트	32	30	62	78	101.4
미술	창의 예술학교	40	25	65	85	85
진로	항공체험 캠프	30	35	65	80	104

따라서 창의 테마파크에서 운영할 프로그램은 가장 높은 점수를 받은 연주하는 교실이다.

18 N사 기획팀에서는 해외 거래처와의 중요한 계약을 성사시키기 위해 이를 담당할 사내 TF팀 인원을 보강하고자 한다. 다음 상황을 참고할 때, 반드시 선발해야 할 2명의 직원은 누구인가?

> 기획팀은 TF팀에 추가로 필요한 직원 2명을 보강해야 한다. 계약실무, 협상, 시장조사, 현장교육 등 4가지 업무는 새롭게 선발될 2명의 직원이 분담하여 모두 수행해야 한다.
>
> 4가지 업무를 수행하기 위해 필수적으로 갖추어야 할 자질은 다음과 같다.
>
> | 업무 | 필요 자질 |
> |---|---|
> | 계약실무 | 스페인어, 국제 감각 |
> | 협상 | 스페인어, 설득력 |
> | 시장조사 | 설득력, 비판적 사고 |
> | 현장교육 | 국제 감각, 의사 전달력 |
>
> * 기획팀에서 1차로 선발한 직원은 오 대리, 최 사원, 남 대리, 조 사원 4명이며, 이들은 모두 3가지씩의 '필요 자질'을 갖추고 있다.
> * 의사 전달력은 남 대리를 제외한 나머지 3명이 모두 갖추고 있다.
> * 조 사원이 시장조사 업무를 제외한 모든 업무를 수행하려면, 스페인어 자질만 추가로 갖추면 된다.
> * 오 대리는 계약실무 업무를 수행할 수 있고, 최 사원과 남 대리는 시장조사 업무를 수행할 수 있다.
> * 국제 감각을 갖춘 직원은 2명이다.

① 오 대리, 최 사원
② 오 대리, 남 대리
③ 최 사원, 조 사원
④ 최 사원, 남 대리
⑤ 남 대리, 조 사원

✔ 해설 주어진 설명에 의해 4명의 자질과 가능 업무를 표로 정리하면 다음과 같다.

	오 대리	최 사원	남 대리	조 사원
스페인어	○	×	○	×
국제 감각	○	×	×	○
설득력	×	○	○	○
비판적 사고	×	○	○	×
의사 전달력	○	○	×	○

위 표를 바탕으로 4명의 직원이 수행할 수 있는 업무를 정리하면 다음과 같다.

- 오 대리 : 계약실무, 현장교육
- 최 사원 : 시장조사
- 남 대리 : 협상, 시장조사
- 조 사원 : 현장교육

따라서 필요한 4가지 업무를 모두 수행하기 위해서는 오 대리와 남 대리 2명이 최종 선발되어야만 함을 알 수 있다.

19 '갑'시에 위치한 B공사 권 대리는 다음과 같은 일정으로 출장을 계획하고 있다. 출장비 지급 내역에 따라 권 대리가 받을 수 있는 출장비의 총액은 얼마인가?

〈지역별 출장비 지급 내역〉		
출장 지역	일비	식비
'갑'시	15,000원	15,000원
'갑'시 외 지역	23,000원	17,000원

※ 거래처 차량으로 이동할 경우, 일비 5,000원 차감

※ 오후 일정 시작일 경우, 식비 7,000원 차감

〈출장 일정〉			
출장 일자	지역	출장 시간	이동계획
화요일	'갑'시	09:00~18:00	거래처 배차
수요일	'갑'시 외 지역	10:30~16:00	대중교통
금요일	'갑'시	14:00~19:00	거래처 배차

① 75,000원
② 78,000원
③ 83,000원
④ 85,000원
⑤ 88,000원

해설 일자별 출장비 지급액을 살펴보면 다음과 같다. 화요일 일정에는 거래처 차량이 지원되므로 5,000원이 차감되며, 금요일 일정에는 거래처 차량 지원과 오후 일정으로 인해 5,000+7,000=12,000원이 차감된다.

출장 일자	지역	출장 시간	이동계획	출장비
화요일	'갑'시	09:00~18:00	거래처 배차	30,000−5,000=25,000원
수요일	'갑'시 외 지역	10:30~16:00	대중교통	40,000원
금요일	'갑'시	14:00~19:00	거래처 배차	30,000−5,000−7,000=18,000원

따라서 출장비 총액은 25,000+40,000+18,000=83,000원이 된다.

Answer 18.② 19.③

▌20~21 ▌ 공장 주변지역의 농경수 오염에 책임이 있는 기업이 총 70억 원의 예산을 가지고 피해 현황 심사와 보상을 진행한다고 한다. 다음 글을 읽고 물음에 답하시오.

총 500건의 피해가 발생했고, 기업측에서는 실제 피해 현황을 심사하여 보상하기로 하였다. 심사에 소요되는 비용은 보상 예산에서 사용한다. 심사를 통해 좀 더 정확한 피해 규모를 파악할 수 있지만, 그에 따라 소요되는 비용 또한 증가하게 된다.

	1일째	2일째	3일째	4일째
일별 심사 비용(억 원)	0.5	0.7	0.9	1.1
일별 보상대상제외건수	50	45	40	35

• 보상금 총액＝예산－심사 비용
• 표는 누적수치가 아닌, 하루에 소요되는 비용을 말함
• 일별 심사 비용은 매일 0.2억씩 증가하고 제외건수는 매일 5건씩 감소함
• 제외건수가 0이 되는 날, 심사를 중지하고 보상금을 지급함

20 기업측이 심사를 중지하는 날까지 소요되는 일별 심사 비용은 총 얼마인가?

① 15억 원   ② 15.5억 원
③ 16억 원   ④ 16.5억 원
⑤ 17억 원

✔ 해설 제외건수가 매일 5건씩 감소한다고 했으므로 11일째 되는 날 제외건수가 0이 되고 일별 심사 비용은 총 16.5억 원이 된다.

21 심사를 중지하고 총 500건에 대해서 보상을 한다고 할 때, 보상대상자가 받는 건당 평균 보상금은 얼마인가?

① 약 1,070만 원   ② 약 1,550만 원
③ 약 2,150만 원   ④ 약 2,150만 원
⑤ 약 3,120만 원

✔ 해설 (70억－16.5억)/500건＝1,070만 원

22 다음 재고 현황을 통해 파악할 수 있는 완성품의 최대 수량과 완성품 1개당 소요 비용은 얼마인가? (단, 완성품은 A, B, C, D의 부품이 모두 조립되어야 하고 다른 조건은 고려하지 않는다)

부품명	완성품 1개당 소요량(개)	단가(원)	재고 수량(개)
A	2	50	100
B	3	100	300
C	20	10	2,000
D	1	400	150

완성품의 최대 수량(개)   완성품 1개당 소요 비용(원)

①   50   100

②   50   500

③   50   1,000

④   100   500

⑤   100   1,000

✔ 해설 재고 수량에 따라 완성품을 A 부품으로는 $100 \div 2 = 50$개, B 부품으로는 $300 \div 3 = 100$개, C 부품으로는 $2,000 \div 20 = 100$개, D 부품으로는 $150 \div 1 = 150$개까지 만들 수 있다. 완성품은 A, B, C, D가 모두 조립되어야 하므로 50개만 만들 수 있다.
완성품 1개당 소요 비용은 완성품 1개당 소요량과 단가의 곱으로 구하면 되므로 A 부품 $2 \times 50 = 100$원, B 부품 $3 \times 100 = 300$원, C 부품 $20 \times 10 = 200$원, D 부품 $1 \times 400 = 400$원이다.
이를 모두 합하면 $100 + 300 + 200 + 400 = 1,000$원이 된다.

23 다음은 (주)서원기업의 재고 관리 사례이다. 금요일까지 부품 재고 수량이 남지 않게 완성품을 만들 수 있도록 월요일에 주문할 A~C 부품 개수로 옳은 것은? (단, 주어진 조건 이외에는 고려하지 않는다)

〈부품 재고 수량과 완성품 1개당 소요량〉

부품명	부품 재고 수량	완성품 1개당 소요량
A	500	10
B	120	3
C	250	5

〈완성품 납품 수량〉

항목＼요일	월	화	수	목	금
완성품 납품 개수	없음	30	20	30	20

〈조건〉

1. 부품 주문은 월요일에 한 번 신청하며 화요일 작업 시작 전 입고된다.
2. 완성품은 부품 A, B, C를 모두 조립해야 한다.

	A	B	C
①	100	100	100
②	100	180	200
③	500	100	100
④	500	180	250
⑤	500	150	250

✔ 해설 완성품 납품 개수는 30＋20＋30＋20으로 총 100개이다. 완성품 1개당 부품 A는 10개가 필요하므로 총 1,000개가 필요하고, B는 300개, C는 500개가 필요하다. 이때 각 부품의 재고 수량에서 부품 A는 500개를 가지고 있으므로 필요한 1,000개에서 가지고 있는 500개를 빼면 500개의 부품을 주문해야 한다. 부품 B는 120개를 가지고 있으므로 필요한 300개에서 가지고 있는 120개를 빼면 180개를 주문해야 하며, 부품 C는 250개를 가지고 있으므로 필요한 500개에서 가지고 있는 250개를 빼면 250개를 주문해야 한다.

24 입사 2년차인 P씨와 같은 팀원들은 하루에도 수십 개씩의 서류를 받는다. 각자 감당할 수 없을 만큼의 서류가 쌓이다보니 빨리 처리해야할 업무가 무엇인지, 나중에 해도 되는 업무가 무엇인지 확인이 되지 않았다. 이런 상황에서 P씨가 가장 먼저 취해야 할 행동으로 가장 적절한 것은?

① 같은 팀원이자 후배인 K씨에게 서류정리를 시킨다.

② 가장 높은 상사의 일부터 처리한다.

③ 보고서와 주문서 등을 종류별로 정리하고 중요내용을 간추려 메모한다.

④ 눈앞의 급박한 상황들을 먼저 처리한다.

⑤ 눈에 보이는 보고서 먼저 해결한다.

> ✔해설 업무 시에는 일의 우선순위를 정하는 것이 중요하다. 많은 서류들을 정리하고 중요 내용을 간추려 메모하면 이후의 서류들도 기존보다 빠르게 정리할 수 있으며 시간을 효율적으로 사용할 수 있다.

25 다음 중 SMART법칙에 따라 목표를 설정하지 못한 사람을 모두 고른 것은?

- 민수 : 나는 올해 꼭 취업할꺼야.
- 나라 : 나는 8월까지 볼링 점수 200점에 도달하겠어.
- 정수 : 나는 오늘 10시까지 단어 100개를 외울거야.
- 주찬 : 나는 이번 달 안에 NCS강의 20강을 모두 들을거야.
- 명기 : 나는 이번 여름 방학에 영어 회화를 도전할거야.
---

① 정수, 주찬   ② 나라, 정수

③ 민수, 명기   ④ 주찬, 민수

⑤ 명기, 나라

> ✔해설 SMART법칙 … 목표를 어떻게 설정하고 그 목표를 성공적으로 달성하기 위해 꼭 필요한 필수 요건들을 S.M.A.R.T. 5개 철자에 따라 제시한 것이다.
> ㉠ Specific(구체적으로) : 목표를 구체적으로 작성한다.
> ㉡ Measurable(측정 가능하도록) : 수치화, 객관화시켜서 측정 가능한 척도를 세운다.
> ㉢ Action-oriented(행동 지향적으로) : 사고 및 생각에 그치는 것이 아니라 행동을 중심으로 목표를 세운다.
> ㉣ Realistic(현실성 있게) : 실현 가능한 목표를 세운다.
> ㉤ Time limited(시간적 제약이 있게) : 목표를 설정함에 있어 제한 시간을 둔다.

┃26~27┃ 다음은 '대한 국제 회의장'의 예약 관련 자료이다. 이를 보고 이어지는 물음에 답하시오.

〈대한 국제 회의장 예약 현황〉

행사구분	행사주체	행사일	시작시간	진행시간	예약인원	행사장
학술대회	A대학	3/10	10:00	2H	250명	전시홀
공연	B동아리	2/5	17:00	3H	330명	그랜드볼룸
학술대회	C연구소	4/10	10:30	6H	180명	전시홀
국제회의	D국 무역관	2/13	15:00	4H	100명	컨퍼런스홀
국제회의	E제품 바이어	3/7	14:00	3H	150명	그랜드볼룸
공연	F사 동호회	2/20	15:00	4H	280명	전시홀
학술대회	G학회	4/3	10:00	5H	160명	컨퍼런스홀

〈행사장별 행사 비용〉

	행사 비용
전시홀	350,000원(기본 2H), 1시간 당 5만 원 추가, 200명 이상일 경우 기본요금의 15% 추가
그랜드볼룸	450,000원(기본 2H), 1시간 당 5만 원 추가, 250명 이상일 경우 기본요금의 20% 추가
컨퍼런스홀	300,000원(기본 2H), 1시간 당 3만 원 추가, 150명 이상일 경우 기본요금의 10% 추가

26 다음 중 대한 국제 회의장이 2월 중 얻게 되는 기본요금과 시간 추가 비용의 수익금은 모두 얼마인가? (인원 추가 비용 제외)

① 172만 원   ② 175만 원

③ 177만 원   ④ 180만 원

⑤ 181만 원

> ✔**해설** 2월 행사는 4번이 예약되어 있으며, 행사주제별로 기본 사용료를 계산해 보면 다음과 같다.
> • B동아리 : 450,000원 + 50,000원 = 500,000원
> • D국 무역관 : 300,000원 + 60,000원 = 360,000원
> • F사 동호회 : 350,000원 + 100,000원 = 450,000원
> • H기업 : 450,000원 + 50,000원 = 500,000원
> 따라서 이를 모두 더하면 1,810,000원이 되는 것을 알 수 있다.

27 다음 중 인원 추가 비용이 가장 큰 시기부터 순서대로 올바르게 나열된 것은 어느 것인가?

① 4월, 2월, 3월

② 3월, 4월, 2월

③ 3월, 2월, 4월

④ 2월, 3월, 4월

⑤ 2월, 4월, 3월

✔ 해설 월별 인원 추가 비용은 다음과 같이 구분하여 계산할 수 있다.

2월	3월	4월
• B동아리 : 450,000원×0.2=90,000원 • D국 무역관 : 인원 미초과 • F사 동호회 : 350,000원×0.15=52,500원 • H기업 : 인원 미초과	• A대학 : 350,000원×0.15 = 52,500원 • E제품 바이어 : 인원 미초과	• C연구소 : 인원 미초과 • G학회 : 300,000원×0.1 =30,000원

따라서 각 시기별 인원 추가 비용은 2월 142,500원, 3월 52,500원, 4월 30,000원이 되어 2월, 3월, 4월 순으로 많게 된다.

28 다음은 영업사원인 甲씨가 오늘 미팅해야 할 거래처 직원들과 방문해야 할 업체에 관한 정보이다. 다음의 정보를 모두 반영하여 하루의 일정을 짠다고 할 때 순서가 올바르게 배열된 것은? (단, 장소 간 이동 시간은 없는 것으로 가정한다)

〈거래처 직원들의 요구 사항〉
• A거래처 과장 : 회사 내부 일정으로 인해 미팅은 10시~12시 또는 16~18시까지 2시간 정도 가능합니다.
• B거래처 대리 : 12시부터 점심식사를 하거나, 18시부터 저녁식사를 하시죠. 시간은 2시간이면 될 것 같습니다.
• C거래처 사원 : 외근이 잡혀서 오전 9시부터 10시까지 1시간만 가능합니다.
• D거래처 부장 : 외부일정으로 18시부터 저녁식사만 가능합니다.

〈방문해야 할 업체와 가능시간〉
• E서점 : 14~18시, 소요시간은 2시간
• F은행 : 12~16시, 소요시간은 1시간
• G미술관 관람 : 하루 3회(10시, 13시, 15시), 소요시간은 1시간

① C거래처 사원 – A거래처 과장 – B거래처 대리 – E서점 – G미술관 – F은행 – D거래처 부장

② C거래처 사원 – A거래처 과장 – F은행 – B거래처 대리 – G미술관 – E서점 – D거래처 부장

③ C거래처 사원 – G미술관 – F은행 – B거래처 대리 – E서점 – A거래처 과장 – D거래처 부장

④ C거래처 사원 – A거래처 과장 – B거래처 대리 – F은행 – G미술관 – E서점 – D거래처 부장

⑤ C거래처 사원 – A거래처 과장 – F은행 – G미술관 – E서점 – B거래처 대리 – D거래처 부장

Answer 26.⑤ 27.④ 28.④

【29~30】 다음은 A병동 11월 근무 일정표 초안이다. A병동은 1~4조로 구성되어 있으며 3교대로 돌아간다. 주어진 정보를 보고 물음에 답하시오.

	일	월	화	수	목	금	토
	1	2	3	4	5	6	7
오전	1조	1조	1조	1조	1조	2조	2조
오후	2조	2조	2조	3조	3조	3조	3조
야간	3조	4조	4조	4조	4조	4조	1조
	8	9	10	11	12	13	14
오전	2조	2조	2조	3조	3조	3조	3조
오후	3조	4조	4조	4조	4조	4조	1조
야간	1조	1조	1조	1조	2조	2조	2조
	15	16	17	18	19	20	21
오전	3조	4조	4조	4조	4조	4조	1조
오후	1조	1조	1조	1조	2조	2조	2조
야간	2조	2조	3조	3조	3조	3조	3조
	22	23	24	25	26	27	28
오전	1조	1조	1조	1조	2조	2조	2조
오후	2조	2조	3조	3조	3조	3조	3조
야간	4조	4조	4조	4조	4조	1조	1조

	29	30	• 1조 : 나경원(조장), 임채민, 조은혜, 이가희, 김가은
오전	2조	2조	• 2조 : 김태희(조장), 이샘물, 이가야, 정민지, 김민경
오후	4조	4조	• 3조 : 우채원(조장), 황보경, 최희경, 김희원, 노혜은
야간	1조	1조	• 4조 : 전혜민(조장), 고명원, 박수진, 김경민, 탁정은

※ 한 조의 일원이 개인 사유로 근무가 어려울 경우 당일 오프인 조의 일원(조장 제외) 중 1인이 대체 근무를 한다.
※ 대체근무의 경우 오전근무 직후 오후근무 또는 오후근무 직후 야간근무는 가능하나 야간근무 직후 오전근무는 불가능하다.
※ 대체근무가 어려운 경우 휴무자가 포함된 조의 조장이 휴무자의 업무를 대행한다.

29 다음은 직원들의 휴무 일정이다. 배정된 대체근무자로 적절하지 못한 사람은?

휴무일자	휴무 예정자	대체 근무 예정자
11월 3일	임채민	① 노혜은
11월 12일	황보경	② 이가희
11월 17일	우채원	③ 이샘물
11월 24일	탁정은	④ 정민지
11월 30일	고명원	⑤ 최희경

✔해설 11월 12일 황보경(3조)은 오전근무이다. 1조는 바로 전날 야간근무를 했기 때문에 대체해줄 수 없다. 따라서 이가희가 아닌 우채원(3조 조장)이 황보경의 업무를 대행한다.

30 다음은 직원들의 휴무 일정이다. 배정된 대체근무자로 적절하지 못한 사람은?

휴무일자	휴무 예정자	대체 근무 예정자
11월 7일	노혜은	① 탁정은
11월 10일	이샘물	② 최희경
11월 15일	최희경	③ 고명원
11월 20일	김희원	④ 임채민
11월 29일	탁정은	⑤ 김희원

✔해설 11월 20일 김희원(3조)은 야간근무이다. 1조는 바로 다음 날 오전근무를 해야 하기 때문에 대체해줄 수 없다. 따라서 임채민이 아닌 우채원(3조 조장)이 김희원의 업무를 대행한다.

Answer 29.② 30.④

Chapter 03 문제해결능력

1 문제와 문제해결

(1) 문제의 정의와 분류

① 정의 : 업무를 수행함에 있어서 답을 요구하는 질문이나 의논하여 해결해야 되는 사항이다.

② 문제의 분류

구분	창의적 문제	분석적 문제
문제제시 방법	현재 문제가 없더라도 보다 나은 방법을 찾기 위한 문제 탐구→문제 자체가 명확하지 않음	현재의 문제점이나 미래의 문제로 예견될 것에 대한 문제 탐구→문제 자체가 명확함
해결방법	창의력에 의한 많은 아이디어의 작성을 통해 해결	분석, 논리, 귀납과 같은 논리적 방법을 통해 해결
해답 수	해답의 수가 많으며, 많은 답 가운데 보다 나은 것을 선택	답의 수가 적으며 한정되어 있음
주요특징	주관적, 직관적, 감각적, 정성적, 개별적, 특수성	객관적, 논리적, 정량적, 이성적, 일반적, 공통성

(2) 업무수행과정에서 발생하는 문제 유형

① 발생형 문제(보이는 문제) : 현재 직면하여 해결하기 위해 고민하는 문제이다. 원인이 내재되어 있기 때문에 원인지향적인 문제라고도 한다.

    ㉠ 일탈문제 : 어떤 기준을 일탈함으로써 생기는 문제

    ㉡ 미달문제 : 어떤 기준에 미달하여 생기는 문제

② 탐색형 문제(찾는 문제) : 현재의 상황을 개선하거나 효율을 높이기 위한 문제이다. 방치할 경우 큰 손실이 따르거나 해결할 수 없는 문제로 나타나게 된다.

    ㉠ 잠재문제 : 문제가 잠재되어 있어 인식하지 못하다가 확대되어 해결이 어려운 문제

     ⓛ 예측문제 : 현재로는 문제가 없으나 현 상태의 진행 상황을 예측하여 찾아야 앞으로 일어날 수 있는 문제가 보이는 문제

     ⓒ 발견문제 : 현재로서는 담당 업무에 문제가 없으나 선진기업의 업무 방법 등 보다 좋은 제도나 기법을 발견하여 개선시킬 수 있는 문제

③ 설정형 문제(미래 문제) : 장래의 경영전략을 생각하는 것으로 앞으로 어떻게 할 것인가 하는 문제이다. 문제해결에 창조적인 노력이 요구되어 창조적 문제라고도 한다.

예제 1

D회사 신입사원으로 입사한 귀하는 신입사원 교육에서 업무수행과정에서 발생하는 문제 유형 중 설정형 문제를 하나씩 찾아오라는 지시를 받았다. 이에 대해 귀하는 교육받은 내용을 다시 복습하려고 한다. 설정형 문제에 해당하는 것은?

① 현재 직면하여 해결하기 위해 고민하는 문제
② 현재의 상황을 개선하거나 효율을 높이기 위한 문제
③ 앞으로 어떻게 할 것인가 하는 문제
④ 원인이 내재되어 있는 원인지향적인 문제

출제의도

업무수행 중 문제가 발생하였을 때 문제 유형을 구분하는 능력을 측정하는 문항이다.

해 설

업무수행과정에서 발생하는 문제 유형으로는 발생형 문제, 탐색형 문제, 설정형 문제가 있으며 ①④는 발생형 문제이며 ②는 탐색형 문제, ③이 설정형 문제이다.

답 ③

---

(3) 문제해결

① 정의 : 목표와 현상을 분석하고 이 결과를 토대로 과제를 도출하여 최적의 해결책을 찾아 실행·평가해 가는 활동이다.

② 문제해결에 필요한 기본적 사고

     ㉠ 전략적 사고 : 문제와 해결방안이 상위 시스템과 어떻게 연결되어 있는지를 생각한다.

     ⓛ 분석적 사고 : 전체를 각각의 요소로 나누어 그 의미를 도출하고 우선순위를 부여하여 구체적인 문제해결방법을 실행한다.

     ⓒ 발상의 전환 : 인식의 틀을 전환하여 새로운 관점으로 바라보는 사고를 지향한다.

     ② 내·외부자원의 활용 : 기술, 재료, 사람 등 필요한 자원을 효과적으로 활용한다.

③ 문제해결의 장애요소

     ㉠ 문제를 철저하게 분석하지 않는 경우

     ⓛ 고정관념에 얽매이는 경우

     ⓒ 쉽게 떠오르는 단순한 정보에 의지하는 경우

     ② 너무 많은 자료를 수집하려고 노력하는 경우

④ 문제해결방법
　　㉠ 소프트 어프로치 : 문제해결을 위해서 직접적인 표현보다는 무언가를 시사하거나 암시를 통하여 의사를 전달하여 문제해결을 도모하고자 한다.
　　㉡ 하드 어프로치 : 상이한 문화적 토양을 가지고 있는 구성원을 가정하고, 서로의 생각을 직설적으로 주장하고 논쟁이나 협상을 통해 서로의 의견을 조정해 가는 방법이다.
　　㉢ 퍼실리테이션(facilitation) : 촉진을 의미하며 어떤 그룹이나 집단이 의사결정을 잘 하도록 도와주는 일을 의미한다.

2　문제해결능력을 구성하는 하위능력

(1) 사고력

① 창의적 사고 : 개인이 가지고 있는 경험과 지식을 통해 새로운 가치 있는 아이디어를 산출하는 사고능력이다.
　　㉠ 창의적 사고의 특징
　　　• 정보와 정보의 조합
　　　• 사회나 개인에게 새로운 가치 창출
　　　• 창조적인 가능성

예제 2

M사 홍보팀에서 근무하고 있는 귀하는 입사 5년차로 창의적인 기획안을 제출하기로 유명하다. S부장은 이번 신입사원 교육 때 귀하에게 창의적인 사고란 무엇인지 교육을 맡아달라고 부탁하였다. 창의적인 사고에 대한 귀하의 설명으로 옳지 않은 것은?

① 창의적인 사고는 새롭고 유용한 아이디어를 생산해 내는 정신적인 과정이다.
② 창의적인 사고는 특별한 사람들만이 할 수 있는 대단한 능력이다.
③ 창의적인 사고는 기존의 정보들을 특정한 요구조건에 맞거나 유용하도록 새롭게 조합시킨 것이다.
④ 창의적인 사고는 통상적인 것이 아니라 기발하거나, 신기하며 독창적인 것이다.

출제의도

창의적 사고에 대한 개념을 정확히 파악하고 있는지를 묻는 문항이다.

해　설

흔히 사람들은 창의적인 사고에 대해 특별한 사람들만이 할 수 있는 대단한 능력이라고 생각하지만 그리 대단한 능력이 아니며 이미 알고 있는 경험과 지식을 해체하여 다시 새로운 정보로 결합하여 가치 있는 아이디어를 산출하는 사고라고 할 수 있다.

답 ②

ⓛ 발산적 사고 : 창의적 사고를 위해 필요한 것으로 자유연상법, 강제연상법, 비교발상법 등을 통해 개발할 수 있다.

구분	내용
자유연상법	생각나는 대로 자유롭게 발상 ex) 브레인스토밍
강제연상법	각종 힌트에 강제적으로 연결 지어 발상 ex) 체크리스트
비교발상법	주제의 본질과 닮은 것을 힌트로 발상 ex) NM법, Synectics

Point 》 브레인스토밍
ㄱ 진행방법
- 주제를 구체적이고 명확하게 정한다.
- 구성원의 얼굴을 볼 수 있는 좌석 배치와 큰 용지를 준비한다.
- 구성원들의 다양한 의견을 도출할 수 있는 사람을 리더로 선출한다.
- 구성원은 다양한 분야의 사람들로 5~8명 정도로 구성한다.
- 발언은 누구나 자유롭게 할 수 있도록 하며, 모든 발언 내용을 기록한다.
- 아이디어에 대한 평가는 비판해서는 안 된다.
ㄴ 4대 원칙
- 비판엄금(Support) : 평가 단계 이전에 결코 비판이나 판단을 해서는 안 되며 평가는 나중까지 유보한다.
- 자유분방(Silly) : 무엇이든 자유롭게 말하고 이런 바보 같은 소리를 해서는 안 된다는 등의 생각은 하지 않아야 한다.
- 질보다 양(Speed) : 질에는 관계없이 가능한 많은 아이디어들을 생성해내도록 격려한다.
- 결합과 개선(Synergy) : 다른 사람의 아이디어에 자극되어 보다 좋은 생각이 떠오르고, 서로 조합하면 재미있는 아이디어가 될 것 같은 생각이 들면 즉시 조합시킨다.

② 논리적 사고 : 사고의 전개에 있어 전후의 관계가 일치하고 있는가를 살피고 아이디어를 평가하는 사고능력이다.

ㄱ 논리적 사고를 위한 5가지 요소 : 생각하는 습관, 상대 논리의 구조화, 구체적인 생각, 타인에 대한 이해, 설득

ㄴ 논리적 사고 개발 방법

- 피라미드 구조 : 하위의 사실이나 현상부터 사고하여 상위의 주장을 만들어가는 방법
- so what기법 : '그래서 무엇이지?'하고 자문자답하여 주어진 정보로부터 가치 있는 정보를 이끌어 내는 사고 기법

③ 비판적 사고 : 어떤 주제나 주장에 대해서 적극적으로 분석하고 종합하며 평가하는 능동적인 사고이다.

ㄱ 비판적 사고 개발 태도 : 비판적 사고를 개발하기 위해서는 지적 호기심, 객관성, 개방성, 융통성, 지적 회의성, 지적 정직성, 체계성, 지속성, 결단성, 다른 관점에 대한 존중과 같은 태도가 요구된다.

ㄴ 비판적 사고를 위한 태도

- 문제의식 : 비판적인 사고를 위해서 가장 먼저 필요한 것은 바로 문제의식이다. 자신이 지니고 있는 문제와 목적을 확실하고 정확하게 파악하는 것이 비판적인 사고의 시작이다.
- 고정관념 타파 : 지각의 폭을 넓히는 일은 정보에 대한 개방성을 가지고 편견을 갖지 않는 것으로 고정관념을 타파하는 일이 중요하다.

(2) 문제처리능력과 문제해결절차

① 문제처리능력 : 목표와 현상을 분석하고 이를 토대로 문제를 도출하여 최적의 해결책을 찾아 실행 · 평가하는 능력이다.

② 문제해결절차 : 문제 인식 → 문제 도출 → 원인 분석 → 해결안 개발 → 실행 및 평가

　　㉠ 문제 인식 : 문제해결과정 중 'waht'을 결정하는 단계로 환경 분석 → 주요 과제 도출 → 과제 선정의 절차를 통해 수행된다.

　　　• 3C 분석 : 환경 분석 방법의 하나로 사업환경을 구성하고 있는 요소인 자사(Company), 경쟁사 (Competitor), 고객(Customer)을 분석하는 것이다.

예제 3

L사에서 주력 상품으로 밀고 있는 TV의 판매 이익이 감소하고 있는 상황에서 귀하는 B부장으로부터 3C분석을 통해 해결방안을 강구해 오라는 지시를 받았다. 다음 중 3C에 해당하지 않는 것은?

① Customer　　　　　　　② Company
③ Competitor　　　　　　④ Content

출제의도

3C의 개념과 구성요소를 정확히 숙지하고 있는지를 측정하는 문항이다.

해　설

3C 분석에서 사업 환경을 구성하고 있는 요소인 자사(Company), 경쟁사(Competitor), 고객을 3C(Customer)라고 한다. 3C 분석에서 고객 분석에서는 '고객은 자사의 상품 · 서비스에 만족하고 있는지를, 자사 분석에서는 '자사가 세운 달성목표와 현상 간에 차이가 없는지를, 경쟁사 분석에서는 '경쟁기업의 우수한 점과 자사의 현상과 차이가 없는지에 대한 질문을 통해서 환경을 분석하게 된다.

답 ④

　　　• SWOT 분석 : 기업내부의 강점과 약점, 외부환경의 기회와 위협요인을 분석 · 평가하여 문제해결 방안을 개발하는 방법이다.

		내부환경요인	
		강점(Strengths)	약점(Weaknesses)
외부환경요인	기회 (Opportunities)	SO 내부강점과 외부기회 요인을 극대화	WO 외부기회를 이용하여 내부약점을 강점으로 전환
	위협 (Threat)	ST 외부위협을 최소화하기 위해 내부강점을 극대화	WT 내부약점과 외부위협을 최소화

ⓛ 문제 도출 : 선정된 문제를 분석하여 해결해야 할 것이 무엇인지를 명확히 하는 단계로, 문제 구조 파악→핵심 문제 선정 단계를 거쳐 수행된다.

• Logic Tree : 문제의 원인을 파고들거나 해결책을 구체화할 때 제한된 시간 안에서 넓이와 깊이를 추구하는데 도움이 되는 기술로 주요 과제를 나무모양으로 분해·정리하는 기술이다.

ⓒ 원인 분석 : 문제 도출 후 파악된 핵심 문제에 대한 분석을 통해 근본 원인을 찾는 단계로 Issue 분석→Data 분석→원인 파악의 절차로 진행된다.

ⓡ 해결안 개발 : 원인이 밝혀지면 이를 효과적으로 해결할 수 있는 다양한 해결안을 개발하고 최선의 해결안을 선택하는 것이 필요하다.

ⓜ 실행 및 평가 : 해결안 개발을 통해 만들어진 실행계획을 실제 상황에 적용하는 활동으로 실행계획 수립→실행→Follow-up의 절차로 진행된다.

예제 4

C사는 최근 국내 매출이 지속적으로 하락하고 있어 사내 분위기가 심상치 않다. 이에 대해 Y부장은 이 문제를 극복하고자 문제처리 팀을 구성하여 해결방안을 모색하도록 지시하였다. 문제처리 팀의 문제해결 절차를 올바른 순서로 나열한 것은?

① 문제 인식→원인 분석→해결안 개발→문제 도출→실행 및 평가
② 문제 도출→문제 인식→해결안 개발→원인 분석→실행 및 평가
③ 문제 인식→원인 분석→문제 도출→해결안 개발→실행 및 평가
④ 문제 인식→문제 도출→원인 분석→해결안 개발→실행 및 평가

출제의도

실제 업무 상황에서 문제가 일어났을 때 해결 절차를 알고 있는지를 측정하는 문항이다.

해 설

일반적인 문제해결절차는 '문제 인식→문제 도출→원인 분석→해결안 개발→실행 및 평가'로 이루어진다.

답 ④

출 제 예 상 문 제

1 다음 중 문제해결을 위한 장애요소가 아닌 것은?

① 쉽게 떠오르는 단순한 정보 ② 개인적인 편견이나 고정관념

③ 너무 많은 자료를 수집하려는 노력 ④ 문제의식

⑤ 직관에 의한 성급한 판단

> ✔ 해설 ④ 문제의식은 현재에 만족하지 않고 전향적인 자세로 상황을 개선하거나 바꾸고자하는 마음가짐으로 문제해결을 위한 장애요소가 아닌 꼭 갖추어야 할 자세이다.
> ③ 너무 많은 자료를 수집하려는 노력은 무엇이 제대로 된 자료인지를 알지 못하는 우를 범할 우려가 많다.

2 창의적 문제와 분석적 문제에 대한 비교이다. 옳지 않은 것은?

	구분	창의적 문제	분석적 문제
①	문제제시 방법	문제 자체가 명확하지 않음	문제 자체가 명확함
②	해결 방법	많은 아이디어의 작성을 통해 해결	논리적 방법을 통해 해결
③	해답 수	해답의 수가 적음	해답의 수가 많음
④	주요 특징	주관적, 직관적, 개별적, 특수성	객관적, 논리적, 일반적, 공통성
⑤	문제탐구	현재 문제가 없더라도 보다 나은 방법을 찾기 위한 문제 탐구	현재의 문제점이나 미래 문제로 예견될 것에 대한 문제 탐구

> ✔ 해설 ③ 창의적 문제는 해답의 수가 많으며 그 중 보다 나은 것을 선택한다. 반면 분석적 문제는 답의 수가 적으며 한정되어 있다.

3 다음 중 찾는 문제에 해당하는 것은?

① 고객센터의 센터장 A에게 친절도에 대한 고객들의 클레임이 발생했다.

② 제작부서의 B에게 제작능률을 15% 높이라는 임무가 떨어졌다.

③ 해외영업팀의 C에게 해외 시장 진출에 있어 발생 가능한 문제를 파악하라는 지시가 내려왔다.

④ 생산부서의 D는 중국에 공장을 설치할 때 고려해야 하는 문제들이 무엇인지 판단해야 하는 상황에 직면했다.

⑤ 생산팀 E는 올해 생산한 신제품에 결함이 있다는 것을 발견했다.

해설 ①④⑤ 보이는 문제

③ 미래 문제

※ 문제의 유형

    ⊙ 보이는 문제(발생형) : 눈앞에 발생되어 당장에 해결해야 하는 문제이다. 이미 발생한 문제로 원상복귀가 필요하다.

    ⓒ 찾는 문제(탐색형) : 현재의 상황을 개선하거나 효율을 높이기 위한 문제이다. 찾는 문제를 방치할 경우 뒤에 큰 손실이 따르거나 해결할 수 없는 문제로 나타나게 된다.

    ⓒ 미래 문제(설정형) : 미래 상황에 대응하는 장래의 경영전략의 문제이다. 달성해야 할 미래의 목표를 설정함에 따라 나타나는 문제로 목표 지향적이다.

4 다음은 발산적(창의적) 사고를 개발하기 위한 방법이다. 이에 해당하는 것은?

> 이 방법은 어떤 생각에서 다른 생각을 계속해서 떠올리는 작업을 통해 어떤 주제에서 생각나는 것을 계속해서 열거해 나가는 방법이다.

① 브레인스토밍
② 체크리스트
③ NM법
④ Synectics
⑤ 델파이 기법

    해설 자유연상법 … 어떤 생각에서 다른 생각을 계속해서 떠올리는 작업을 통해 어떤 주제에서 생각나는 것을 계속해서 열거해 나가는 방법으로 구체적 기법에는 브레인스토밍이 있다.

5 문제처리과정을 순서대로 바르게 나열한 것은?

① 문제 인식 → 문제 도출 → 원인 분석 → 실행 및 평가 → 해결안 개발
② 문제 인식 → 문제 도출 → 원인 분석 → 해결안 개발 → 실행 및 평가
③ 문제 인식 → 원인 분석 → 문제 도출 → 실행 및 평가 → 해결안 개발
④ 문제 인식 → 원인 분석 → 문제 도출 → 해결안 개발 → 실행 및 평가
⑤ 문제 인식 → 문제 도출 → 해결안 개발 → 원인 분석 → 실행 및 평가

    해설 문제처리과정

    문제 인식 → 문제 도출 → 원인 분석 → 해결안 개발 → 실행 및 평가

Answer 1.④ 2.③ 3.② 4.① 5.②

6 다음 조건을 바탕으로 할 때 정 대리가 이번 달 중국 출장 출발일로 정하기에 가장 적절한 날은 언제인가?
(단, 전체 일정은 모두 이번 달 안에 속해 있다)

- 이번 달은 1일이 월요일인 달이다.
- 3박 4일 일정이며 출발일과 도착일이 모두 휴일이 아니어야 한다.
- 현지에서 복귀하는 비행편은 매주 화, 목요일에만 있다.
- 이번 달 셋째 주 화요일에 있을 부서의 중요한 회의에 반드시 참석해야 하며, 회의 후에 출장을 가려 한다.

① 12일   ② 15일
③ 17일   ④ 22일
⑤ 23일

✔ 해설 날짜를 따져 보아야 하는 유형의 문제는 아래와 같이 달력을 그려서 살펴보면 어렵지 않게 정답을 구할 수 있다.

일	월	화	수	목	금	토
	1	2	3	4	5	6
7	8	9	10	11	12	13
14	15	16	17	18	19	20
21	22	23	24	25	26	27
28	29	30	31			

1일이 월요일이므로 정 대리는 위와 같은 달력에 해당하는 기간 중에 출장을 가려고 한다. 3박 4일 일정 중 출발과 도착일 모두 휴일이 아니어야 한다면 월~목요일, 화~금요일, 금~월요일 세 가지의 경우의 수가 생기는데, 현지에서 복귀하는 비행편이 화요일과 목요일이므로 월~목요일의 일정을 선택해야 한다. 회의가 셋째 주 화요일이라면 16일이므로 그 이후 가능한 월~목요일은 두 번이 있으나, 마지막 주의 경우 도착일이 다음 달로 넘어가게 되므로 조건에 부합되지 않는다. 따라서 출장 출발일로 적절한 날은 22일이며 일정은 22~25일이 된다.

7 다음은 신용 상태가 좋지 않은 일반인들을 상대로 운용되고 있는 국민행복기금의 일종인 '바꿔드림론'의 지원대상자에 관한 내용이다. 다음 내용을 참고할 때, 바꿔드림론의 대상이 되지 않는 사람은 누구인가? (단, 보기에서 언급되지 않은 사항은 자격요건을 충족하는 것으로 가정한다)

구분		자격요건	비고
신용등급		6~10등급	연소득 3.5천만 원 이하인 분 또는 특수 채무자는 신용등급 제한 없음
연소득	급여소득자 등	4천만 원 이하	부양가족 2인 이상인 경우에는 5천만 원 이하
	자영업자	4.5천만 원 이하	사업자등록 된 자영업자
지원 대상 고금리 채무 (연 20% 이상 금융채무)	채무총액 1천만 원↑	6개월 이상 정상상환	보증채무, 담보대출, 할부금융, 신용카드 사용액(신용구매, 현금서비스, 리볼빙 등)은 제외
	채무총액 1천만 원↓	3개월 이상 정상상환	* 상환기간은 신용보증신청일 기준으로 산정됩니다.

※ 제외대상
• 연 20% 이상 금융채무 총액이 3천만 원을 초과하는 분
• 소득에 비해 채무액이 과다한 분(연소득 대비 채무상환액 비율이 40%를 초과하는 분)
• 현재 연체중이거나 과거 연체기록 보유자, 금융채무 불이행 자 등

① 법정 최고 이자를 내고 있으며 금융채무액이 2.5천만 원인 A씨
② 2명의 자녀와 아내를 부양가족으로 두고 연 근로소득이 4.3천만 원인 B씨
③ 신용등급이 4등급으로 연체 이력이 없는 C씨
④ 저축은행으로부터 받은 신용대출금에 대해 연 18%의 이자를 내며 8개월 째 매달 원리금을 상환하고 있는 D씨
⑤ 연 급여소득 3.8천만 원이며 채무액이 1천만 원인 E씨

✔해설 바꿔드림론은 신용 상태가 좋지 않은 채무자를 대상으로 하기 때문에 신용 등급이 6~10등급 이내이어야 한다.
① 법정 최고 이자는 20%를 넘어가므로 금융채무 총액이 3천만 원을 초과하지 않는 지원 대상이 된다.
② 부양가족이 3명이며 급여소득이 4.5천만 원 이하이므로 지원 대상이 된다.
④ 신용대출금에 대한 연 18%는 고금리 채무이자이며 6개월 이상 상환 중이므로 지원 대상이 된다.
⑤ 연 급여소득 3.8천만 원이며 채무 총액이 40%를 넘지 않으므로 지원 대상이 된다.

Answer 6.④ 7.③

8 다음은 2023~2025년 A국 10대 수출 품목의 수출액에 관한 예시자료이다. 제시된 표에 대한 〈보기〉의 설명 중 옳은 것만 모두 고른 것은?

〈표 1〉 A국 10대 수출 품목의 수출액 비중과 품목별 세계 수출 시장 점유율(금액기준)

(단위 : %)

구분 / 연도 / 품목	A국의 전체 수출액에서 차지하는 비중			품목별 세계 수출 시장에서 A국의 점유율		
	2023	2024	2025	2023	2024	2025
백색가전	13.0	12.0	11.0	2.0	2.5	3.0
TV	14.0	14.0	13.0	10.0	20.0	25.0
반도체	10.0	10.0	15.0	30.0	33.0	34.0
휴대폰	16.0	15.0	13.0	17.0	16.0	13.0
2,000cc 이하 승용차	8.0	7.0	8.0	2.0	2.0	2.3
2,000cc 초과 승용차	6.0	6.0	5.0	0.8	0.7	0.8
자동차용 배터리	3.0	4.0	6.0	5.0	6.0	7.0
선박	5.0	4.0	3.0	1.0	1.0	1.0
항공기	1.0	2.0	3.0	0.1	0.1	0.1
전자부품	7.0	8.0	9.0	2.0	1.8	1.7
계	83.0	82.0	86.0	–	–	–

※ A국의 전체 수출액은 매년 변동 없음

〈표 2〉 A국 백색가전의 세부 품목별 수출액 비중

(단위 : %)

연도 / 세부품목	2023	2024	2025
일반세탁기	13.0	10.0	8.0
드럼세탁기	18.0	18.0	18.0
일반냉장고	17.0	12.0	11.0
양문형 냉장고	22.0	26.0	28.0
에어컨	23.0	25.0	26.0
공기청정기	7.0	9.0	9.0
계	100.0	100.0	100.0

<보기>

㉠ 2023년과 2025년 선박이 세계 수출 시장 규모는 같다.

㉡ 2024년과 2025년 A국의 전체 수출액에서 드럼세탁기가 차지하는 비중은 전년대비 매년 감소한다.

㉢ 2024년과 2025년 A국의 10대 수출품목 모두 품목별 세계 수출 시장에서 A국의 점유율은 전년대비 매년 증가한다.

㉣ 2025년 항공기 세계 수출 시장 규모는 A국 전체 수출액의 15배 이상이다.

① ㉠㉡   ② ㉠㉢

③ ㉡㉢   ④ ㉡㉣

⑤ ㉡㉢㉣

 해설 ㉠ 선박을 보면 A국 전체 수출액에서 차지하는 비중은 5.0 → 4.0 → 3.0으로 매년 줄어드는 데 세계 수출 시장에서 A국의 점유율은 매번 1.0으로 동일하다. 이는 세계 수출 시장 규모가 A국 선박비중의 감소율만큼 매년 감소한다는 것을 나타낸다.

㉡ 백색가전의 세부 품목별 수출액 비중에서 드럼세탁기의 비중은 매년 18.0으로 동일하나, 전체 수출액에서 차지하는 백색가전의 비중은 13.0 → 12.0 → 11.0로 점점 감소한다.

㉢ 점유율이 전년대비 매년 증가하지 않고 변화가 없거나 감소하는 품목도 있다.

㉣ A국의 전체 수출액을 100으로 보면 항공기의 경우 2025년에는 3이다. 3이 세계 수출 시장에서 차지하는 비중은 0.1%이므로 A국 항공기 수출액의 1,000배로 볼 수 있다. 항공기 세계 수출 시장의 규모는 3 × 1,000 = 3,000이므로 A국 전체 수출액의 30배가 된다.

9 다음 글의 내용과 날씨를 근거로 판단할 경우 종아가 여행을 다녀온 시기로 가능한 것은?

- 종아는 선박으로 '포항 → 울릉도 → 독도 → 울릉도 → 포항' 순으로 3박 4일의 여행을 다녀왔다.
- '포항 → 울릉도' 선박은 매일 오전 10시, '울릉도 → 포항' 선박은 매일 오후 3시에 출발하며, 편도 운항에 3시간이 소요된다.
- 울릉도에서 출발해 독도를 돌아보는 선박은 매주 화요일과 목요일 오전 8시에 출발하여 당일 오전 11시에 돌아온다.
- 최대 파고가 3m 이상인 날은 모든 노선의 선박이 운항되지 않는다.
- 종아는 매주 금요일에 술을 마시는데, 술을 마신 다음날은 멀미가 심해 선박을 탈 수 없다.
- 이번 여행 중 종아는 울릉도에서 호박엿 만들기 체험을 했는데, 호박엿 만들기 체험은 매주 월 · 금요일 오후 6시에만 할 수 있다.

(㈜ : 최대 파고)

日	月	火	水	木	金	土
16 ㈜ 1.0m	17 ㈜ 1.4m	18 ㈜ 3.2m	19 ㈜ 2.7m	20 ㈜ 2.8m	21 ㈜ 3.7m	22 ㈜ 2.0m
23 ㈜ 0.7m	24 ㈜ 3.3m	25 ㈜ 2.8m	26 ㈜ 2.7m	27 ㈜ 0.5m	28 ㈜ 3.7m	29 ㈜ 3.3m

① 19일(水) ~ 22일(土)   ② 20일(木) ~ 23일(日)

③ 23일(日) ~ 26일(水)   ④ 25일(火) ~ 28일(金)

⑤ 26일(水) ~ 29일(土)

 해설 ① 19일 수요일 오후 1시 울릉도 도착, 20일 목요일 독도 방문, 22일 토요일은 복귀하는 날인데 종아는 매주 금요일에 술을 마시므로 멀미로 인해 선박을 이용하지 못하므로 불가능
② 20일 목요일 오후 1시 울릉도 도착, 독도는 화요일과 목요일만 출발하므로 불가능
③ 23일 일요일 오후 1시 울릉도 도착, 24일 월요일 호박엿 만들기 체험, 25일 화요일 독도 방문, 26일 수요일 포항 도착
④ 25일 화요일 오후 1시 울릉도 도착, 27일 목요일 독도 방문, 28일 금요일 호박엿 만들기 체험은 오후 6시인데, 복귀하는 선박은 오후 3시 출발이라 불가능
⑤ 26일 수요일 오후 1시 울릉도 도착, 27일 목요일 독도 방문, 28일 금요일 호박엿 만들기 체험, 매주 금요일은 술을 마시므로 다음날 선박을 이용하지 못하며, 29일은 파고가 3m를 넘어 선박이 운항하지 않아 불가능

10 다음 표는 어떤 렌터카 회사에서 제시한 차종별 자동차 대여료이다. C동아리 학생 10명이 차량을 대여하여 9박 10일간의 전국일주를 계획하고 있다. 다음 중 가장 경제적인 차량 임대 방법을 고르면?

구분	대여 기간별 1일 요금			대여 시간별 요금	
	1~2일	3~6일	7일 이상	6시간	12시간
소형(4인승)	75,000	68,000	60,000	34,000	49,000
중형(5인승)	105,000	95,000	84,000	48,000	69,000
대형(8인승)	182,000	164,000	146,000	82,000	119,000
SUV(7인승)	152,000	137,000	122,000	69,000	99,000
승합(15인승)	165,000	149,000	132,000	75,000	108,000

① 승합차 1대를 대여한다.

② 소형차 3대를 대여한다.

③ 중형차 2대를 대여한다.

④ 소형차 1대와 SUV 1대를 대여한다.

⑤ 중형차 1대와 대형차 1대를 대여한다.

✔해설 하루 대여 비용을 계산해보면 다음과 같다. 따라서 가장 경제적인 차량 임대 방법은 승합차량 1대를 대여하는 것이다.

① 132,000원

② 60,000×3=180,000원

③ 84,000×2=168,000원

④ 60,000+122,000=182,000원

⑤ 84,000+146,000=230,000원

11 신입사원 A는 상사로부터 아직까지 '올해의 농업인 상'투표에 참여하지 않은 사원들에게 투표 참여 안내 문자를 발송하라는 지시를 받았다. 다음에 제시된 내용을 바탕으로 할 때, A가 문자를 보내야하는 사원은 몇 명인가?

> '올해의 농업인 상' 후보에 총 5명(甲~戊)이 올랐다. 수상자는 120명의 신입사원 투표에 의해 결정되며 투표규칙은 다음과 같다.
> - 투표권자는 한 명당 한 장의 투표용지를 받고, 그 투표용지에 1순위와 2순위 각 한 명의 후보자를 적어야 한다.
> - 투표권자는 1순위와 2순위로 동일한 후보자를 적을 수 없다.
> - 투표용지에 1순위로 적힌 후보자에게는 5점이, 2순위로 적힌 후보자에게는 3점이 부여된다.
> - '올해의 농업인 상'은 개표 완료 후, 총 점수가 가장 높은 후보자가 수상하게 된다.
> - 기권표와 무효표는 없다.
>
> 현재 투표까지 중간집계 점수는 다음과 같다.
>
> | 후보자 | 중간집계 점수 |
> |:---:|:---:|
> | 甲 | 360 |
> | 乙 | 15 |
> | 丙 | 170 |
> | 丁 | 70 |
> | 戊 | 25 |

① 50명   ② 45명

③ 40명   ④ 35명

⑤ 30명

✔ 해설   1명의 투표권자가 후보자에게 줄 수 있는 점수는 1순위 5점, 2순위 3점으로 총 8점이다. 현재 투표까지 중간집계 점수가 640이므로 80명이 투표에 참여하였으며, 아직 투표에 참여하지 않은 사원은 120−80=40명이다. 따라서 신입사원 A는 40명의 사원에게 문자를 보내야 한다.

12 A기업 기획팀에서는 새로운 프로젝트를 추진하면서 업무추진력이 높은 직원은 프로젝트의 팀장으로 발탁하려고 한다. 성취행동 경향성이 높은 사람을 업무추진력이 높은 사람으로 규정할 때, 아래의 정의를 활용해서 〈보기〉의 직원들을 업무추진력이 높은 사람부터 순서대로 바르게 나열한 것은?

성취행동 경향성(TACH)의 강도는 성공추구 경향성(Ts)에서 실패회피 경향성(Tf)을 뺀 점수로 계산할 수 있다(TACH = Ts − Tf). 성공추구 경향성에는 성취동기(Ms)라는 잠재적 에너지의 수준이 영향을 준다. 왜냐하면 성취동기는 성과가 우수하다고 평가받고 싶어 하는 것으로 어떤 사람의 포부수준, 노력 및 끈기를 결정하기 때문이다. 어떤 업무에 대해서 사람들이 제각기 다양한 방식으로 행동하는 것은 성취동기가 다른 데도 원인이 있지만, 개인이 처한 환경요인이 서로 다르기 때문이기도 하다. 이 환경요인은 성공기대확률(Ps)과 성공결과의 가치(Ins)로 이루어진다. 즉 성공추구 경향성은 이 세 요소의 곱으로 결정된다(Ts = Ms × Ps × Ins).

한편 실패회피 경향성은 실패회피동기, 실패기대확률 그리고 실패결과의 가치의 곱으로 결정된다. 이때 성공기대확률과 실패기대확률의 합은 1이며, 성공결과의 가치와 실패결과의 가치의 합도 1이다.

〈보기〉

• A는 성취동기가 3이고, 실패회피동기가 1이다. 그는 국제환경협약에 대비한 공장건설환경규제안을 만들었는데, 이 규제안의 실현가능성을 0.7로 보며, 규제안이 실행될 때의 가치를 0.2로 보았다.

• B는 성취동기가 2이고, 실패회피동기가 1이다. 그는 도시고속화도로 건설안을 기획하였는데, 이 기획안의 실패가능성을 0.7로 보며, 도로건설사업이 실패하면 0.3의 가치를 갖는다고 보았다.

• C는 성취동기가 3이고, 실패회피동기가 2이다. 그는 △△지역의 도심재개발계획을 주도하였는데, 이 계획의 실현가능성을 0.4로 보며, 재개발사업이 실패하는 경우의 가치를 0.3으로 보았다.

① A, B, C
② B, A, C
③ B, C, A
④ C, A, B
⑤ C, B, A

직원	성공추구 경향성과 실패회피 경향성	성취행동 경향성
A	성공추구 경향성 = 3 × 0.7 × 0.2 = 0.42	0.42 − 0.24 = 0.18
	실패회피 경향성 = 1 × 0.3 × 0.8 = 0.24	
B	성공추구 경향성 = 2 × 0.3 × 0.7 = 0.42	0.42 − 0.21 = 0.21
	실패회피 경향성 = 1 × 0.7 × 0.3 = 0.21	
C	성공추구 경향성 = 3 × 0.4 × 0.7 = 0.84	0.84 − 0.36 = 0.48
	실패회피 경향성 = 2 × 0.6 × 0.3 = 0.36	

Answer 11.③ 12.⑤

13 공연기획사인 A사는 이번에 주최한 공연을 보러 오는 관객을 기차역에서 공연장까지 버스로 수송하기로 하였다. 다음의 표와 같이 공연 시작 4시간 전부터 1시간 단위로 전체 관객 대비 기차역에 도착하는 관객의 비율을 예측하여 버스를 운행하고자 하며, 공연 시작 시간까지 관객을 모두 수송해야 한다. 다음을 바탕으로 예상한 수송 시나리오 중 옳은 것을 모두 고르면?

◼ 전체 관객 대비 기차역에 도착하는 관객의 비율

시각	전체 관객 대비 비율(%)
공연 시작 4시간 전	a
공연 시작 3시간 전	b
공연 시작 2시간 전	c
공연 시작 1시간 전	d
계	100

• 전체 관객 수는 40,000명이다.
• 버스는 한 번에 대당 최대 40명의 관객을 수송한다.
• 버스가 기차역과 공연장 사이를 왕복하는 데 걸리는 시간은 6분이다.

◼ 예상 수송 시나리오

㉠ a = b = c = d = 25라면, 회사가 전체 관객을 기차역에서 공연장으로 수송하는 데 필요한 버스는 최소 20대이다.

㉡ a = 10, b = 20, c = 30, d = 40이라면, 회사가 전체 관객을 기차역에서 공연장으로 수송하는 데 필요한 버스는 최소 40대이다.

㉢ 만일 공연이 끝난 후 2시간 이내에 전체 관객을 공연장에서 기차역까지 버스로 수송해야 한다면, 이때 회사에게 필요한 버스는 최소 50대이다.

① ㉠ ② ㉡
③ ㉠, ㉡ ④ ㉠, ㉢
⑤ ㉡, ㉢

 해설 ㉠ a = b = c = d = 25라면, 1시간당 수송해야 하는 관객의 수는 40,000 × 0.25 = 10,000명이다. 버스는 한 번에 대당 최대 40명의 관객을 수송하고 1시간에 10번 수송 가능하므로, 1시간 동안 1대의 버스가 수송할 수 있는 관객의 수는 400명이다. 따라서 10,000명의 관객을 수송하기 위해서는 최소 25대의 버스가 필요하다.
㉡ d = 40이라면, 공연 시작 1시간 전에 기차역에 도착하는 관객의 수는 16,000명이다. 16,000명을 1시간 동안 모두 수송하기 위해서는 최소 40대의 버스가 필요하다.
㉢ 공연이 끝난 후 2시간 이내에 전체 관객을 공연장에서 기차역까지 수송하려면 시간당 20,000명의 관객을 수송해야 한다. 따라서 회사에게 필요한 버스는 최소 50대이다.

14 갑과 을, 병 세 사람은 면세점에서 A, B, C 브랜드 중 하나의 가방을 각각 구입하려고 한다. 소비자들이 가방을 구매하는데 고려하는 것은 브랜드명성, 디자인, 소재, 경제성의 네 가지 속성이다. 각 속성에 대한 평가는 0부터 10까지의 점수로 주어지며, 점수가 높을수록 소비자를 더 만족시킨다고 한다. 각 브랜드의 제품에 대한 평가와 갑, 을, 병 각자의 제품을 고르는 기준이 다음과 같을 때, 소비자들이 구매할 제품으로 바르게 짝지어진 것은?

〈브랜드별 소비자 제품평가〉

	A 브랜드	B 브랜드	C 브랜드
브랜드명성	10	7	7
경제성	4	8	5
디자인	8	6	7
소재	9	6	3

※ 각 평가에 부여하는 가중치 : 브랜드명성(0.4), 경제성(0.3), 디자인(0.2), 소재(0.1)

〈소비자별 구매기준〉

갑 : 가중치가 높은 순으로 가장 좋게 평가된 제품을 선택한다.

을 : 모든 속성을 가중치에 따라 평가(점수×가중치)하여 종합적으로 가장 좋은 대안을 선택한다.

병 : 모든 속성이 4점 이상인 제품을 선택한다. 2가지 이상이라면 디자인 점수가 높은 제품을 선택한다.

	갑	을	병			갑	을	병
①	A	A	A		②	A	A	B
③	A	B	C		④	B	C	B
⑤	B	A	B					

✔해설 ㉠ 갑 : 가중치가 가장 높은 브랜드명성이 가장 좋게 평가된 A 브랜드 제품을 선택한다.

㉡ 을 : 각 제품의 속성을 가중치에 따라 평가하면 다음과 같다.

A : 10(0.4)+4(0.3)+8(0.2)+9(0.1)=4+1.2+1.6+0.9=7.7

B : 7(0.4)+8(0.3)+6(0.2)+6(0.1)=2.8+2.4+1.2+0.6=7

C : 7(0.4)+5(0.3)+7(0.2)+3(0.1)=2.8+1.5+1.4+0.3=6

∴ A 브랜드 제품을 선택한다.

㉢ 병 : 모든 속성이 4점 이상인 A, B 브랜드 중 디자인 점수가 더 높은 A 브랜드 제품을 선택한다.

Answer 13.⑤ 14.①

▌15~16▐ 다음은 지방자치단체(지자체) 경전철 사업분석의 결과로서 분야별 문제점을 정리한 것이다. 다음 물음에 답하시오.

분야	문제점
추진주체 및 방식	• 기초지자체 중심(선심성 공약 남발)의 무리한 사업추진으로 인한 비효율 발생 • 지자체의 사업추진 역량부족으로 지방재정 낭비심화 초래 • 종합적 표준지침 부재로 인한 각 지자체마다 개별적으로 추진
타당성 조사 및 계획수립	• 사업주관 지자체의 행정구역만을 고려한 폐쇄적 계획 수립 • 교통수요 예측 및 사업타당성 검토의 신뢰성 · 적정성 부족 • 이해관계자 참여를 통한 사업계획의 정당성 확보 노력 미흡
사업자 선정 및 재원지원	• 토목 및 건설자 위주 지분참여로 인한 고비용 · 저효율 시공 초래 • 민간투자사업 활성화를 위한 한시적 규제유예 효과 미비
노선건설 및 차량시스템 선정	• 건설시공 이익 검토미흡으로 인한 재원낭비 심화 • 국내개발 시스템 도입 활성화를 위한 방안 마련 부족

15 다음 〈보기〉에서 '추진주체 및 방식'의 문제점에 대한 개선방안을 모두 고르면?

〈보기〉
㉠ 이해관계자 의견수렴 활성화를 통한 사업추진 동력 확보
㉡ 지자체 역량 강화를 통한 사업관리의 전문성 · 효율성 증진
㉢ 교통수요 예측 정확도 제고 등 타당성 조사 강화를 위한 여건 조성
㉣ 경전철 사업관련 업무처리 지침 마련 및 법령 보완
㉤ 무분별한 해외시스템 도입 방지 및 국산기술 · 부품의 활성화 전략 수립
㉥ 상위교통계획 및 생활권과의 연계강화를 통한 사업계획의 체계성 확보
㉦ 시공이익에 대한 적극적 검토를 통해 총사업비 절감 효과 도모

① ㉠㉡　　　　　　　　　　　② ㉡㉣
③ ㉡㉣㉦　　　　　　　　　　④ ㉣㉤㉥
⑤ ㉥㉦

> **✔해설** ㉡ : '지자체의 사업추진 역량부족으로 지방재정 낭비심화 초래'에 대한 개선방안이다.
> ㉣ : '종합적 표준지침 부재로 인한 각 지자체마다 개별적으로 추진'에 대한 개선방안이다.

16 다음 〈보기〉에서 '타당성 조사 및 계획수립'의 문제점에 대한 개선방안을 모두 고르면?

> ㉠ 이해관계자 의견수렴 활성화를 통한 사업추진 동력 확보
> ㉡ 지자체 역량 강화를 통한 사업관리의 전문성·효율성 증진
> ㉢ 교통수요 예측 정확도 제고 등 타당성 조사 강화를 위한 여건 조성
> ㉣ 경전철 사업관련 업무처리 지침 마련 및 법령 보완
> ㉤ 무분별한 해외시스템 도입 방지 및 국산기술·부품의 활성화 전략 수립
> ㉥ 상위교통계획 및 생활권과의 연계강화를 통한 사업계획의 체계성 확보
> ㉦ 시공이익에 대한 적극적 검토를 통해 총사업비 절감 효과 도모

① ㉠㉢㉥
② ㉠㉢㉦
③ ㉡㉢㉤
④ ㉡㉢㉥
⑤ ㉤㉥㉦

✅**해설** ㉠ : '이해관계자 참여를 통한 사업계획의 정당성 확보 노력 미흡'에 대한 개선방안이다.
㉢ : '교통수요 예측 및 사업타당성 검토의 신뢰성·적정성 부족'에 대한 개선방안이다.
㉥ : '사업주관 지자체의 행정구역만을 고려한 폐쇄적 계획 수립'에 대한 개선방안이다.

17 다음 글과 〈설립위치 선정 기준〉을 근거로 판단할 때, A사가 서비스센터를 설립하는 방식과 위치로 옳은 것은?

- 휴대폰 제조사 A는 B국에 고객서비스를 제공하기 위해 1개의 서비스센터 설립을 추진하려고 한다.
- 설립방식에는 ㈎ 방식과 ㈏ 방식이 있다.
- A사는 {(고객만족도 효과의 현재가치) − (비용의 현재가치)}의 값이 큰 방식을 선택한다.
- 비용에는 규제비용과 로열티비용이 있다.

구분		㈎ 방식	㈏ 방식
고객만족도 효과의 현재가치		5억 원	4.5억 원
비용의 현재가치	규제비용	3억 원 (설립 당해 년도만 발생)	없음
	로열티 비용	없음	− 3년간 로열티비용을 지불함 − 로열티비용의 현재가치 환산액 : 설립 당해년도는 2억 원, 그 다음 해부터는 직전년도 로열티비용의 1/2씩 감액한 금액

※ 고객만족도 효과의 현재가치는 설립 당해연도를 기준으로 산정된 결과이다.

〈설립위치 선정 기준〉

- 설립위치로 B국의 甲, 乙, 丙 3곳을 검토 중이며, 각 위치의 특성은 다음과 같다.

위치	유동인구(만 명)	20~30대 비율(%)	교통혼잡성
甲	80	75	3
乙	100	50	1
丙	75	60	2

- A사는 {(유동인구) × (20~30대 비율) / (교통혼잡성)} 값이 큰 곳을 선정한다. 다만 A사는 제품의 특성을 고려하여 20~30대 비율이 50% 이하인 지역은 선정대상에서 제외한다.

	설립방식	설립위치
①	(가)	甲
②	(가)	丙
③	(나)	甲
④	(나)	乙
⑤	(가)	乙

✔해설 ㉠ 설립방식 : {(고객만족도 효과의 현재가치) − (비용의 현재가치)}의 값이 큰 방식 선택
    • (가) 방식 : 5억 원 − 3억 원 = 2억 원 → 선택
    • (나) 방식 : 4.5억 원 − (2억 원 + 1억 원 + 0.5억 원) = 1억 원
  ㉡ **설립위치** : {(유동인구) × (20~30대 비율) / (교통혼잡성)} 값이 큰 곳 선정(20~30대 비율이 50% 이하인 지역은 선정대상에서 제외)
    • 甲 : 80 × 75 / 3 = 2,000
    • 乙 : 20~30대 비율이 50%이므로 선정대상에서 제외
    • 丙 : 75 × 60 / 2 = 2,250 → 선택

Answer 17.②

18 다음은 건물주 甲이 판단한 입주 희망 상점에 대한 정보이다. 다음에 근거하여 건물주 甲이 입주시킬 두 상점을 고르면?

<표> 입주 희망 상점 정보

상점	월세(만 원)	폐업위험도	월세 납부일 미준수비율
중국집	90	중	0.3
한식집	100	상	0.2
분식집	80	중	0.15
편의점	70	하	0.2
영어학원	80	하	0.3
태권도학원	90	상	0.1

※ 음식점 : 중국집, 한식집, 분식집

※ 학원 : 영어학원, 태권도학원

<정보>

• 건물주 甲은 자신의 효용을 극대화하는 상점을 입주시킨다.
• 甲의 효용 : 월세(만 원)×입주 기간(개월)−월세 납부일 미준수비율×입주 기간(개월)×100(만 원)
• 입주 기간 : 폐업위험도가 '상'인 경우 입주 기간은 12개월, '중'인 경우 15개월, '하'인 경우 18개월
• 음식점 2개를 입주시킬 경우 20만 원의 효용이 추가로 발생한다.
• 학원 2개를 입주시킬 경우 30만 원의 효용이 추가로 발생한다.

① 중국집, 한식집
② 한식집, 분식집
③ 분식집, 태권도학원
④ 영어학원, 태권도학원
⑤ 분식집, 영어학원

✔ **해설** 중국집 : $90 \times 15 - 0.3 \times 15 \times 100 = 900$
한식집 : $100 \times 12 - 0.2 \times 12 \times 100 = 960$
분식집 : $80 \times 15 - 0.15 \times 15 \times 100 = 975$
편의점 : $70 \times 18 - 0.2 \times 18 \times 100 = 900$
영어학원 : $80 \times 18 - 0.3 \times 18 \times 100 = 900$
태권도학원 : $90 \times 12 - 0.1 \times 12 \times 100 = 960$
분식집의 효용이 가장 높고, 한식집과 태권도학원이 960으로 같다. 음식점 2개를 입주시킬 경우 20만 원의 효용이 추가로 발생하므로 분식집과 한식집을 입주시킨다.

19 G 음료회사는 신제품 출시를 위해 시제품 3개를 만들어 전직원을 대상으로 블라인드 테스트를 진행한 후 기획팀에서 회의를 하기로 했다. 독창성, 대중성, 개인선호도 세 가지 영역에 총 15점 만점으로 진행된 테스트 결과가 다음과 같을 때, 기획팀 직원들의 발언으로 옳지 않은 것은?

	독창성	대중성	개인선호도	총점
시제품 A	5	2	3	10
시제품 B	4	4	4	12
시제품 C	2	5	5	12

① 우리 회사의 핵심가치 중 하나가 창의성 아닙니까? 저는 독창성 점수가 높은 A를 출시해야 한다고 생각합니다.

② 독창성이 높아질수록 총점이 낮아지는 것을 보지 못하십니까? 저는 그 의견에 반대합니다.

③ 무엇보다 현 시점에서 회사의 재정상황을 타개하기 위해서는 대중성을 고려하여 높은 이윤이 날 것으로 보이는 C를 출시해야 하지 않겠습니까?

④ 저도 대중성과 개인선호도가 높은 C를 출시해야 한다고 생각합니다.

⑤ 그럼 독창성과 대중성, 개인선호도 점수가 비슷한 B를 출시하는 것이 어떻겠습니까?

✔해설 ② 시제품 B는 C에 비해 독창성 점수가 2점 높지만 총점은 같다. 따라서 옳지 않은 발언이다.

20~21 다음은 전기요금 계산 안내문이다. 이를 보고 물음에 답하시오.

• 주택용 전력(고압)

기본요금		전력량 요금(원/kW)	
0~200kWh	800	처음 200kWh까지	70
201~400kWh	1,260	다음 200kWh까지	150
401kWh~	6,300	400kWh 초과	215

1) 필수사용량 보장공제 : 200kWh 이하 사용 시 월 2,500원 한도 감액(감액 후 최저요금 1,000원 적용)
2) 슈퍼유저요금 : 7~8월, 12~2월(1,000kWh 초과 전력량 요금은 576kWh 적용)

• 주택용 전력(저압)

기본요금		전력량 요금(원/kW)	
0~200kWh	900	처음 200kWh까지	90
201~400kWh	1,800	다음 200kWh까지	180
401kWh~	7,200	400kWh 초과	280

1) 필수사용량 보장공제 : 200kWh 이하 사용 시 월 4,000원 한도 감액(감액 후 최저요금 1,000원 적용)
2) 슈퍼유저요금 : 7~8월, 12~2월(1,000kWh 초과 전력량 요금은 730kWh 적용)

20 다음 두 전기 사용자인 甲과 乙의 전기요금 합산 금액은?

> 甲 : 주택용 전력 고압 150kWh 사용
> 乙 : 주택용 전력 저압 401kWh 사용

① 69,180원   ② 69,280원
③ 70,080원   ④ 70,180원
⑤ 70,280원

✔ 해설   ㉠ 甲의 기본금 : 800원
전력량 요금 : $70 \times 150 = 10,500$원
200kWh 이하 사용으로 필수사용량 보장공제 해당 : $-2,500$
전기요금 : $800 + 10,500 - 2,500 = 8,800$원
㉡ 乙의 기본금 : 7,200원
전력량 요금 : $200 \times 90 + 200 \times 180 + 280 \times 1 = 54,280$
전기요금 : $7,200 + 54,280 = 61,480$
따라서 甲과 乙의 전기요금 합산 금액은 $8,800 + 61,480 = 70,280$원이다.

21 전기요금 계산 안내문에 대한 설명으로 바르지 않은 것은?

① 고압 주택용 전력을 사용하는 것이 저압 주택용 전력을 사용하는 것보다 저렴하다.
② 동계와 하계에 1,000kWh가 넘는 전력을 사용하면 기본요금과 전력량 요금이 모두 2배 이상 증가한다.
③ 저압전력 사용자가 15kWh를 사용한 경우 1,000원을 납부해야한다.
④ 저압, 고압 전력을 사용하는 경우 슈퍼유저는 1년 중 총 5개월에 해당한다.
⑤ 저압전력 사용자가 1월에 1,025kWh를 사용한 경우 153,600원을 납부해야한다.

✔ 해설   ① 기본요금과 전력량 요금 모두 저압 요금이 고압 요금보다 비싼 기준이 적용된다.
③ $900 + 90 \times 15 = 2,250$원이 되며 필수사용량 보장공제 적용 후 1,000원이 발생한다.
④ $7 \sim 8$월, $12 \sim 2$월로 5개월에 해당한다.
⑤ 1월은 슈퍼유저 기간에 해당하므로 730kWh를 적용하면 $7,200 + 90 \times 200 + 180 \times 200 + 280 \times 330 = 153,600$원이 발생한다.

22 다음은 특보의 종류 및 기준에 관한 자료이다. ㉠과 ㉡의 상황에 어울리는 특보를 올바르게 짝지은 것은?

〈특보의 종류 및 기준〉

종류	주의보	경보
강풍	육상에서 풍속 14m/s 이상 또는 순간풍속 20m/s 이상이 예상될 때. 다만, 산지는 풍속 17m/s 이상 또는 순간풍속 25m/s 이상이 예상될 때	육상에서 풍속 21m/s 이상 또는 순간풍속 26m/s 이상이 예상될 때. 다만, 산지는 풍속 24m/s 이상 또는 순간풍속 30m/s 이상이 예상될 때
호우	6시간 강우량이 70mm 이상 예상되거나 12시간 강우량이 110mm 이상 예상될 때	6시간 강우량이 110mm 이상 예상되거나 12시간 강우량이 180mm 이상 예상될 때
태풍	태풍으로 인하여 강풍, 풍랑, 호우 현상 등이 주의보 기준에 도달할 것으로 예상될 때	태풍으로 인하여 풍속이 17m/s 이상 또는 강우량이 100mm 이상 예상될 때. 다만, 예상되는 바람과 비의 정도에 따라 아래와 같이 세분한다.
폭염	6월~9월에 일최고기온이 33℃ 이상이고, 일최고열지수가 32℃ 이상인 상태가 2일 이상 지속될 것으로 예상될 때	6월~9월에 일최고기온이 35℃ 이상이고, 일최고열지수가 41℃ 이상인 상태가 2일 이상 지속될 것으로 예상될 때

	3급	2급	1급
바람(m/s)	17~24	25~32	33이상
비(mm)	100~249	250~399	400이상

> ㉠ 태풍이 남해안에 상륙하여 울산지역에 270mm의 비와 함께 풍속 26m/s의 바람이 예상된다.
> ㉡ 지리산에 오후 3시에서 오후 9시 사이에 약 130mm의 강우와 함께 순간풍속 28m/s가 예상된다.

	㉠	㉡
①	태풍경보 1급	호우주의보
②	태풍경보 2급	호우경보+강풍주의보
③	태풍주의보	강풍주의보
④	태풍경보 2급	호우경보+강풍경보
⑤	태풍경보 1급	강풍주의보

✔해설 ㉠ : 태풍경보 표를 보면 알 수 있다. 비가 270mm이고 풍속 26m/s에 해당하는 경우는 태풍경보 2급이다.
㉡ : 6시간 강우량이 130mm 이상 예상되므로 호우경보에 해당하며 산지의 경우 순간풍속 28m/s 이상이 예상되므로 강풍주의보에 해당한다.

23 다음은 당신이 얼마 전 한 학술회의에서 배운 비상시 대처요령이다. 이를 토대로 다음과 같은 상황이 벌어졌을 때 대처요령으로 옳은 것은?

상황	대처요령
1. 호흡과 맥박이 정지했어요.	4분 후부터 뇌가 직접 손상되므로 4분 이내에 심폐소생술을 실시한다.
2. 숨은 쉬는데 심장이 뛰지 않아요.	가슴압박(심장마사지)을 실시한다. 가슴압박은 양쪽 젖꼭지 정중앙, 분단 100회 속도, 4~5cm 깊이로 압박한다.
3. 숨도 안 쉬고 심장도 뛰지 않아요.	가슴압박과 인공호흡을 동시에 실시한다. 인공호흡은 입 속 이물질 제거, 턱과 귓불이 수직이 되도록 기도 확보, 코 막기, 가슴압박 30회 → 인공호흡 2회(이후 계속 반복, 10초 이내 가슴압박 재개)
4. 응급처치자가 2명이에요.	가슴압박과 인공호흡을 분담하여 동시에 실시한다.
5. 평소에 심폐소생술을 알아두고 싶어요.	소방방재청 홈페이지에서 심폐소생술 동영상을 다운받아 핸드폰에 저장한다.

> 당신은 신입사원으로 아침 일찍 회사에 출근하기 위해 지하철을 기다리고 있다가 갑자기 한쪽에서 한 남자가 쓰러져 있는 것을 발견하였다. 그 남자는 현재 숨은 쉬는데 심장이 뛰지 않은 상황이다.

① 양쪽 젖꼭지 정중앙에 손을 얹고 분당 100회의 속도와 4~5㎝ 깊이로 가슴압박을 실시한다.
② 다른 사람이 올 때까지 기다렸다가 가슴압박과 인공호흡으로 분담하여 동시에 심폐소생술을 실시한다.
③ 소방방재청 홈페이지에 들어가 심폐소생술 동영상을 다운받아 핸드폰에 저장시킨다.
④ 4분이 지나면 뇌에 직접적으로 손상이 오므로 4분 이내에 심폐소생술을 실시한다.
⑤ 4분 이내에 응급처치를 한 다른 사람을 데려온다.

✔**해설** 현재 남자는 숨은 쉬는데 심장이 뛰지 않는 상황이므로 ①이 가장 적절한 대처요령이다.

신입사원 P씨는 중요한 회의의 자료를 출력하여 인원수에 맞춰 복사를 해두라는 팀장님의 지시를 받았는데 아무리 인쇄를 눌러봐도 프린터에서는 서류가 나오지 않았다. 이 때 서랍 속에서 프린터기의 사용설명서를 찾았다.

프린터 인쇄 문제 해결사

항목	문제	점검사항	조치
A	인쇄 출력 품질이 떨어집니다.	올바른 용지를 사용하고 있습니까?	• 프린터 권장 용지를 사용하면 인쇄 출력 품질이 향상됩니다. • 본 프린터는 ○○용지 또는 △△용지의 사용을 권장합니다.
		프린터기의 상태메뉴에 빨간 불이 들어와 있습니까?	• 프린터기의 잉크 노즐이 오염된 신호입니다. • 잉크 노즐을 청소하십시오.
B	문서가 인쇄되지 않습니다.	인쇄 대기열에 오류 문서가 있습니까?	인쇄 대기열의 오류 문서를 취소하십시오.
		네트워크가 제대로 연결되어 있습니까?	컴퓨터와 프린터의 네트워크 연결을 확인하고 연결하십시오.
		프린터기에 용지 또는 토너가 공급되어 있습니까?	프린터기에 용지 또는 토너를 공급하십시오.
C	프린터의 기능이 일부 작동하지 않습니다.	본사에서 제공하는 드라이버를 사용하고 있습니까?	본사의 홈페이지에서 제공하는 프린터 드라이버를 받아 설치하십시오.
D	인쇄 속도가 느립니다.	인쇄 대기열에 오류 문서가 있습니까?	인쇄 대기열의 오류 문서를 취소하십시오.
		인쇄하려는 파일에 많은 메모리가 필요합니까?	하드 디스크의 사용 가능한 공간의 양을 늘려보십시오.

24 신입사원 P씨가 확인해야 할 항목은 무엇인가?

① A   ② B

③ C   ④ D

⑤ 없다.

✔ **해설** 현재 인쇄가 전혀 되지 않으므로 B항목 "문서가 인쇄되지 않습니다."를 확인해야 한다.

25 다음 중 신입사원 P씨가 확인하지 않아도 되는 것은?

① 인쇄 대기열에 오류 문서가 있는지 확인한다.

② 네트워크가 제대로 연결되어 있는지 확인한다.

③ 프린터기에 토너가 공급되어 있는지 확인한다.

④ 올바른 용지를 사용하고 있는지 확인한다.

⑤ 프린터기에 용지가 공급되어 있는지 확인한다.

✔ **해설** B항목의 점검사항만 확인하면 되므로 용지의 종류는 확인하지 않아도 된다.

26 G회사에 근무하는 박과장과 김과장은 점심시간을 이용해 과녁 맞추기를 하였다. 다음 〈조건〉에 근거하여 〈점수표〉의 빈칸을 채울 때 박과장과 김과장의 최종점수가 될 수 있는 것은?

〈조건〉
- 과녁에는 0점, 3점, 5점이 그려져 있다.
- 박과장과 김과장은 각각 10개의 화살을 쏘았고, 0점을 맞힌 화살의 개수만 〈점수표〉에 기록이 되어 있다.
- 최종 점수는 각 화살이 맞힌 점수의 합으로 한다.
- 박과장과 김과장이 쏜 화살 중에는 과녁 밖으로 날아간 화살은 없다.
- 박과장과 김과장이 5점을 맞힌 화살의 개수는 동일하다.

〈점수표〉

점수	박과장의 화살 수	김과장의 화살 수
0점	3	2
3점		
5점		

	박과장의 최종점수	김과장의 최종점수
①	25	29
②	26	29
③	27	30
④	28	30
⑤	29	30

✔해설 5점을 맞힌 화살의 개수가 동일하다고 했으므로 5점의 개수에 따라 점수를 정리하면 다음과 같다.

	1개	2개	3개	4개	5개	6개	7개
박과장	5+18=23	10+15=25	15+12=27	20+9=29	25+6=31	30+3=33	35+0=35
김과장	5+21=26	10+18=28	15+15=30	20+12=32	25+9=34	30+6=36	35+3=38

27 다음 〈조건〉에 따를 때 바나나우유를 구매한 사람을 바르게 짝지은 것은?

〈조건〉

- 남은 우유는 10개이며, 흰우유, 초코우유, 바나나우유, 딸기우유, 커피우유 각각 두 개 씩 남아 있다.
- 독미, 민희, 영진, 호섭 네 사람이 남은 열 개의 우유를 모두 구매하였으며, 이들이 구매한 우유의 수는 모두 다르다.
- 우유를 전혀 구매하지 않은 사람은 없으며, 같은 종류의 우유를 두 개 구매한 사람도 없다.
- 독미와 영진이가 구매한 우유 중에 같은 종류가 하나 있다.
- 영진이와 민희가 구매한 우유 중에 같은 종류가 하나 있다.
- 독미와 민희가 동시에 구매한 우유의 종류는 두 가지이다.
- 독미는 딸기우유와 바나나우유는 구매하지 않았다.
- 영진이는 흰우유와 커피우유는 구매하지 않았다.
- 호섭이는 딸기우유를 구매했다.
- 민희는 총 네 종류의 우유를 구매했다.

① 민희, 호섭　　　　　　　　　　② 독미, 영진

③ 민희, 영진　　　　　　　　　　④ 영진, 호섭

⑤ 독미, 민희

> ✔해설　독미는 민희와 같은 종류의 우유를 2개 구매하였고, 영진이와도 같은 종류의 우유를 하나 구매하였다. 따라서 독미는 우유를 3개 이상을 구매하게 되는데 딸기우유와 바나나우유를 구매하지 않았다고 했으므로 흰우유, 초코우유, 커피우유를 구매했다. 독미와 영진이가 구매한 우유 중에 같은 종류가 하나 있다고 하였고 영진이가 흰우유와 커피우유를 구매하지 않았다고 하였으므로 영진이는 초코우유를 구매했다. 이로서 초코우유는 독미와 영진이가 구매하였고, 민희는 4종류의 우유를 구매했다고 했으므로 초코우유를 제외한 흰우유, 바나나우유, 딸기우유, 커피우유를 구매하였다. 민희와 영진이가 구매한 우유 중에 같은 종류가 하나 있다고 하였는데 그 우유가 바나나우유이다. 따라서 바나나우유를 구매한 사람은 민희와 영진이다.

28 다음은 공공기관을 구분하는 기준이다. 다음 규정에 따라 각 기관을 구분한 결과가 옳지 않은 것은?

〈공공기관의 구분〉

제00조 제1항

공공기관을 공기업·준정부기관과 기타공공기관으로 구분하여 지정한다. 직원 정원이 50인 이상인 공공기관은 공기업 또는 준정부기관으로, 그 외에는 기타공공기관으로 지정한다.

제00조 제2항

제1항의 규정에 따라 공기업과 준정부기관을 지정하는 경우 자체수입액이 총수입액의 2분의 1 이상인 기관은 공기업으로, 그 외에는 준정부기관으로 지정한다.

제00조 제3항

제1항 및 제2항의 규정에 따른 공기업을 다음의 구분에 따라 세분하여 지정한다.
• 시장형 공기업 : 자산규모가 2조 원 이상이고, 총 수입액 중 자체수입액이 100분의 85 이상인 공기업
• 준시장형 공기업 : 시장형 공기업이 아닌 공기업

〈공공기관의 현황〉

공공기관	직원 정원	자산규모	자체수입비율
A	70명	4조 원	90%
B	45명	2조 원	50%
C	65명	1조 원	55%
D	60명	1.5조 원	45%
E	40명	2조 원	60%

※ 자체수입비율 : 총 수입액 대비 자체수입액 비율

① A – 시장형 공기업
② B – 기타공공기관
③ C – 준정부기관
④ D – 준정부기관
⑤ E – 기타공공기관

✔해설 ③ C는 정원이 50명이 넘으므로 기타공공기관이 아니며, 자체수입비율이 55%이므로 자체수입액이 총수입액의 2분의 1 이상이기 때문에 공기업이다. 시장형 공기업 조건에 해당하지 않으므로 C는 준시장형 공기업이다.

29 다음 〈쓰레기 분리배출 규정〉을 준수한 것은?

〈쓰레기 분리배출 규정〉

• 배출 시간 : 수거 전날 저녁 7시~수거 당일 새벽 3시까지(월요일~토요일에만 수거함)
• 배출 장소 : 내 집 앞, 내 점포 앞
• 쓰레기별 분리배출 방법
  – 일반 쓰레기 : 쓰레기 종량제 봉투에 담아 배출
  – 음식물 쓰레기 : 단독주택의 경우 수분 제거 후 음식물 쓰레기 종량제 봉투에 담아서, 공동주택의
   경우 음식물 전용용기에 담아서 배출
  – 재활용 쓰레기 : 종류별로 분리하여 투명 비닐봉투에 담아 묶어서 배출
    ① 1종(병류)
    ② 2종(캔, 플라스틱, 페트병 등)
    ③ 3종(폐비닐류, 과자 봉지, 1회용 봉투 등)
     ※ 1종과 2종의 경우 뚜껑을 제거하고 내용물을 비운 후 배출
     ※ 종이류 / 박스 / 스티로폼은 각각 별도로 묶어서 배출
  – 폐가전 · 폐가구 : 폐기물 스티커를 부착하여 배출
• 종량제 봉투 및 폐기물 스티커 구입 : 봉투판매소

① 甲은 토요일 저녁 8시에 일반 쓰레기를 쓰레기 종량제 봉투에 담아 자신의 집 앞에 배출하였다.
② 공동주택에 사는 乙은 먹다 남은 찌개를 그대로 음식물 쓰레기 종량제 봉투에 담아 주택 앞에 배출하였다.
③ 丙은 투명 비닐봉투에 캔과 스티로폼을 함께 담아 자신의 집 앞에 배출하였다.
④ 戊는 집에서 쓰던 냉장고를 버리기 위해 폐기물 스티커를 구입 후 부착하여 월요일 저녁 9시에 자신의 집 앞에 배출하였다.
⑤ 丁은 금요일 낮 3시에 병과 플라스틱을 분리하여 투명 비닐봉투에 담아 묶어서 배출하였다.

✔ **해설** ① 배출 시간은 수거 전날 저녁 7시부터 수거 당일 새벽 3시까지인데 일요일은 수거하지 않으므로 토요일 저녁 8시에 쓰레기를 내놓은 甲은 규정을 준수했다고 볼 수 없다.
② 공동주택에서 음식물 쓰레기를 배출할 경우 음식물 전용용기에 담아서 배출해야 한다.
③ 스티로폼은 별도로 묶어서 배출해야 하는 품목이다.
⑤ 저녁 7시부터 새벽 3시까지 배출해야 한다.

30 다음 내용을 바탕으로 예측한 내용으로 옳은 것은?

> 사회통합프로그램이란 국내 이민자가 법무부장관이 정하는 소정의 교육과정을 이수하도록 하여 건전한 사회구성원으로 적응·자립할 수 있도록 지원하고 국적취득, 체류허가 등에 있어서 편의를 주는 제도이다. 프로그램의 참여대상은 대한민국에 체류하고 있는 결혼이민자 및 일반이민자(동포, 외국인근로자, 유학생, 난민 등)이다. 사회통합프로그램의 교육과정은 '한국어과정'과 '한국사회이해과정'으로 구성된다. 신청자는 우선 한국어능력에 대한 사전평가를 받고, 그 평가점수에 따라 한국어과정 또는 한국사회이해과정에 배정된다.
>
> 일반이민자로서 참여를 신청한 자는 사전평가 점수에 의해 배정된 단계로부터 6단계까지 순차적으로 교육과정을 이수하여야 한다. 한편 결혼이민자로서 참여를 신청한 자는 4~5단계를 면제받는다. 예를 들어 한국어과정 2단계를 배정받은 결혼이민자는 3단계까지 완료한 후 바로 6단계로 진입한다. 다만 결혼이민자의 한국어능력 강화를 위하여 2013년 1월 1일부터 신청한 결혼이민자에 대해서는 한국어과정 면제제도를 폐지하여 일반이민자와 동일하게 프로그램을 운영한다.

〈과정 및 이수시간(2012년 12월 기준)〉

구분		1단계	2단계	3단계	4단계	5단계	6단계
과정		한국어					한국사회 이해
		기초	초급 1	초급 2	중급 1	중급 2	
이수시간		15시간	100시간	100시간	100시간	100시간	50시간
사전평가 점수	일반 이민자	0~10점	11~29점	30~49점	50~69점	70~89점	90~100점
	결혼 이민자	0~10점	11~29점	30~49점	면제		50~100점

① 2012년 12월에 사회통합프로그램을 신청한 결혼이민자 A는 한국어과정을 최소 100시간 이수하여야 한다.

② 2013년 1월에 사회통합프로그램을 신청하여 사전평가에서 95점을 받은 외국인근로자 B는 한국어과정을 이수하여야 한다.

③ 난민 인정을 받은 후 2012년 11월에 사회통합프로그램을 신청한 C는 한국어과정과 한국사회이해과정을 동시에 이수할 수 있다.

④ 2013년 2월에 사회통합프로그램 참여를 신청한 결혼이민자 D는 한국어과정 3단계를 완료한 직후 한국사회이해과정을 이수하면 된다.

⑤ 2012년 12월에 사회통합프로그램을 신청하여 사전평가에서 77점을 받은 유학생 E는 사회통합프로그램 교육과정을 총 150시간 이수하여야 한다.

① 2012년 12월에 사회통합프로그램을 신청한 결혼이민자 A는 사전평가 점수에 따라 한국어과정이 면제될 수 있다.

② 2013년 1월에 사회통합프로그램을 신청하여 사전평가에서 95점을 받은 외국인근로자 B는 한국사회이해과정을 이수하여야 한다.

③ 일반이민자로서 참여를 신청한 자는 사전평가 점수에 의해 배정된 단계로부터 6단계까지 순차적으로 교육과정을 이수하여야 한다고 언급하고 있다.

④ 2013년 1월 1일부터 신청한 결혼이민자에 대해서는 한국어과정 면제제도를 폐지하여 일반이민자와 동일하게 프로그램을 운영한다고 하였으므로 D는 한국어과정 3단계 완료 후 4, 5단계를 완료해야 6단계를 이수할 수 있다.

Chapter 04 수리능력

1 직장생활과 수리능력

(1) 기초직업능력으로서의 수리능력

① 개념 : 직장생활에서 요구되는 사칙연산과 기초적인 통계를 이해하고 도표의 의미를 파악하거나 도표를 이용해서 결과를 효과적으로 제시하는 능력을 말한다.

② 수리능력은 크게 기초연산능력, 기초통계능력, 도표분석능력, 도표작성능력으로 구성된다.

    ㉠ 기초연산능력 : 직장생활에서 필요한 기초적인 사칙연산과 계산방법을 이해하고 활용할 수 있는 능력

    ㉡ 기초통계능력 : 평균, 합계, 빈도 등 직장생활에서 자주 사용되는 기초적인 통계기법을 활용하여 자료의 특성과 경향성을 파악하는 능력

    ㉢ 도표분석능력 : 그래프, 그림 등 도표의 의미를 파악하고 필요한 정보를 해석하는 능력

    ㉣ 도표작성능력 : 도표를 이용하여 결과를 효과적으로 제시하는 능력

(2) 업무수행에서 수리능력이 활용되는 경우

① 업무상 계산을 수행하고 결과를 정리하는 경우

② 업무비용을 측정하는 경우

③ 고객과 소비자의 정보를 조사하고 결과를 종합하는 경우

④ 조직의 예산안을 작성하는 경우

⑤ 업무수행 경비를 제시해야 하는 경우

⑥ 다른 상품과 가격비교를 하는 경우

⑦ 연간 상품 판매실적을 제시하는 경우

⑧ 업무비용을 다른 조직과 비교해야 하는 경우

⑨ 상품판매를 위한 지역조사를 실시해야 하는 경우

⑩ 업무수행과정에서 도표로 주어진 자료를 해석하는 경우

⑪ 도표로 제시된 업무비용을 측정하는 경우

예제 1

다음 자료를 보고 주어진 상황에 대한 물음에 답하시오.

〈근로소득에 대한 간이 세액표〉

월 급여액(천 원) [비과세 및 학자금 제외]		공제대상 가족 수				
이상	미만	1	2	3	4	5
2,500	2,520	38,960	29,280	16,940	13,570	10,190
2,520	2,540	40,670	29,960	17,360	13,990	10,610
2,540	2,560	42,380	30,640	17,790	14,410	11,040
2,560	2,580	44,090	31,330	18,210	14,840	11,460
2,580	2,600	45,800	32,680	18,640	15,260	11,890
2,600	2,620	47,520	34,390	19,240	15,680	12,310
2,620	2,640	49,230	36,100	19,900	16,110	12,730
2,640	2,660	50,940	37,810	20,560	16,530	13,160
2,660	2,680	52,650	39,530	21,220	16,960	13,580
2,680	2,700	54,360	41,240	21,880	17,380	14,010
2,700	2,720	56,070	42,950	22,540	17,800	14,430
2,720	2,740	57,780	44,660	23,200	18,230	14,850
2,740	2,760	59,500	46,370	23,860	18,650	15,280

※ 갑근세는 제시되어 있는 간이 세액표에 따름
※ 주민세＝갑근세의 10%
※ 국민연금＝급여액의 4.50%
※ 고용보험＝국민연금의 10%
※ 건강보험＝급여액의 2.90%
※ 교육지원금＝분기별 100,000원(매 분기별 첫 달에 지급)

박○○ 사원의 5월 급여내역이 다음과 같고 전월과 동일하게 근무하였으나, 특별수당은 없고 차량지원금으로 100,000원을 받게 된다면, 6월에 받게 되는 급여는 얼마인가? (단, 원 단위 절삭)

(주) 서원플랜테크 5월 급여내역			
성명	박○○	지급일	5월 12일
기본급여	2,240,000	갑근세	39,530
직무수당	400,000	주민세	3,950
명절 상여금		고용보험	11,970
특별수당	20,000	국민연금	119,700
차량지원금		건강보험	77,140
교육지원		기타	
급여계	2,660,000	공제합계	252,290
		지급총액	2,407,710

① 2,443,910
② 2,453,910
③ 2,463,910
④ 2,473,910

출제의도

업무상 계산을 수행하거나 결과를 정리하고 업무비용을 측정하는 능력을 평가하기 위한 문제로서, 주어진 자료에서 문제를 해결하는 데에 필요한 부분을 빠르고 정확하게 찾아내는 것이 중요하다.

해 설

기본 급여	2,240,000	갑근세	46,370
직무 수당	400,000	주민세	4,630
명절 상여금		고용 보험	12,330
특별 수당		국민 연금	123,300
차량 지원금	100,000	건강 보험	79,460
교육 지원		기타	
급여계	2,740,000	공제 합계	266,090
		지급 총액	2,473,910

답 ④

(3) 수리능력의 중요성

① 수학적 사고를 통한 문제해결

② 직업세계의 변화에의 적응

③ 실용적 가치의 구현

(4) 단위환산표

구분	단위환산
길이	1cm = 10mm, 1m = 100cm, 1km = 1,000m
넓이	1cm² = 100mm², 1m² = 10,000cm², 1km² = 1,000,000m²
부피	1cm³ = 1,000mm³, 1m³ = 1,000,000cm³, 1km³ = 1,000,000,000m³
들이	1mℓ = 1cm³, 1dℓ = 100cm³, 1L = 1,000cm³ = 10dℓ
무게	1kg = 1,000g, 1t = 1,000kg = 1,000,000g
시간	1분 = 60초, 1시간 = 60분 = 3,600초
할푼리	1푼 = 0.1할, 1리 = 0.01할, 1모 = 0.001할

예제 2
둘레의 길이가 4.4km인 정사각형 모양의 공원이 있다. 이 공원의 넓이는 몇 a인가?

① 12,100a

② 1,210a

③ 121a

④ 12.1a

출제의도
길이, 넓이, 부피, 들이, 무게, 시간, 속도 등 단위에 대한 기본적인 환산 능력을 평가하는 문제로서, 소수점 계산이 필요하며, 자릿수를 읽고 구분할 줄 알아야 한다.

해 설
공원의 한 변의 길이는
$4.4 \div 4 = 1.1(km)$ 이고
$1km^2 = 10000a$ 이므로
공원의 넓이는
$1.1km \times 1.1km = 1.21km^2 = 12100a$

답 ①

2 수리능력을 구성하는 하위능력

(1) 기초연산능력

① 사칙연산 : 수에 관한 덧셈, 뺄셈, 곱셈, 나눗셈의 네 종류의 계산법으로 업무를 원활하게 수행하기 위해서는 기본적인 사칙연산뿐만 아니라 다단계의 복잡한 사칙연산까지도 수행할 수 있어야 한다.

② 검산 : 연산의 결과를 확인하는 과정으로 대표적인 검산방법으로 역연산과 구거법이 있다.

    ㉠ 역연산 : 덧셈은 뺄셈으로, 뺄셈은 덧셈으로, 곱셈은 나눗셈으로, 나눗셈은 곱셈으로 확인하는 방법이다.

    ㉡ 구거법 : 원래의 수와 각 자리 수의 합이 9로 나눈 나머지가 같다는 원리를 이용한 것으로 9를 버리고 남은 수로 계산하는 것이다.

예제 3

다음 식을 바르게 계산한 것은?

$$1 + \frac{2}{3} + \frac{1}{2} - \frac{3}{4}$$

① $\frac{13}{12}$ ② $\frac{15}{12}$

③ $\frac{17}{12}$ ④ $\frac{19}{12}$

출제의도

직장생활에서 필요한 기초적인 사칙연산과 계산방법을 이해하고 활용할 수 있는 능력을 평가하는 문제로서, 분수의 계산과 통분에 대한 기본적인 이해가 필요하다.

해 설

$$\frac{12}{12} + \frac{8}{12} + \frac{6}{12} - \frac{9}{12} = \frac{17}{12}$$

답 ③

---

(2) 기초통계능력

① 업무수행과 통계

    ㉠ 통계의 의미 : 통계란 집단현상에 대한 구체적인 양적 기술을 반영하는 숫자이다.

    ㉡ 업무수행에 통계를 활용함으로써 얻을 수 있는 이점

- 많은 수량적 자료를 처리가능하고 쉽게 이해할 수 있는 형태로 축소
- 표본을 통해 연구대상 집단의 특성을 유추
- 의사결정의 보조수단
- 관찰 가능한 자료를 통해 논리적으로 결론을 추출 · 검증

ⓒ 기본적인 통계치

- 빈도와 빈도분포 : 빈도란 어떤 사건이 일어나거나 증상이 나타나는 정도를 의미하며, 빈도분포란 빈도를 표나 그래프로 종합적으로 표시하는 것이다.
- 평균 : 모든 사례의 수치를 합한 후 총 사례 수로 나눈 값이다.
- 백분율 : 전체의 수량을 100으로 하여 생각하는 수량이 그중 몇이 되는가를 퍼센트로 나타낸 것이다.

② 통계기법

㉠ 범위와 평균

- 범위 : 분포의 흩어진 정도를 가장 간단히 알아보는 방법으로 최곳값에서 최젓값을 뺀 값을 의미한다.
- 평균 : 집단의 특성을 요약하기 위해 가장 자주 활용하는 값으로 모든 사례의 수치를 합한 후 총 사례 수로 나눈 값이다.
- 관찰값이 1, 3, 5, 7, 9일 경우 범위는 $9 - 1 = 8$이 되고, 평균은 $\dfrac{1+3+5+7+9}{5} = 5$가 된다.

㉡ 분산과 표준편차

- 분산 : 관찰값의 흩어진 정도로, 각 관찰값과 평균값의 차의 제곱의 평균이다.
- 표준편차 : 평균으로부터 얼마나 떨어져 있는가를 나타내는 개념으로 분산값의 제곱근 값이다.
- 관찰값이 1, 2, 3이고 평균이 2인 집단의 분산은 $\dfrac{(1-2)^2 + (2-2)^2 + (3-2)^2}{3} = \dfrac{2}{3}$이고 표준편차는 분산값의 제곱근 값인 $\sqrt{\dfrac{2}{3}}$이다.

③ 통계자료의 해석

㉠ 다섯숫자요약

- 최솟값 : 원자료 중 값의 크기가 가장 작은 값
- 최댓값 : 원자료 중 값의 크기가 가장 큰 값
- 중앙값 : 최솟값부터 최댓값까지 크기에 의하여 배열했을 때 중앙에 위치하는 사례의 값
- 하위 25%값·상위 25%값 : 원자료를 크기 순으로 배열하여 4등분한 값

㉡ 평균값과 중앙값 : 평균값과 중앙값은 그 개념이 다르기 때문에 명확하게 제시해야 한다.

예제 4

인터넷 쇼핑몰에서 회원가입을 하고 디지털캠코더를 구매하려고 한다. 다음은 구입하고자 하는 모델에 대하여 인터넷 쇼핑몰 세 곳의 가격과 조건을 제시한 표이다. 표에 있는 모든 혜택을 적용하였을 때 디지털캠코더의 배송비를 포함한 실제 구매가격을 바르게 비교한 것은?

구분	A 쇼핑몰	B 쇼핑몰	C 쇼핑몰
정상가격	129,000원	131,000원	130,000원
회원혜택	7,000원 할인	3,500원 할인	7% 할인
할인쿠폰	5% 쿠폰	3% 쿠폰	5,000원
중복할인여부	불가	가능	불가
배송비	2,000원	무료	2,500원

① A<B<C
② B<C<A
③ C<A<B
④ C<B<A

출제의도

직장생활에서 자주 사용되는 기초적인 통계기법을 활용하여 자료의 특성과 경향성을 파악하는 능력이 요구되는 문제이다.

해 설

㉠ A 쇼핑몰
- 회원혜택을 선택한 경우 : $129,000 - 7,000 + 2,000 = 124,000$(원)
- 5% 할인쿠폰을 선택한 경우 : $129,000 \times 0.95 + 2,000 = 124,550$

㉡ B 쇼핑몰 : $131,000 \times 0.97 - 3,500 = 123,570$

㉢ C 쇼핑몰
- 회원혜택을 선택한 경우 : $130,000 \times 0.93 + 2,500 = 123,400$
- 5,000원 할인쿠폰을 선택한 경우 : $130,000 - 5,000 + 2,500 = 127,500$

∴ C<B<A

답 ④

(3) 도표분석능력

① 도표의 종류

㉠ 목적별 : 관리(계획 및 통제), 해설(분석), 보고

㉡ 용도별 : 경과 그래프, 내역 그래프, 비교 그래프, 분포 그래프, 상관 그래프, 계산 그래프

㉢ 형상별 : 선 그래프, 막대 그래프, 원 그래프, 점 그래프, 층별 그래프, 레이더 차트

② 도표의 활용

㉠ 선 그래프

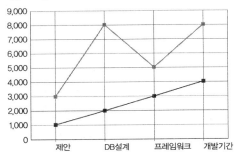

- 주로 시간의 경과에 따라 수량에 의한 변화 상황(시계열 변화)을 절선의 기울기로 나타내는 그래프이다.
- 경과, 비교, 분포를 비롯하여 상관관계 등을 나타낼 때 쓰인다.

㉡ 막대 그래프

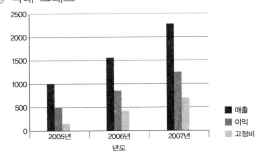

- 비교하고자 하는 수량을 막대 길이로 표시하고 그 길이를 통해 수량 간의 대소관계를 나타내는 그래프이다.
- 내역, 비교, 경과, 도수 등을 표시하는 용도로 쓰인다.

㉢ 원 그래프

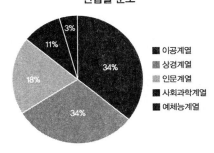

- 내역이나 내용의 구성비를 원을 분할하여 나타낸 그래프이다.
- 전체에 대해 부분이 차지하는 비율을 표시하는 용도로 쓰인다.

ⓐ 점 그래프

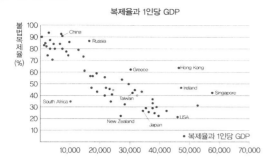

복제율과 1인당 GDP

- 종축과 횡축에 2요소를 두고 보고자 하는 것이 어떤 위치에 있는가를 나타내는 그래프이다.
- 지역분포를 비롯하여 도시, 기방, 기업, 상품 등의 평가나 위치·성격을 표시하는데 쓰인다.

ⓜ 증별 그래프

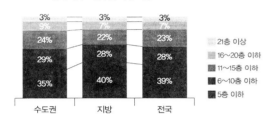

전국 아파트 층수별 거래 비중

- 선 그래프의 변형으로 연속내역 봉 그래프라고 할 수 있다. 선과 선 사이의 크기로 데이터 변화를 나타낸다.
- 합계와 부분의 크기를 백분율로 나타내고 시간적 변화를 보고자 할 때나 합계와 각 부분의 크기를 실수로 나타내고 시간적 변화를 보고자 할 때 쓰인다.

ⓑ 레이더 차트(거미줄 그래프)

- 원 그래프의 일종으로 비교하는 수량을 직경, 또는 반경으로 나누어 원의 중심에서의 거리에 따라 각 수량의 관계를 나타내는 그래프이다.
- 비교하거나 경과를 나타내는 용도로 쓰인다.

③ 도표 해석상의 유의사항

    ㉠ 요구되는 지식의 수준을 넓힌다.

    ㉡ 도표에 제시된 자료의 의미를 정확히 숙지한다.

    ㉢ 도표로부터 알 수 있는 것과 없는 것을 구별한다.

    ㉣ 총량의 증가와 비율의 증가를 구분한다.

    ㉤ 백분위수와 사분위수를 정확히 이해하고 있어야 한다.

예제 5

다음 표는 2024 ~ 2025년 지역별 직장인들의 자기개발에 관해 조사한 내용을 정리한 것이다. 이에 대한 분석으로 옳은 것은?

(단위 : %)

연도 구분 지역	2024				2025			
	자기 개발 하고 있음	자기개발 비용 부담 주체			자기 개발 하고 있음	자기개발 비용 부담 주체		
		직장 100%	본인 100%	직장50% + 본인50%		직장 100%	본인 100%	직장50% + 본인50%
충청도	36.8	8.5	88.5	3.1	45.9	9.0	65.5	24.5
제주도	57.4	8.3	89.1	2.9	68.5	7.9	68.3	23.8
경기도	58.2	12	86.3	2.6	71.0	7.5	74.0	18.5
서울시	60.6	13.4	84.2	2.4	72.7	11.0	73.7	15.3
경상도	40.5	10.7	86.1	3.2	51.0	13.6	74.9	11.6

① 2024년과 2025년 모두 자기개발 비용을 본인이 100% 부담하는 사람의 수는 응답자의 절반 이상이다.

② 자기개발을 하고 있다고 응답한 사람의 수는 2024년과 2025년 모두 서울시가 가장 많다.

③ 자기개발 비용을 직장과 본인이 각각 절반씩 부담하는 사람의 비율은 2024년과 2025년 모두 서울시가 가장 높다.

④ 2024년과 2025년 모두 자기개발을 하고 있다고 응답한 비율이 가장 높은 지역에서 자기개발비용을 직장이 100% 부담한다고 응답한 사람의 비율이 가장 높다.

출제의도

그래프, 그림, 도표 등 주어진 자료를 이해하고 의미를 파악하여 필요한 정보를 해석하는 능력을 평가하는 문제이다.

해 설

② 지역별 인원수가 제시되어 있지 않으므로, 각 지역별 응답자 수는 알 수 없다.

③ 2024년에는 경상도에서, 2025년에는 충청도에서 가장 높은 비율을 보인다.

④ 2024년과 2025년 모두 '자기 개발을 하고 있다'고 응답한 비율이 가장 높은 지역은 서울시이며, 2025년의 경우 자기개발 비용을 직장이 100% 부담한다고 응답한 사람의 비율이 가장 높은 지역은 경상도이다.

답 ①

(4) **도표작성능력**

① 도표작성 절차

  ㉠ 어떠한 도표로 작성할 것인지를 결정

  ㉡ 가로축과 세로축에 나타낼 것을 결정

  ㉢ 한 눈금의 크기를 결정

  ㉣ 자료의 내용을 가로축과 세로축이 만나는 곳에 표현

  ㉤ 표현한 점들을 선분으로 연결

  ㉥ 도표의 제목을 표기

② 도표작성 시 유의사항

  ㉠ 선 그래프 작성 시 유의점

  • 세로축에 수량, 가로축에 명칭구분을 제시한다.

  • 선의 높이에 따라 수치를 파악하는 경우가 많으므로 세로축의 눈금을 가로축보다 크게 하는 것이 효과적이다.

  • 선이 두 종류 이상일 경우 반드시 그 명칭을 기입한다.

  ㉡ 막대 그래프 작성 시 유의점

  • 막대 수가 많을 경우에는 눈금선을 기입하는 것이 알아보기 쉽다.

  • 막대의 폭은 모두 같게 하여야 한다.

  ㉢ 원 그래프 작성 시 유의점

  • 정각 12시의 선을 기점으로 오른쪽으로 그리는 것이 보통이다.

  • 분할선은 구성비율이 큰 순서로 그린다.

  ㉣ 층별 그래프 작성 시 유의점

  • 눈금은 선 그래프나 막대 그래프보다 적게 하고 눈금선은 넣지 않는다.

  • 층별로 색이나 모양이 완전히 다른 것이어야 한다.

  • 같은 항목은 옆에 있는 층과 선으로 연결하여 보기 쉽도록 한다.

출 제 예 상 문 제

1 A씨는 30% 할인 행사 중인 백화점에 갔다. 매장에 도착하니 당일 구매물품의 정가 총액에 따라 아래의 〈혜택〉 중 하나를 택할 수 있다고 한다. 정가 10만원짜리 상의와 15만원짜리 하의를 구입하고자 한다. 옷을 하나 이상 구입하여 일정 혜택을 받고 교통비를 포함해 총비용을 계산할 때, 〈보기〉의 설명 중 옳은 것을 모두 고르면? (단, 1회 왕복교통비는 5천원이고, 소요시간 등 기타사항은 금액으로 환산하지 않는다)

〈혜택〉
- 추가할인 : 정가 총액이 20만 원 이상이면, 할인된 가격의 5%를 추가로 할인
- 할인쿠폰 : 정가 총액이 10만 원 이상이면, 세일기간이 아닌 기간에 사용할 수 있는 40% 할인권 제공

〈보기〉
㉠ 오늘 상·하의를 모두 구입하는 것이 가장 싸게 구입하는 방법이다.
㉡ 상·하의를 가장 싸게 구입하면 17만 원 미만의 비용이 소요된다.
㉢ 상·하의를 가장 싸게 구입하는 경우와 가장 비싸게 구입하는 경우의 비용 차이는 1회 왕복 교통비 이상이다.
㉣ 오늘 하의를 구입하고, 세일기간이 아닌 기간에 상의를 구입하면 17만 5천 원이 든다.

① ㉠㉡
② ㉠㉢
③ ㉡㉢
④ ㉢㉣
⑤ ㉡㉢㉣

✔ 해설 갑씨가 선택할 수 있는 방법은 총 세 가지이다.
- 오늘 상·하의를 모두 구입하는 방법(추가할인적용)
  $(250,000 \times 0.7) \times 0.95 + 5,000 = 171,250$(원)
- 오늘 상의를 구입하고, 세일기간이 아닌 기간에 하의를 구입하는 방법(할인쿠폰사용)
  $(100,000 \times 0.7) + (150,000 \times 0.6) + 10,000 = 170,000$(원)
- 오늘 하의를 구입하고, 세일기간이 아닌 기간에 상의를 구입하는 방법(할인쿠폰사용)
  $(150,000 \times 0.7) + (100,000 \times 0.6) + 10,000 = 175,000$(원)
∴ ㉠ 가장 싸게 구입하는 방법은 오늘 상의를 구입하고, 세일기간이 아닌 기간에 하의를 구입하는 것이다.
  ㉡ 상·하의를 가장 싸게 구입하면 17만 원의 비용이 소요된다.

2 다음은 건축물별 면적에 관한 자료이고, 기록하는 과정에서 오류가 발견되어 자료를 다시 수정해야 한다. 해당 자료를 수정했을 때, 7개 건축물 면적의 평균은?

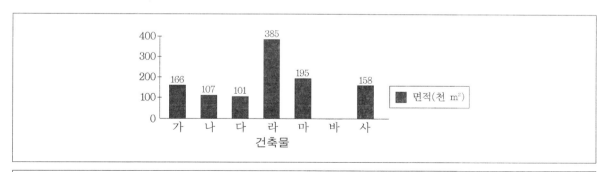

〈오류〉

㉠ '나'의 면적은 '다'와 동일하다.

㉡ '라'의 면적은 실제보다 '나'의 면적의 2배 값이 더해졌다.

㉢ '바'의 면적은 '가', '나', '다'의 면적 합보다 22(천 m²)이 크다.

① 143.1(천 m²) 　　　　② 157.8(천 m²)

③ 168.2(천 m²) 　　　　④ 175.6(천 m²)

⑤ 184.9(천 m²)

✔ 해설 ㉠ 오류를 바로 잡으면,
- '나'의 면적은 '다'와 동일하다.
  ∴ '나'의 면적=101(천 m²)
- '라'의 면적은 실제보다 '나'의 면적의 2배 값이 더해졌다.
  ∴ '라'의 면적=$385-2\times101=183$(천 m²)
- '바'의 면적은 '가', '나', '다'의 면적 합보다 22(천 m²)이 크다.
  ∴ '바'의 면적=$166+101+101+22=390$(천 m²)

㉡ 따라서 7개 건축물 면적의 평균은 $\dfrac{166+101+101+183+195+390+158}{7}\fallingdotseq184.9$(천 m²)

※ 수정된 자료

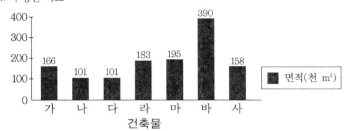

3 지헌이는 생활이 어려워 수집했던 고가의 피규어를 인터넷 경매를 통해 판매하려고 한다. 경매 방식과 규칙, 예상 응찰 현황이 다음과 같을 때, 경매 결과를 바르게 예측한 것은?

- 경매 방식 : 각 상품은 따로 경매하거나 묶어서 경매
- 경매 규칙
  - 낙찰자 : 최고가로 입찰한 자
  - 낙찰가 : 두 번째로 높은 입찰가
  - 두 상품을 묶어서 경매할 경우 낙찰가의 5%를 할인해 준다.
  - 입찰자는 낙찰가의 총액이 100,000원을 초과할 경우 구매를 포기한다.
- 예상 응찰 현황

입찰자	A 입찰가	B 입찰가	합계
甲	20,000	50,000	70,000
乙	30,000	40,000	70,000
丙	40,000	70,000	110,000
丁	50,000	30,000	80,000
戊	90,000	10,000	100,000
己	40,000	80,000	120,000
庚	10,000	20,000	30,000
辛	30,000	10,000	40,000

① 두 상품을 묶어서 경매한다면 낙찰자는 己이다.

② 경매 방식에 상관없이 지헌이의 예상 수입은 동일하다.

③ 두 상품을 따로 경매한다면 얻는 수입은 120,000원이다.

④ 두 상품을 따로 경매한다면 A의 낙찰자는 丁이다.

⑤ 낙찰가의 총액이 100,000원이 넘을 경우 낙찰받기 유리하다.

> ✔해설 ③ 두 상품을 따로 경매한다면 A는 戊에게 50,000원에, B는 己에게 70,000원에 낙찰되므로 얻는 수입은 120,000원이다.
> ① 두 상품을 묶어서 경매한다면 최고가 입찰자는 己이다. 己가 낙찰 받는 금액은 110,000원으로 5% 할인을 해주어도 그 금액이 100,000원이 넘는다. 입찰자는 낙찰가의 총액이 100,000원을 초과할 경우 구매를 포기한다는 조건에 의해 己는 구매를 포기하게 되므로 낙찰자는 丙이 된다.
> ② 지헌이가 얻을 수 있는 예상 수입은 두 상품을 따로 경매할 경우 120,000원, 두 상품을 묶어서 경매할 경우 95,000원으로 동일하지 않다.
> ④ 두 상품을 따로 경매한다면 A의 낙찰자는 戊이다.
> ⑤ 입찰자는 낙찰가의 총액이 100,000원을 초과할 경우 구매를 포기한다.

4 다음과 같은 우리나라 개인소유 주택의 단독·공동 소유 현황을 올바르게 설명한 내용은 어느 것인가?

(단위 : 천 호)

구분	2024년		2025년		증감	
	주택	아파트	주택	아파트	주택	아파트
전체	14,521	8,426	14,964	8,697	443	271
단독소유	12,923	7,455	13,217	7,645	294	190
공동소유	1,598	971	1,747	1,052	149	81
2인	1,434	924	1,571	1,004	137	80
3인	99	37	109	38	10	1
4인	30	6	32	6	2	0
5인 이상	35	4	35	4	0	−0

※ 단, 계산 값은 소수점 둘째 자리에서 반올림 한다.

① 전체 개인소유 주택에서 단독소유 주택이 차지하는 비중은 2025년에 더 증가하였다.

② 2인 공동소유 주택보다 3인 공동소유 주택 수의 전년 대비 증가율이 더 크다.

③ 전체 공동소유 아파트 중, 2인 공동소유 아파트가 차지하는 비중은 2025년에 더 감소하였다.

④ 2025년 전체 아파트 수의 전년 대비 증가율은 3%에 못 미친다.

⑤ 전체 공동소유 주택과 아파트 중, 3인 공동소유 주택과 아파트가 차지하는 비중은 모두 2025년에 더 증가하였다.

✔해설 ② 2인 공동소유 주택은 (1,571−1,434)÷1,434×100=9.6%, 3인 공동소유 주택은 (109−99)÷99 × 100=10.1%의 증가율을 보이고 있으므로, 3인 공동소유 주택의 증가율이 더 높음을 알 수 있다.

① 2024년에는 12,923÷14,521×100=89%이며, 2025년에는 13,217÷14,964×100= 88.3%로 2025년에 더 감소하였다.

③ 924÷971×100=95.2% → 1,004÷1,052×100=95.4%로 증가하였다.

④ (8,697−8,426)÷8,426×100=3.2%로 3%를 넘고 있다.

⑤ 3인 공동소유 주택의 비중은 99÷1,598×100=6.2% → 109÷1,747×100=6.2%로 같으며, 3인 공동소유 아파트의 비중은 37÷971×100=3.8% → 38÷1,052×100=3.6%로 더 감소하였다.

5 다음은 연도별 우리나라의 칠레산 농축산물 수입액 추이에 관한 자료이다. 2024년에 우리나라 총 수입에서 칠레산 상품이 차지하는 비율이 두 번째로 낮은 상품의 2015년 대비 2025년의 수입액 증가율을 구하면?

(단위 : 천 달러, %)

구분	2015년	2020년	2024년	2025년
농산물	21,825(0.4)	109,052(0.8)	222,161(1.2)	268,655(1.4)
포도	13,656(35.1)	64,185(58.2)	117,935(60.3)	167,016(71.1)
키위	1,758(7.8)	3,964(6.9)	12,391(18.5)	11,998(27.6)
축산물	30,530(1.4)	92,492(2.8)	135,707(2.9)	114,442(2.4)
돼지고기	30,237(15.4)	89,508(10.2)	125,860(10.4)	102,477(11.2)
임산물	16,909(0.9)	37,518(1.3)	355,332(5.9)	398,595(6.1)

※ 괄호 안의 숫자는 우리나라 총 수입에서 칠레산이 차지하는 비율이다.

① 246.8%
② 251.6%
③ 268.4%
④ 274.9%
⑤ 284.5%

✅ 해설 · 2024년에 우리나라 총 수입에서 칠레산 상품이 차지하는 비율이 두 번째로 낮은 상품 : 축산물
· 2015년 대비 2025년 축산물의 수입액 증가율 : $\frac{114,442-30,530}{30,530} \times 100 \fallingdotseq 274.9\%$

6 다음은 한 통신사의 요금제별 요금 및 할인 혜택에 관한 표이다. 이번 달에 전화통화와 함께 100건 이상의 문자메시지를 사용하였는데, A요금제를 이용했을 경우 청구되는 요금은 14,000원, B요금제를 이용했을 경우 청구되는 요금은 16,250원이다. 이번 달에 사용한 문자메시지는 모두 몇 건인가?

요금제	기본료	통화요금	문자메시지요금	할인 혜택
A	없음	5원/초	10원/건	전체 요금의 20% 할인
B	5,000원/월	3원/초	15원/건	문자메시지 월 100건 무료

① 125건
② 150건
③ 200건
④ 250건
⑤ 300건

화량을 x, 문자메시지를 y라고 하면

A요금제 $\rightarrow (5x + 10y) \times \left(1 - \dfrac{1}{5}\right) = 4x + 8y = 14,000$원

B요금제 $\rightarrow 5,000 + 3x + 15 \times (y - 100) = 16,250$원

두 식을 정리해서 풀면 $y = 250$, $x = 3,000$

7 다음은 세 골프 선수 갑, 을, 병의 9개 홀에 대한 경기결과를 나타낸 표이다. 이에 대한 설명으로 옳은 것을 모두 고른 것은?

홀번호	1	2	3	4	5	6	7	8	9	타수 합계
기준 타수	3	4	5	3	4	4	4	5	4	36
갑	0	x	0	0	0	0	x	0	0	34
을	x	0	0	0	y	0	0	y	0	( )
병	0	0	0	x	0	0	0	y	0	36

※ 기준 타수 : 홀마다 정해져 있는 타수를 말함

※ x, y는 개인 타수 - 기준 타수의 값

　0은 기준 타수와 개인 타수가 동일함을 의미

　㉠ x는 기준 타수보다 1타를 적게 친 것을 의미한다.

　㉡ 9개 홀의 타수의 합은 갑와 을이 동일하다.

　㉢ 세 선수 중에서 타수의 합이 가장 적은 선수는 갑이다.

---

① ㉠   ② ㉠㉡

③ ㉠㉢   ④ ㉡㉢

⑤ ㉠㉡㉢

기준 타수가 36개이고 갑은 기준 타수보다 2개 적으므로 $34 - 36 = -2$

x가 두 개 있으므로 $x = -1$

병은 타수 합계가 36이고 x가 1개, y도 1개 있으므로

$x = -1$이므로 $y = 1$이 되어 기준 타수 = 개인 타수

을은 x가 1개, y가 2개이므로 기준타수에 $+1$을 해야 하므로 37타가 된다.

㉠ $x = -1$이므로 1타 적게 친 것을 의미한다.

㉡ 9개 홀의 타수의 합은 갑은 34, 을은 37이므로 다르다.

㉢ 세 선수 중에서 타수의 합이 가장 적은 선수는 갑이 맞다.

Answer   5.④   6.④   7.③

8 다음은 K사 직원들의 인사이동에 따른 4개의 지점별 직원 이동 현황을 나타낸 자료이다. 다음 자료를 참고할 때, 빈 칸 A, B에 들어갈 수치로 알맞은 것은?

〈인사이동에 따른 지점별 직원 이동 현황〉

(단위 : 명)

이동 전 \ 이동 후	A	B	C	D
A	–	32	44	28
B	16	–	34	23
C	22	18	–	32
D	31	22	17	–

〈지점별 직원 현황〉

(단위 : 명)

지점 \ 시기	인사이동 전	인사이동 후
A	425	(A)
B	390	389
C	328	351
D	375	(B)

① 390, 388
② 388, 390
③ 390, 390
④ 388, 388
⑤ 350, 130

✔ **해설** 인사이동에 따라 A지점에서 근무지를 다른 곳으로 이동한 직원 수는 모두 $32+44+28=104$명이다. 또한 A지점으로 근무지를 이동해 온 직원 수는 모두 $16+22+31=69$명이 된다. 따라서 $69-104=-35$명이 이동한 것이므로 인사이동 후 A지점의 근무 직원 수는 $425-35=390$명이 된다.

같은 방식으로 D지점의 직원 이동에 따른 증감 수는 $83-70=13$명이 된다. 따라서 인사이동 후 D지점의 근무 직원 수는 $375+13=388$명이 된다.

| 9~10 | 다음은 A공항, B공항, C공항, D공항, E공항을 이용한 승객을 연령별로 분류해 놓은 표이다. 물음에 답하시오.

구분	10대	20대	30대	40대	50대	총 인원수
A공항	13%	36%	20%	15%	16%	5,000명
B공항	9%	21%	33%	24%	13%	3,000명
C공항	–	17%	37%	39%	7%	1,500명
D공항	–	30%	32%	30%	8%	1,000명
E공항	18%	23%	15%	28%	16%	4,500명

9 A공항의 이용승객 중 20대 승객은 모두 몇 명인가?

① 1,500명   ② 1,600명

③ 1,700명   ④ 1,800명

⑤ 1,900명

✔해설 5,000×0.36=1,800명

10 B공항 이용승객 중 30대 이상 승객은 D공항 30대 이상 승객의 약 몇 배인가?

① 2배   ② 3배

③ 4배   ④ 5배

⑤ 6배

✔해설 B공항의 30대 이상 승객 : 33%+24%+13%=70%이므로 3,000×0.70=2,100명
D공항의 30대 이상 승객 : 32%+30%+8%=70%이므로 1,000×0.70=700명
∴ 2,100÷700=3배

11 다음은 어느 회사 전체 사원의 SNS 이용 실태를 조사한 자료이다. 이에 대한 설명 중 옳은 것은?

사용기기	성명	SNS 종류	SNS 활용형태	SNS 가입날짜	기기 구입비	앱 구입비
스마트폰	김하나	페이스북	소통	2023.08.01	440,000원	6,500원
스마트폰	김준영	인스타	소통	2024.02.02	420,000원	12,000원
태블릿PC	정민지	페이스북	교육	2024.01.15	400,000원	10,500원
컴퓨터	윤동진	블로그	교육	2025.02.19	550,000원	14,500원
스마트폰	이정미	인스타	소통	2023.10.10	380,000원	6,500원
태블릿PC	박진숙	페이스북	취미	2024.02.28	440,000원	14,500원
컴퓨터	김영지	인스타	교육	2024.01.10	480,000원	18,000원
컴퓨터	한아름	블로그	취미	2023.09.11	580,000원	10,500원

※ 각 사원은 SNS를 한 종류만 사용하고 SNS 활용형태도 하나임

① 페이스북을 이용하거나 태블릿PC를 사용하는 사원은 4명이다.

② SNS를 2024년에 가입한 사원은 인스타를 이용하거나 페이스북을 이용한다.

③ 취미로 SNS를 활용하는 사원의 기기구입비 합계는 100만원을 넘지 않는다.

④ 2023년에 SNS를 가입하거나 블로그를 이용하는 사원은 5명이다.

⑤ 태블릿PC를 사용하는 사원의 평균 앱 구입비는 13,000원이다.

 해설 ① 페이스북을 이용하거나 태블릿PC를 사용하는 사원은 김하나, 정민지, 박진숙 3명이다.
③ 취미로 SNS를 활용하는 사원인 박진숙, 한아름의 기기구입비는 440,000＋580,000＝1,020,000원이다.
④ 2023년에 SNS를 가입하거나 블로그를 이용하는 사원은 김하나, 윤동진, 이정미, 한아름 4명이다.
⑤ 태블릿PC를 사용하는 사원의 평균 앱 구입비는 (10,500＋14,500)/2＝12,500원이다.

▌12~13 ▌ 다음 표는 2024년과 2025년 친환경인증 농산물의 생산 현황에 관한 예시자료이다. 이를 보고 물음에 답하시오.

〈표〉 종류별, 지역별 친환경인증 농산물 생산 현황

(단위 : 톤)

구분		2025년				2024년
		합	인증형태			
			유기농산물	무농약농산물	저농약농산물	
종류	곡류	343,380	54,025	269,280	20,075	371,055
	과실류	341,054	9,116	26,850	305,088	457,794
	채소류	585,004	74,750	351,340	158,914	753,524
	서류	41,782	9,023	30,157	2,602	59,407
	특용작물	163,762	6,782	155,434	1,546	190,069
	기타	23,253	14,560	8,452	241	20,392
	계	1,498,235	168,256	841,513	488,466	1,852,241
지역	서울	1,746	106	1,544	96	1,938
	부산	4,040	48	1,501	2,491	6,913
	대구	13,835	749	3,285	9,801	13,852
	인천	7,663	1,093	6,488	82	7,282
	광주	5,946	144	3,947	1,855	7,474
	대전	1,521	195	855	471	1,550
	울산	10,859	408	5,142	5,309	13,792
	세종	1,377	198	826	353	0
	경기도	109,294	13,891	71,521	23,882	126,209
	강원도	83,584	17,097	52,810	13,677	68,300
	충청도	159,495	29,506	64,327	65,662	207,753
	전라도	611,468	43,330	443,921	124,217	922,641
	경상도	467,259	52,567	176,491	238,201	457,598
	제주도	20,148	8,924	8,855	2,369	16,939
	계	1,498,235	168,256	841,513	488,466	1,852,241

12 위의 표에 대한 설명으로 옳지 않은 것은?

① 2025년 친환경인증 농산물 중 가장 많은 비중을 차지하는 종류는 채소류이다.

② 2025년 친환경인증 농산물 중 두 번째로 높은 비중을 차지하는 지역은 경상도이다.

③ 2025년 친환경인증 농산물은 기타를 제외하고 모든 종류에서 생산량이 전년에 비해 감소하였다.

④ 2025년 친환경인증 농산물 종류 중 가장 많은 비중을 차지하는 인증형태는 무농약 농산물이다.

⑤ 2025년 친환경인증 농산물 생산량이 전년 대비 가장 많이 증가한 지역은 세종이다.

> ✔ **해설** ⑤ 2025년 친환경인증 농산물 생산량이 전년 대비 가장 많이 증가한 지역은 강원도이다.

13 서울, 부산, 울산, 충청도, 전라도 중 2025년 친환경인증 농산물의 생산량이 가장 많은 지역은?

① 서울
② 부산
③ 울산
④ 충청도
⑤ 전라도

> ✔ **해설** ① 서울 : 1,746톤
> ② 부산 : 4,040톤
> ③ 울산 : 10,859톤
> ④ 충청도 : 159,495톤
> ⑤ 전라도 : 611,468톤

|14~15| 다음은 20XX년 1, 2월 관리비 부과내역이다. 물음에 답하시오.

(단위 : 원)

항목	1월	2월
전기료	93,618	52,409
수도료	17,595	27,866
일반관리비	33,831	36,187
경비비	30,750	33,467
장기수선충당금	20,502	20,502
급탕비	15,816	50,337
청소비	11,485	12,220
기타	18,413	17,472
합계	242,020	250,460

14 아파트에 56세대가 살고 있다면, 그 아파트의 2월 총 관리비는 얼마인가?

① 12,523,000원
② 13,553,120원
③ 14,025,760원
④ 14,276,220원
⑤ 15,027,600원

✔ 해설 250,460×56=14,025,760

15 위의 표에 대한 설명으로 옳지 않은 것은?

① 1월과 2월의 장기수선충금은 동일하다.
② 2월 관리비 전체에서 전기료가 가장 많이 차지한다.
③ 2월의 급탕비는 1월의 급탕비의 세배 이상이다.
④ 1월의 전기료는 2월의 전기료의 1.5배 이상이다.
⑤ 1월 관리비 전체에서 수도료가 가장 적게 차지한다.

✔ 해설 ⑤ 1월 관리비 전체에서 청소비가 가장 적게 차지한다.

Answer 12.⑤ 13.⑤ 14.③ 15.⑤

16 다음은 A~E 5대의 자동차별 속성과 연료 종류별 가격에 관한 자료이다. 60km를 운행하는 데에 연료비가 가장 많이 드는 자동차는?

■ 자동차별 속성

자동차 \ 특성	사용연료	최고시속(km/h)	연비(km/l)	연료탱크용량(l)
A	휘발유	200	10	60
B	LPG	160	8	60
C	경유	150	12	50
D	휘발유	180	20	45
E	경유	200	8	50

■ 연료 종류별 가격

연료 종류	리터당 가격(원/l)
휘발유	1,700
LPG	1,000
경유	1,500

※연료비 : 운행거리(km)/연비(km/l) × 연료 종류별 가격

① A ② B
③ C ④ D
⑤ E

✔ 해설 60km를 운행할 때 연료비는
① A의 연료비 : 60/10 × 1,700 = 10,200원
② B의 연료비 : 60/8 × 1,000 = 7,500원
③ C의 연료비 : 60/12 × 1,500 = 7,500원
④ D의 연료비 : 60/20 × 1,700 = 5,100원
⑤ E의 연료비 : 60/8 × 1,500 = 11,250원

17 다음은 ○○시의 시장선거에서 응답자의 종교별 후보지지 설문조사 결과이다. (다)의 값은? (단, (가)와 (나)의 응답자 수는 같다)

(단위 : 명)

후보＼응답자의 종교	불교	개신교	가톨릭	기타	합
A	130	(가)	60	300	( )
B	260	( )	30	350	740
C	( )	(나)	45	300	(다)
D	65	40	15	( )	( )
계	650	400	150	1,000	2,200

① 670
② 650
③ 630
④ 610
⑤ 590

✔해설 빈칸을 채우면 다음과 같다.

후보＼응답자의 종교	불교	개신교	가톨릭	기타	합
A	130	(가) 130	60	300	(620)
B	260	(100)	30	350	740
C	(195)	(나) 130	45	300	(다) 670
D	65	40	15	(50)	(170)
계	650	400	150	1,000	2,200

18 다음은 지하가 없는 동일한 바닥면적을 가진 건물들에 관한 사항이다. 이 중 층수가 가장 높은 건물은?

건물	대지면적(m²)	연면적(m²)	건폐율(%)
A	400	1,200	50
B	300	840	70
C	300	1,260	60
D	400	1,440	60

※ 건축면적 $= \dfrac{\text{건폐율} \times \text{대지면적}}{100}$

※ 층수 $= \dfrac{\text{연면적}}{\text{건축면적}}$

① A

② B

③ C

④ D

⑤ A와 D

 해설 층수 $= \dfrac{\text{연면적}}{\text{건축면적}} = \dfrac{\text{연면적} \times 100\%}{\text{건폐율} \times \text{대지면적}}$

• A의 층수 $= \dfrac{1,200m^2 \times 100\%}{50\% \times 400m^2} = 6$층

• B의 층수 $= \dfrac{840m^2 \times 100\%}{70\% \times 300m^2} = 4$층

• C의 층수 $= \dfrac{1,260m^2 \times 100\%}{60\% \times 300m^2} = 7$층

• D의 층수 $= \dfrac{1,440m^2 \times 100\%}{60\% \times 400m^2} = 6$층

19 다음 〈표〉는 A은행 ○○지점 직원들의 지난 달 상품 신규 가입 실적 현황을 나타낸 자료이다. 이에 대한 설명 중 옳은 것을 모두 고르면?

〈표〉 A은행 ○○지점 직원별 상품 신규 가입 실적 현황

구분 \ 직원	A	B	C	D	E	F
성별	남	남	여	남	여	남
실적(건)	0	2	6	4	8	10

> ㉠ 직원들의 평균 실적은 5건이다.
> ㉡ 남자면서 실적이 5건 이상인 직원 수는 전체 남자 직원 수의 50% 이상이다.
> ㉢ 실적이 2건 이상인 남자 직원의 수는 실적이 4건 이상인 여자 직원의 수의 2배 이상이다.
> ㉣ 여자 직원이거나 실적이 7건 이상인 직원 수는 전체 직원 수의 50% 이상이다.

① ㉠, ㉡   ② ㉠, ㉢
③ ㉠, ㉣   ④ ㉡, ㉢
⑤ ㉡, ㉣

 해설   ㉠ 직원들의 평균 실적은 $\dfrac{2+6+4+8+10}{6}=5$건이다.

㉣ 여자 직원이거나 실적이 7건 이상인 직원은 C, E, F로 전체 직원 수의 50% 이상이다.

㉡ 남자이면서 실적이 5건 이상인 직원은 F뿐이므로 전체 남자 직원 수의 25%이다.

㉢ 실적이 2건 이상인 남자 직원은 B, D, F이고, 실적이 4건 이상인 여자 직원은 C, E이다.

20 다음 표는 A카페의 커피 판매정보에 대한 자료이다. 한 잔만을 더 판매하고 영업을 종료한다고 할 때, 총 이익이 정확히 64,000원이 되기 위해서 판매해야 하는 메뉴는?

〈표〉 A카페의 커피 판매정보

(단위 : 원, 잔)

구분 메뉴	한 잔 판매가격	현재까지의 판매량	한 잔당 재료(재료비)				
			원두 (200)	우유 (300)	바닐라시럽 (100)	초코시럽 (150)	카라멜시럽 (250)
아메리카노	3,000	5	○	×	×	×	×
카페라떼	3,500	3	○	○	×	×	×
바닐라라떼	4,000	3	○	○	○	×	×
카페모카	4,000	2	○	○	×	○	×
카라멜마끼아또	4,300	6	○	○	○	×	○

※ 1) 메뉴별 이익＝(메뉴별 판매가격－메뉴별 재료비)×메뉴별 판매량
2) 총이익은 메뉴별 이익의 합이며, 다른 비용은 고려하지 않음
3) A카페는 5가지 메뉴만을 판매하며, 메뉴별 한 잔 판매가격과 재료비는 변동 없음
4) ○ : 해당 재료 한 번 사용
   × : 해당 재료 사용하지 않음

① 아메리카노
② 카페라떼
③ 바닐라라떼
④ 카페모카
⑤ 카라멜마끼아또

✔ 해설 현재까지의 판매 이익은 다음과 같다.
- 아메리카노 : $(3,000-200)×5 = 14,000$
- 카페라떼 : $(3,500-500)×3 = 9,000$
- 바닐라라떼 : $(4,000-600)×3 = 10,200$
- 카페모카 : $(4,000-650)×2 = 6,700$
- 카라멜마끼아또 : $(4,300-850)×6 = 20,700$

현재까지 60,600원의 판매 이익을 얻었으므로, 3,400원이 더 필요하다. 따라서 바닐라라떼 한 잔을 더 팔면 이익을 채울 수 있다.

21 다음은 어느 공과대학의 각 학과 지원자의 비율을 나타낸 예시표이다. 2025년 건축공학과를 지원한 학생 수가 270명일 때 2025년 건축공학과 지원자 수는 전년 대비 몇 명이 증가하였는가? (단, 2024년과 2025년의 공과대학 전체 지원자 수는 같다고 가정한다.)

(단위 : %)

학과＼연도	2024년	2025년
화학공학	13.3	12.5
생명공학	11.6	9.5
기계공학	12.4	14.9
건축공학	24.2	27
도시공학	12.1	12.4
기타학과	26.4	23.7

① 28명 ② 21명
③ 14명 ④ 7명
⑤ 0명

 해설

⊙ 2025년의 공과대학 전체 지원자 수를 x라 하면, $27(\%) = \dfrac{270(명)}{x(명)} \times 100$ ∴ $x = 1,000$명

ⓛ 2024년도의 건축공학과를 지원한 학생 수를 y라 하면, $24.2(\%) = \dfrac{y(명)}{1,000(명)} \times 100$ ∴ $y = 242$명

ⓒ 2025년 건축공학과 지원자 수는 270명이고 2024년 지원자 수는 242명이므로, 2025년 건축공학과 지원자 수는 2024년 대비 28명이 증가하였다.

22 다음은 신입사원 300명을 대상으로 어떤 스포츠에 관심이 있는지 조사한 표이다. 두 종목 이상의 스포츠에 관심이 있는 사원의 수는?

(단위 : %)

스포츠 종목	비율(%)	스포츠 종목	비율(%)
야구	30	축구와 농구	7
농구	20	야구와 축구	9
축구	25	농구와 야구	9

① 25명
② 50명
③ 75명
④ 100명
⑤ 125명

✔ 해설 300×(7+9+9)%＝75명

┃23~24┃ 다음은 시도별 우유생산 현황에 대한 예시자료이다. 이를 보고 물음에 답하시오.

(단위 : 톤)

	2022년	2023년	2024년	2025년
서울특별시	573	592	621	644
부산광역시	1,092	933	1,225	1,783
인천광역시	14,376	18,230	13,287	10,932
광주광역시	2,989	2,344	3,201	3,553
대구광역시	12,094	13,928	10,838	9,846
대전광역시	393	109	98	12
경기도	932,391	848,002	843,118	883,565
강원도	84,024	91,121	100,920	103,827
충청북도	114,215	110,938	125,993	123,412
전라남도	139,310	124,097	126,075	132,222
경상남도	127,656	122,302	121,294	119,383
제주도	18,021	14,355	15,437	19,313

23 다음 중 위의 자료를 잘못 이해한 사람은?

① 소리 : 조사 지역 중 대전광역시는 매년 우유생산량이 가장 적어.

② 현수 : 광주광역시는 매년 2,000톤 이상의 우유를 생산하지만 부산광역시는 그렇지 않군.

③ 정진 : 매년 경기도의 우유샌산량이 가장 많고 그 다음으로 강원도의 우유생산량이 가장 많군.

④ 구현 : 2023년 시도별 우유생산량과 2025년 시도별 우유생산량을 비교했을 때 우유생산량이 감소한 지역은 네 군데 있어.

⑤ 수현 : 2025년 경기도의 우유생산량은 강원도의 8배 이상이야.

✔ 해설 ③ 경기도의 우유샌산량이 가장 많고 그 다음으로는 전라남도의 우유생산량이 가장 많다.

24 다음 중 조사 기간 동안 우유생산량 변동 추이가 동일하지 않은 지역끼리 짝지은 것은?

① 경기도 – 경상남도

② 서울특별시 – 강원도

③ 광주광역시 – 전라남도

④ 인천광역시 – 대구광역시

⑤ 부산광역시 – 제주도

✔ 해설 ① 경기도 : 감소 – 감소 – 증가   경상남도 : 감소 – 감소 – 감소
② 서울특별시 : 증가 – 증가 – 증가   강원도 : 증가 – 증가 – 증가
③ 광주광역시 : 감소 – 증가 – 증가   전라남도 : 감소 – 증가 – 증가
④ 인천광역시 : 증가 – 감소 – 감소   대구광역시 : 증가 – 감소 – 감소
⑤ 부산광역시 : 감소 – 증가 – 증가   제주도 : 감소 – 증가 – 증가

Answer 22.③ 23.③ 24.①

25 서울시 유료 도로에 대한 자료이다. 산업용 도로 3km의 건설비는 얼마가 되는가?

분류	도로수(개)	총길이(km)	건설비(억 원)
관광용 도로	5	30	30
산업용 도로	7	50	300
산업관광용 도로	9	198	400
합계	21	283	730

① 약 12억 원 ② 약 15억 원
③ 약 18억 원 ④ 약 21억 원
⑤ 약 24억 원

 해설
- 1km 당 산업용 도로의 건설비 $= \dfrac{300}{50} = 6$(억 원)
- 3km 당 산업용 도로의 건설비 $= 6 \times 3 = 18$(억 원)

26 서원모바일은 이번에 회사에서 전략 마케팅으로 자동차가 가장 적게 운행되고 있는 도시에서 행사를 진행하기로 하였다. 다음 중 후보도시로 가장 적절한 곳은?

도시	인구수(만 명)	자동차 대수(만 명당)
A	90	200
B	70	250
C	60	350
D	50	400
E	100	300

① A ② B
③ C ④ D
⑤ E

해설

A	90 × 200 = 18000
B	70 × 250 = 17500
C	60 × 350 = 21000
D	50 × 400 = 20000
E	100 × 300 = 30000

27 민경이는 10×10m²의 동아리방에 매트를 깔려고 한다. 다음 중 가장 저렴하게 구매할 수 있는 매트는?

㉠ A 놀이매트($1 \times 1m^2$) : 1세트(20개) 10만 원

※ 5세트 구매 시 1세트 무료 증정

㉡ B 어린이매트($1 \times 1m^2$) : 1세트(25개) 15만 원

㉢ C 보호매트($1 \times 2m^2$) : 1세트(10개) 7만 원

㉣ D 환경매트($1 \times 2m^2$) : 1세트(10개) 10만 원

※ 2세트 구매 시 단품 5개 증정

---

① ㉠

② ㉡

③ ㉢

④ ㉠㉡

⑤ ㉢㉣

✔해설 ㉠ 100개(5세트)가 필요하다. 10만 원×5세트＝50만 원
       ㉡ 100개(4세트)가 필요하다. 15만 원×4세트＝60만 원
       ㉢ 50개(5세트)가 필요하다. 7만 원×5세트＝35만 원
       ㉣ 50개(5세트)가 필요하지만 40개(4세트)를 사면 단품 10개를 증정받을 수 있다.
          10만 원×4세트＝40만 원
       ∴ C 보호매트가 가장 저렴하다.

28 다음 표는 통신사 A, B, C의 스마트폰 소매가격 및 평가점수 자료이다. 이에 대한 〈보기〉의 설명 중 옳은 것만을 모두 고른 것은?

통신사별 스마트폰의 소매가격 및 평가점수

(단위 : 달러, 점)

통신사	스마트폰	소매가격	평가항목					종합 품질점수
			화질	내비게이션	멀티미디어	배터리 수명	통화성능	
A	a	150	3	3	3	3	1	13
	b	200	2	2	3	1	2	10
	c	200	3	3	3	1	1	11
B	d	180	3	3	3	2	1	12
	e	100	2	3	3	2	1	11
	f	70	2	1	3	2	1	9
C	g	200	3	3	3	2	2	13
	h	50	3	2	3	2	1	11
	i	150	3	2	2	3	2	12

㉠ 소매가격이 200달러인 스마트폰 중 '종합품질점수'가 가장 높은 스마트폰은 c이다.
㉡ 소매가격이 가장 낮은 스마트폰은 '종합품질점수'도 가장 낮다.
㉢ 통신사 각각에 대해서 해당 통신사 스마트폰의 '통화성능' 평가점수의 평균을 계산하여 통신사별로 비교하면 C가 가장 높다.
㉣ 평가항목 각각에 대해서 스마트폰 a~i 평가점수의 합을 계산하여 평가항목별로 비교하면 '멀티미디어'가 가장 높다.

① ㉠
② ㉢
③ ㉠㉡
④ ㉡㉣
⑤ ㉢㉣

✔해설 ㉠ 200달러인 스마트폰 중 종합품질점수가 가장 높은 스마트폰은 g이다.
㉡ 소매가격이 가장 낮은 스마트폰은 h이며, 종합품질점수가 가장 낮은 스마트폰은 f이다.
㉢ A : $\frac{1+2+1}{3}=\frac{4}{3}$, B : $\frac{1+1+1}{3}=1$, C : $\frac{2+1+2}{3}=\frac{5}{3}$
㉣ 화질 : $3+2+3+3+2+2+3+3+3=24$
내비게이션 : $3+2+3+3+3+1+3+2+2=22$
멀티미디어 : $3+3+3+3+3+3+3+3+2=26$
배터리 수명 : $3+1+1+2+2+2+2+2+3=18$
통화성능 : $1+2+1+1+1+1+2+1+2=12$

29 다음은 A기업에서 제습기 A~E의 습도별 연간소비전력량을 측정한 자료이다. 이에 대한 설명 중 옳은 것끼리 바르게 짝지어진 것은?

제습기 A~E이 습도별 연간소비전력량

(단위 : kWh)

제습기＼습도	40%	50%	60%	70%	80%
A	550	620	680	790	840
B	560	640	740	810	890
C	580	650	730	800	880
D	600	700	810	880	950
E	660	730	800	920	970

㉠ 습도가 70%일 때 연간소비전력량이 가장 적은 제습기는 A이다.

㉡ 각 습도에서 연간소비전력량이 많은 제습기부터 순서대로 나열하면, 습도 60%일 때와 습도 70%일 때의 순서를 동일하다.

㉢ 습도가 40%일 때 제습기 E의 연간소비전력량은 습도가 50%일 때 제습기 B의 연간소비전력량보다 많다.

㉣ 제습기 각각에서 연간소비전력량은 습도가 80%일 때가 40%일 때의 1.5배 이상이다.

① ㉠㉡
② ㉠㉢
③ ㉡㉣
④ ㉠㉢㉣
⑤ ㉡㉢㉣

✔ 해설 ㉠ 습도가 70%일 때 연간소비전력량은 790으로 A가 가장 적다.
㉡ 60%와 70%를 많은 순서대로 나열하면 60%일 때 D-E-B-C-A, 70%일 때 E-D-B-C-A이다.
㉢ 40%일 때 E=660, 50%일 때 B=640이다.
㉣ 40%일 때의 값에 1.5배를 구하여 80%와 비교해 보면 E는 1.5배 이하가 된다.
A= 550 × 1.5 = 825   840
B= 560 × 1.5 = 840   890
C= 580 × 1.5 = 870   880
D= 600 × 1.5 = 900   950
E= 660 × 1.5 = 990   970

30 다음은 물품 A~E의 가격에 대한 자료이다. 아래 조건에 부합하는 물품의 가격으로 가장 가능한 것은?

(단위 : 원/개)

물품	가격
A	24,000
B	㉠
C	㉡
D	㉢
E	16,000

[조건]
- 갑, 을, 병의 가방에 담긴 물품은 각각 다음과 같다.
  - 갑 : B, C, D
  - 을 : A, C
  - 병 : B, D, E
- 가방에는 해당 물품이 한 개씩만 담겨 있다.
- 가방에 담긴 물품 가격의 합이 높은 사람부터 순서대로 나열하면 갑 > 을 > 병 순이다.
- 병의 가방에 담긴 물품 가격의 합은 44,000원이다.

	㉠	㉡	㉢
①	11,000	23,000	14,000
②	12,000	14,000	16,000
③	12,000	19,000	16,000
④	13,000	19,000	15,000
⑤	13,000	23,000	15,000

✔해설 조건을 잘 보면 병의 가방에 담긴 물품 가격의 합이 44,000원
병의 가방에는 B, D, E가 들어 있고 E의 가격은 16,000원
그럼 B와 D의 가격의 합이(㉠+㉢) 44,000 − 16,000 = 28,000원이 되어야 한다.
①은 답이 될 수 없다.
가방에 담긴 물품 가격의 합이 높은 사람부터 순서대로 나열하면 갑 > 을 > 병 순이므로
을은 A와 C를 가지고 있는데 A는 24,000원, 병 44,000원보다 많아야 하므로 C의 가격(㉡)은 적어도 44,000 − 24,000 = 20,000원 이상이 되어야 한다.
②③④는 답이 될 수 없다.

Answer 30.⑤

Chapter 05 대인관계능력

1 직장생활에서의 대인관계

(1) 대인관계능력

① 의미 … 직장생활에서 협조적인 관계를 유지하고, 조직구성원들에게 도움을 줄 수 있으며, 조직내부 및 외부의 갈등을 원만히 해결하고 고객의 요구를 충족시켜줄 수 있는 능력이다.

② 인간관계를 형성할 때 가장 중요한 것은 자신의 내면이다.

예제 1

인간관계를 형성하는데 있어 가장 중요한 것은?

① 외적 성격 위주의 사고
② 이해득실 위주의 만남
③ 자신의 내면
④ 피상적인 인간관계 기법

출제의도

인간관계형성에 있어서 가장 중요한 요소가 무엇인지 묻는 문제다.

해 설

③ 인간관계를 형성하는데 있어서 가장 중요한 것은 자신의 내면이고 이때 필요한 기술이나 기법 등은 자신의 내면에서 자연스럽게 우러나와야 한다.

답 ③

---

(2) 대인관계 향상 방법

① 감정은행계좌 … 인간관계에서 구축하는 신뢰의 정도

② 감정은행계좌를 적립하기 위한 6가지 주요 예입 수단
　　㉠ 상대방에 대한 이해심
　　㉡ 사소한 일에 대한 관심
　　㉢ 약속의 이행
　　㉣ 기대의 명확화
　　㉤ 언행일치
　　㉥ 진지한 사과

(1) 팀워크능력

① 팀워크의 의미

　㉠ 팀워크와 응집력

　　• 팀워크 : 팀 구성원이 공동의 목적을 달성하기 위해 상호 관계성을 가지고 협력하여 일을 해 나가는 것

　　• 응집력 : 사람들로 하여금 집단에 머물도록 만들고 그 집단의 멤버로서 계속 남아있기를 원하게 만드는 힘

예제 2

A회사에서는 격주로 사원 소식지 '우리가족'을 발행하고 있다. 이번 호의 특집 테마는 팀워크에 대한 것으로, 좋은 사례를 모으고 있다. 다음 중 팀워크의 사례로 가장 적절하지 않은 것은 무엇인가?

① 팀원들의 개성과 장점을 살려 사내 직원 연극대회에서 대상을 받을 수 있었던 사례

② 팀장의 갑작스러운 부재 상황에서 팀원들이 서로 역할을 분담하고 소통을 긴밀하게 하면서 팀의 당초 목표를 원만하게 달성할 수 있었던 사례

③ 자재 조달의 차질로 인해 납기 준수가 어려웠던 상황을 팀원들이 똘똘 뭉쳐 헌신적으로 일한 결과 주문 받은 물품을 성공적으로 납품할 수 있었던 사례

④ 팀의 분위기가 편안하고 인간적이어서 주기적인 직무순환 시기가 도래해도 다른 부서로 가고 싶어 하지 않는 사례

출제의도

팀워크와 응집력에 대한 문제로 각 용어에 대한 정의를 알고 이를 실제 사례를 통해 구분할 수 있어야 한다.

해　설

④ 응집력에 대한 사례에 해당한다.

답 ④

　㉡ 팀워크의 유형

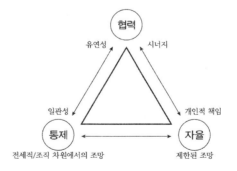

② 효과적인 팀의 특성

　㉠ 팀의 사명과 목표를 명확하게 기술한다.

　㉡ 창조적으로 운영된다.

　㉢ 결과에 초점을 맞춘다.

　㉣ 역할과 책임을 명료화시킨다.

ⓜ 조직화가 잘 되어 있다.

ⓗ 개인의 강점을 활용한다.

ⓢ 리더십 역량을 공유하며 구성원 상호간에 지원을 아끼지 않는다.

ⓞ 팀 풍토를 발전시킨다.

ⓩ 의견의 불일치를 건설적으로 해결한다.

ⓒ 개방적으로 의사소통한다.

ⓚ 객관적인 결정을 내린다.

ⓣ 팀 자체의 효과성을 평가한다.

③ 멤버십의 의미

  ㉠ 멤버십은 조직의 구성원으로서의 자격과 지위를 갖는 것으로 훌륭한 멤버십은 팔로워십(followership)의 역할을 충실하게 수행하는 것이다.

  ㉡ 멤버십 유형 : 독립적 사고와 적극적 실천에 따른 구분

구분	소외형	순응형	실무형	수동형	주도형
자아상	• 자립적인 사람 • 일부러 반대의견 제시 • 조직의 양심	• 기쁜 마음으로 과업 수행 • 팀플레이를 함 • 리더나 조직을 믿고 헌신함	• 조직의 운영방침에 민감 • 사건을 균형 잡힌 시각으로 봄 • 규정과 규칙에 따라 행동함	• 판단, 사고를 리더에 의존 • 지시가 있어야 행동	• 스스로 생각하고 건설적 비판을 하며 자기 나름의 개성이 있고 혁신적·창조적 • 솔선수범하고 주인의식을 가지며 적극적으로 참여하고 자발적, 기대 이상의 성과를 내려고 노력
동료/리더의 시각	• 냉소적 • 부정적 • 고집이 셈	• 아이디어가 없음 • 인기 없는 일은 하지 않음 • 조직을 위해 자신과 가족의 요구를 양보함	• 개인의 이익을 극대화하기 위한 흥정에 능함 • 적당한 열의와 평범한 수완으로 업무 수행	• 하는 일이 없음 • 제 몫을 하지 못 함 • 업무 수행에는 감독이 반드시 필요	
조직에 대한 자신의 느낌	• 자신을 인정 안 해줌 • 적절한 보상이 없음 • 불공정하고 문제가 있음	• 기존 질서를 따르는 것이 중요 • 리더의 의견을 거스르는 것은 어려운 일임 • 획일적인 태도 행동에 익숙함	• 규정준수를 강조 • 명령과 계획의 빈번한 변경 • 리더와 부하 간의 비인간적 풍토	• 조직이 나의 아이디어를 원치 않음 • 노력과 공헌을 해도 아무 소용이 없음 • 리더는 항상 자기 마음대로 함	

④ 팀워크 촉진 방법
  ㉠ 동료 피드백 장려하기
  ㉡ 갈등 해결하기
  ㉢ 창의력 조성을 위해 협력하기
  ㉣ 참여적으로 의사결정하기

(2) 리더십능력

① 리더십의 의미 … 리더십이란 조직의 공통된 목적을 달성하기 위하여 개인이 조직원들에게 영향을 미치는 과정이다.
  ㉠ 리더십 발휘 구도 : 산업 사회에서는 상사가 하급자에게 리더십을 발휘하는 수직적 구조였다면 정보 사회로 오면서 하급자뿐만 아니라 동료나 상사에게까지도 발휘하는 정방위적 구조로 바뀌었다.
  ㉡ 리더와 관리자

리더	관리자
• 새로운 상황 창조자	• 상황에 수동적
• 혁신지향적	• 유지지향적 둠.
• 내일에 초점을 둠.	• 오늘에 초점을 둠.
• 사람의 마음에 불을 지핀다.	• 사람을 관리한다.
• 사람을 중시	• 체제나 기구를 중시
• 정신적	• 기계적
• 계산된 리스크를 취한다.	• 리스크를 회피한다.
• '무엇을 할까'를 생각한다.	• '어떻게 할까'를 생각한다.

---

② 리더십 유형
  ㉠ 독재자 유형 : 정책의사결정과 대부분의 핵심정보를 그들 스스로에게만 국한하여 소유하고 고수하려는 경향이 있다. 통제 없이 방만한 상태, 가시적인 성과물이 안 보일 때 효과적이다.

  〖 민주주의에 근접한 유형 : 그룹에 정보를 잘 전달하려고 노력하고 전체 그룹의 구성원 모두를 목표방향으로 설정에 참여하게 함으로써 구성원들에게 확신을 심어주려고 노력한다. 혁신적이고 탁월한 부하직원들을 거느리고 있을 때 효과적이다.

  〚 파트너십 유형 : 리더와 집단 구성원 사이의 구분이 희미하고 리더가 조직에서 한 구성원이 되기도 한다. 소규모 조직에서 경험, 재능을 소유한 조직원이 있을 때 효과적으로 활용할 수 있다.

  ㉂ 변혁적 리더십 유형 : 개개인과 팀이 유지해 온 업무수행 상태를 뛰어넘어 전체 조직이나 팀원들에게 변화를 가져오는 원동력이 된다. 조직에 있어 획기적인 변화가 요구될 때 활용할 수 있다.

③ 동기부여 방법

 〔 긍정적 강화법을 활용한다.

 〖 새로운 도전의 기회를 부여한다.

 〚 창의적인 문제해결법을 찾는다.

 ㉂ 책임감으로 철저히 무장한다.

 〖 몇 가지 코칭을 한다.

 〚 변화를 두려워하지 않는다.

 〔 지속적으로 교육한다.

④ 코칭

 〔 코칭은 조직의 지속적인 성장과 성공을 만들어내는 리더의 능력으로 직원들의 능력을 신뢰하며 확신하고 있다는 사실에 기초한다.

 〖 코칭의 기본 원칙

  • 관리는 만병통치약이 아니다.

  • 권한을 위임한다.

  • 훌륭한 코치는 뛰어난 경청자이다.

  • 목표를 정하는 것이 가장 중요하다.

⑤ 임파워먼트 … 조직성원들을 신뢰하고 그들의 잠재력을 믿으며 그 잠재력의 개발을 통해 High Performance 조직이 되도록 하는 일련의 행위이다.

 〔 임파워먼트의 이점(High Performance 조직의 이점)

  • 나는 매우 중요한 일을 하고 있으며, 이 일은 다른 사람이 하는 일보다 훨씬 중요한 일이다.

  • 일의 과정과 결과에 나의 영향력이 크게 작용했다.

  • 나는 정말로 도전하고 있고 나는 계속해서 성장하고 있다.

  • 우리 조직에서는 아이디어가 존중되고 있다.

  • 내가 하는 일은 항상 재미가 있다.

  • 우리 조직의 구성원들은 모두 대단한 사람들이며, 다 같이 협력해서 승리하고 있다.

    ⓒ 임파워먼트의 충족 기준
- 여건의 조건 : 사람들이 자유롭게 참여하고 기여할 수 있는 여건 조성
- 재능과 에너지의 극대화
- 명확하고 의미 있는 목적에 초점

    ⓒ 높은 성과를 내는 임파워먼트 환경의 특징
- 도전적이고 흥미 있는 일
- 학습과 성장의 기회
- 높은 성과와 지속적인 개선을 가져오는 요인들에 대한 통제
- 성과에 대한 지식
- 긍정적인 인간관계
- 개인들이 공헌하며 만족한다는 느낌
- 상부로부터의 지원

    ⓔ 임파워먼트의 장애요인
- 개인 차원 : 주어진 일을 해내는 역량의 결여, 동기의 결여, 결의의 부족, 책임감 부족, 의존성
- 대인 차원 : 다른 사람과의 성실성 결여, 약속 불이행, 성과를 제한하는 조직의 규범, 갈등처리 능력 부족, 승패의 태도
- 관리 차원 : 통제적 리더십 스타일, 효과적 리더십 발휘 능력 결여, 경험 부족, 정책 및 기획의 실행 능력 결여, 비전의 효과적 전달능력 결여
- 조직 차원 : 공감대 형성이 없는 구조와 시스템, 제한된 정책과 절차

⑥ 변화관리의 3단계 … 변화 이해→변화 인식→변화 수용

(3) 갈등관리능력

① 갈등의 의미 및 원인

    ㉠ 갈등이란 상호 간의 의견차이 때문에 생기는 것으로 당사가 간에 가치, 규범, 이해, 아이디어, 목표 등이 서로 불일치하여 충돌하는 상태를 의미한다.

    ㉡ 갈등을 확인할 수 있는 단서
- 지나치게 감정적으로 논평과 제안을 하는 것
- 타인의 의견발표가 끝나기도 전에 타인의 의견에 대해 공격하는 것
- 핵심을 이해하지 못한데 대해 서로 비난하는 것
- 편을 가르고 타협하기를 거부하는 것
- 개인적인 수준에서 미묘한 방식으로 서로를 공격하는 것

    ㉢ 갈등을 증폭시키는 원인 : 적대적 행동, 입장 고수, 감정적 관여 등

② 실제로 존재하는 갈등 파악

　　㉠ 갈등의 두 가지 쟁점

핵심 문제	감정적 문제
• 역할 모호성 • 방법에 대한 불일치 • 목표에 대한 불일치 • 절차에 대한 불일치 • 책임에 대한 불일치 • 가치에 대한 불일치 • 사실에 대한 불일치	• 공존할 수 없는 개인적 스타일 • 통제나 권력 확보를 위한 싸움 • 자존심에 대한 위협 • 질투 • 분노

예제 4

갈등의 두 가지 쟁점 중 감정적 문제에 대한 설명으로 적절하지 않은 것은?

① 공존할 수 없는 개인적 스타일
② 역할 모호성
③ 통제나 권력 확보를 위한 싸움
④ 자존심에 대한 위협

출제의도

갈등의 두 가지 쟁점인 핵심문제와 감정적 문제에 대해 묻는 문제로 이 두 가지 쟁점을 구분할 수 있는 능력이 필요하다.

해　설

② 갈등의 두 가지 쟁점 중 핵심 문제에 대한 설명이다.

답 ②

　　㉡ 갈등의 두 가지 유형

　　• 불필요한 갈등 : 개개인이 저마다 문제를 다르게 인식하거나 정보가 부족한 경우, 편견 때문에 발생한 의견 불일치로 적대적 감정이 생길 때 불필요한 갈등이 일어난다.

　　• 해결할 수 있는 갈등 : 목표와 욕망, 가치, 문제를 바라보는 시각과 이해하는 시각이 다를 경우에 일어날 수 있는 갈등이다.

③ 갈등해결 방법

　　㉠ 다른 사람들의 입장을 이해한다.

　　㉡ 사람들이 당황하는 모습을 자세하게 살핀다.

　　㉢ 어려운 문제는 피하지 말고 맞선다.

　　㉣ 자신의 의견을 명확하게 밝히고 지속적으로 강화한다.

　　㉤ 사람들과 눈을 자주 마주친다.

　　㉥ 마음을 열어놓고 적극적으로 경청한다.

　　㉦ 타협하려 애쓴다.

　　㉧ 어느 한쪽으로 치우치지 않는다.

     ⓩ 논쟁하고 싶은 유혹을 떨쳐낸다.

     ⓒ 존중하는 자세로 사람들을 대한다.

④ 원-원(Win-Win) 갈등 관리법 ⋯ 갈등과 관련된 모든 사람으로부터 의견을 받아서 문제의 본질적인 해결책을 얻고자 하는 방법이다.

⑤ 갈등을 최소화하기 위한 기본원칙

     ㉠ 먼저 다른 팀원의 말을 경청하고 나서 어떻게 반응할 것인가를 결정한다.

     ㉡ 모든 사람이 거의 대부분의 문제에 대해 나름의 의견을 가지고 있다는 점을 인식한다.

     ㉢ 의견의 차이를 인정한다.

     ㉣ 팀 갈등해결 모델을 사용한다.

     ㉤ 자신이 받기를 원하지 않는 형태로 남에게 작업을 넘겨주지 않는다.

     ㉥ 다른 사람으로부터 그러한 작업을 넘겨받지 않는다.

     ㉦ 조금이라도 의심이 날 때에는 분명하게 말해 줄 것을 요구한다.

     ㉧ 가정하는 것은 위험하다.

     ⓩ 자신의 책임이 어디서부터 어디까지인지를 명확히 하고 다른 팀원의 책임과 어떻게 조화되는지를 명확히 한다.

     ⓒ 자신이 알고 있는 바를 알 필요가 있는 사람들을 새롭게 파악한다.

     ⓚ 다른 팀원과 불일치하는 쟁점이나 사항이 있다면 다른 사람이 아닌 당사자에게 직접 말한다.

(4) 협상능력

① 협상의 의미

     ㉠ **의사소통 차원** : 이해당사자들이 자신들의 욕구를 충족시키기 위해 상대방으로부터 최선의 것을 얻어내려 설득하는 커뮤니케이션 과정

     ㉡ **갈등해결 차원** : 갈등관계에 있는 이해당사자들이 대화를 통해서 갈등을 해결하고자 하는 상호작용과정

     ㉢ **지식과 노력 차원** : 우리가 얻고자 하는 것을 가진 사람의 호의를 쟁취하기 위한 것에 관한 지식이며 노력의 분야

     ㉣ **의사결정 차원** : 선호가 서로 다른 협상 당사자들이 합의에 도달하기 위해 공동으로 의사결정 하는 과정

     ㉤ **교섭 차원** : 둘 이상의 이해당사자들이 여러 대안들 가운데서 이해당사자들 모두가 수용 가능한 대안을 찾기 위한 의사결정과정

② 협상 과정

단계	내용
협상 시작	• 협상 당사자들 사이에 상호 친근감을 쌓음 • 간접적인 방법으로 협상의사를 전달함 • 상대방의 협상의지를 확인함 • 협상진행을 위한 체제를 짬
상호 이해	• 갈등문제의 진행상황과 현재의 상황을 점검함 • 적극적으로 경청하고 자기주장을 제시함 • 협상을 위한 협상대상 안건을 결정함
실질 이해	• 겉으로 주장하는 것과 실제로 원하는 것을 구분하여 실제로 원하는 것을 찾아 냄 • 분할과 통합 기법을 활용하여 이해관계를 분석함
해결 대안	• 협상 안건마다 대안들을 평가함 • 개발한 대안들을 평가함 • 최선의 대안에 대해서 합의하고 선택함 • 대안 이행을 위한 실행계획을 수립함
합의 문서	• 합의문을 작성함 • 합의문상의 합의내용, 용어 등을 재점검함 • 합의문에 서명함

③ 협상전략

    ㉠ **협력전략** : 협상 참여자들이 협동과 통합으로 문제를 해결하고자 하는 협력적 문제해결전략

    ㉡ **유화전략** : 양보전략으로 상대방이 제시하는 것을 일방적으로 수용하여 협상의 가능성을 높이려는 전략이다. 순응전략, 화해전략, 수용전략이라고도 한다.

    ㉢ **회피전략** : 무행동전략으로 협상으로부터 철수하는 철수전략이다. 협상을 피하거나 잠정적으로 중단한다.

    ㉣ **강압전략** : 경쟁전략으로 자신이 상대방보다 힘에 있어서 우위를 점유하고 있을 때 자신의 이익을 극대화하기 위한 공격적 전략이다.

④ 상대방 설득 방법의 종류

    ㉠ **See-Feel-Change 전략** : 시각화를 통해 직접 보고 스스로가 느끼게 하여 변화시켜 설득에 성공하는 전략

    ㉡ **상대방 이해 전략** : 상대방에 대한 이해를 바탕으로 갈등해결을 용이하게 하는 전략

    ㉢ **호혜관계 형성 전략** : 혜택들을 주고받은 호혜관계 형성을 통해 협상을 용이하게 하는 전략

    ㉣ **헌신과 일관성 전략** : 협상 당사자간에 기대하는 바에 일관성 있게 헌신적으로 부응하여 행동함으로서 협상을 용이하게 하는 전략

ⓜ **사회적 입증 전략** : 과학적인 논리보다 동료나 사람들의 행동에 의해서 상대방을 설득하는 전략

ⓗ **연결전략** : 갈등 문제와 갈등관리자를 연결시키는 것이 아니라 갈등을 야기한 사람과 관리자를 연결시킴으로서 협상을 용이하게 하는 전략

ⓢ **권위전략** : 직위나 전문성, 외모 등을 활용하여 협상을 용이하게 하는 전략

ⓞ **희소성 해결 전략** : 인적, 물적 자원 등의 희소성을 해결함으로서 협상과정상의 갈등해결을 용이하게 하는 전략

ⓩ **반항심 극복 전략** : 억압하면 할수록 더욱 반항하게 될 가능성이 높아지므로 이를 피함으로서 협상을 용이하게 하는 전략

(5) 고객서비스능력

① **고객서비스의 의미** … 고객서비스란 다양한 고객의 요구를 파악하고 대응법을 마련하여 고객에게 양질의 서비스를 제공하는 것을 말한다.

② **고객의 불만표현 유형 및 대응방안**

불만표현 유형	대응방안
거만형	• 정중하게 대하는 것이 좋다. • 자신의 과시욕이 채워지도록 뽐내게 내버려 둔다. • 의외로 단순한 면이 있으므로 일단 호감을 얻게 되면 득이 될 경우도 있다.
의심형	• 분명한 증거나 근거를 제시하여 스스로 확신을 갖도록 유도한다. • 때로는 책임자로 하여금 응대하는 것도 좋다.
트집형	• 이야기를 경청하고 맞장구를 치며 추켜세우고 설득해 가는 방법이 효과적이다. • '손님의 말씀이 맞습니다.' 하고 고객의 지적이 옳음을 표시한 후 ' 저도 그렇게 생각하고 있습니다만……' 하고 설득한다. • 잠자코 고객의 의견을 경청하고 사과를 하는 응대가 바람직하다.
빨리빨리형	• '글쎄요.', '아마' 하는 식으로 애매한 화법을 사용하지 않는다. • 만사를 시원스럽게 처리하는 모습을 보이면 응대하기 쉽다.

③ 고객 불만처리 프로세스

단계	내용
경청	• 고객의 항의를 경청하고 끝까지 듣는다. • 선입관을 버리고 문제를 파악한다.
감사와 공감표시	• 일부러 시간을 내서 해결의 기회를 준 것에 감사를 표시한다. • 고객의 항의에 공감을 표시한다.
사과	• 고객의 이야기를 듣고 문제점에 대해 인정하고, 잘못된 부분에 대해 사과한다.
해결약속	• 고객이 불만을 느낀 상황에 대해 관심과 공감을 보이며, 문제의 빠른 해결을 약속한다.
정보파악	• 문제해결을 위해 꼭 필요한 질문만 하여 정보를 얻는다. • 최선의 해결방법을 찾기 어려우면 고객에게 어떻게 해주면 만족스러운지를 묻는다.
신속처리	• 잘못된 부분을 신속하게 시정한다.
처리확인과 사과	• 불만처리 후 고객에게 처리 결과에 만족하는지를 물어본다.
피드백	• 고객 불만 사례를 회사 및 전 직원에게 알려 다시는 동일한 문제가 발생하지 않도록 한다.

④ 고객만족 조사

㉠ 목적 : 고객의 주요 요구를 파악하여 가장 중요한 고객요구를 도출하고 자사가 가지고 있는 자원을 토대로 경영 프로세스의 개선에 활용함으로써 경쟁력을 증대시키는 것이다.

㉡ 고객만족 조사계획에서 수행되어야 할 것

• 조사 분야 및 대상 결정
• 조사목적 설정 : 전체적 경향의 파악, 고객에 대한 개별대응 및 고객과의 관계유지 파악, 평가목적, 개선목적
• 조사방법 및 횟수
• 조사결과 활용 계획

예제 5

고객중심 기업의 특징으로 옳지 않은 것은?

① 고객이 정보, 제품, 서비스 등에 쉽게 접근할 수 있도록 한다.
② 보다 나은 서비스를 제공할 수 있도록 기업정책을 수립한다.
③ 고객 만족에 중점을 둔다.
④ 기업이 행한 서비스에 대한 평가는 한번으로 끝낸다.

출제의도

고객서비스능력에 대한 포괄적인 문제로 실제 고객중심 기업의 입장에서 생각해 보면 쉽게 풀 수 있는 문제다.

해 설

④ 기업이 행한 서비스에 대한 평가는 수시로 이루어져야 한다.

답 ④

출 제 예 상 문 제

1 다음 사례를 바탕으로 대인관계를 향상시키기 위해 필요한 자세를 고르면?

> A는 입사한 지 3년차인 대리이다. 신입사원을 대상으로 하는 업무설명서를 작성하는 것이 자신과 상사 중 누구의 역할인지에 대해 상사와 의견차이가 발생하는 상황에 놓였다. 이렇듯 직장 내 거의 모든 대인관계에서 나타나는 어려움은 역할과 목표 사이의 갈등이다. 누가 어떤 일을 해야 하는지의 문제를 다룰 때, 예를 들어 누구에게 비품 정리를 시키고 누가 화분에 물을 주고 쓰레기를 내놓아야 하는지 등의 문제를 다룰 때, 우리는 불분명한 기대가 오해와 실망을 불러온다는 것을 알 수 있다.

① 상대방에 대한 이해심
② 사소한 일에 대한 관심
③ 약속의 이행
④ 기대의 명확화
⑤ 진지한 사과

✔ 해설 제시된 사례는 '기대의 명확화'와 관련된 것으로, 분명한 기대치를 제시해 주는 것이 대인관계에 있어서 오해를 줄이는 방법임을 보여주고 있다.

2 효과적인 팀이란 팀 에너지를 최대로 활용하는 고성과 팀이다. 다음 중 효과적인 팀의 특징을 모두 고르면 몇 개인가?

• 창조적으로 운영된다.
• 역할과 책임을 명료화시킨다.
• 팀 풍토를 발전시킨다.
• 주관적인 결정을 내린다.

• 과정에 초점을 맞춘다.
• 개인의 약점을 활용한다.
• 개방적으로 의사소통한다.

---

① 3개

② 4개

③ 5개

④ 6개

⑤ 7개

✔ 해설 효과적인 팀의 핵심적인 특징
   ㉠ 팀의 사명과 목표를 명확하게 기술한다.
   ㉡ 창조적으로 운영된다.
   ㉢ 결과에 초점을 맞춘다.
   ㉣ 역할과 책임을 명료화시킨다.
   ㉤ 조직화가 잘 되어 있다.
   ㉥ 개인의 강점을 활용한다.
   ㉦ 리더십 역량을 공유하며 구성원 상호간에 지원을 아끼지 않는다.
   ㉧ 팀 풍토를 발전시킨다.
   ㉨ 의견의 불일치를 건설적으로 해결한다.
   ㉩ 개방적으로 의사소통한다.
   ㉪ 객관적인 결정을 내린다.
   ㉫ 팀 자체의 효과성을 평가한다.

3 다음 사례를 바탕으로 甲의 멤버십 유형에 대한 설명으로 옳은 것을 고르면?

신입사원 甲은 조직의 멤버로서의 자신의 멤버십에 대하여 체크리스트를 작성한 결과, 자신이 D유형에 해당한다는 사실을 알게 되었다.

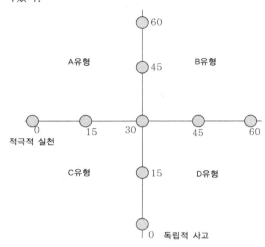

① 일부러 반대의견을 제시한다.
② 리더나 조직을 믿고 헌신한다.
③ 업무 수행에는 감독이 반드시 필요하다.
④ 개인의 이익을 극대화하기 위한 흥정에 능하다.
⑤ 조직이 나의 아이디어를 원치 않는다고 생각한다.

> **✔해설** A는 수동형, B는 실무형, C는 소외형, D는 순응형에 해당한다.
> ① 소외형의 특징이다.
> ③⑤ 수동형의 특징이다.
> ④ 실무형의 특징이다.

4 협상과정을 순서대로 바르게 나열한 것은?

① 협상 시작→상호 이해→실질 이해→해결 대안→합의 문서

② 협상 시작→상호 이해→실질 이해→합의 문서→해결 대안

③ 협상 시작→실질 이해→상호 이해→해결 대안→합의 문서

④ 협상 시작→실질 이해→상호 이해→합의 문서→해결 대안

⑤ 협상 시작→실질 이해→해결 대안→상호 이해→합의 문서

> ✔ 해설 협상과정
> 협상 시작→상호 이해→실질 이해→해결 대안→합의 문서

5 다음 중 협상에서 주로 나타나는 실수와 그 대처방안이 잘못된 것은?

① 준비되기도 전에 협상이 시작되는 경우 아직 준비가 덜 되었음을 솔직히 말하고 상대방의 입장을 묻는 기회로 삼는다.

② 협상 상대가 협상에 대하여 타결권한을 가진 최고책임자인지 확인하고 협상을 시작한다.

③ 협상의 통제권을 잃을까 두려워하지 말고 의견 차이를 조정하면서 최선의 해결책을 찾기 위해 노력한다.

④ 설정한 목표와 한계에서 벗어나지 않기 위해 한계와 목표를 기록하고 협상의 길잡이로 삼는다.

⑤ 협상 당사자 간에 기대하는 바에 일관성 있게 헌신적으로 부응한다.

> ✔ 해설 ② 협상 상대가 협상에 대하여 책임을 질 수 있고 타결권한을 가지고 있는 사람인지 확인하고 협상을 시작해야 한다. 최고책임자는 협상의 세부사항을 잘 모르기 때문에 협상의 올바른 상대가 아니다.

Answer 3.② 4.① 5.②

6 다음 글에서 나타난 갈등을 해결한 방법은?

> 갑과 을은 일 처리 방법으로 자주 얼굴을 붉힌다. 갑은 처음부터 끝까지 계획을 따라 일을 진행하려고 하고, 을은 일이 생기면 즉흥적으로 해결하는 성격이다. 같은 회사 동료인 병은 이 둘에게 서로의 성향 차이를 인정할 줄 알아야 한다고 중재를 했고, 이 둘은 어쩔 수 없이 포기하는 것이 아닌 서로간의 차이가 있다는 점을 비로소 인정하게 되었다.

① 사람들과 눈을 자주 마주친다.
② 다른 사람들의 입장을 이해한다.
③ 사람들이 당황하는 모습을 자세하게 살핀다.
④ 자신의 의견을 명확하게 밝히고 지속적으로 강화한다.
⑤ 어려운 문제는 피하지 말고 맞선다.

✔ 해설 갈등해결 방법
　　㉠ 다른 사람들의 입장을 이해한다.
　　㉡ 사람들이 당황하는 모습을 자세하게 살핀다.
　　㉢ 어려운 문제는 피하지 말고 맞선다.
　　㉣ 자신의 의견을 명확하게 밝히고 지속적으로 강화한다.
　　㉤ 사람들과 눈을 자주 마주친다.
　　㉥ 마음을 열어놓고 적극적으로 경청한다.
　　㉦ 타협하려 애쓴다.
　　㉧ 어느 한쪽으로 치우치지 않는다.
　　㉨ 논쟁하고 싶은 유혹을 떨쳐낸다.
　　㉩ 존중하는 자세로 사람들을 대한다.

7 다음에서 나타난 신교수의 동기부여 방법으로 가장 적절한 것은?

> 신교수는 매 학기마다 새로운 수업을 들어가면 첫 번째로 내주는 과제가 있다. 한국사에 대한 본인의 생각을 A4용지 한 장에 적어오라는 것이다. 이 과제는 정답이 없고 옳고 그름이 기준이 아니라는 것을 명시해준다. 그리고 다음시간에 학생 각자가 적어온 글들을 읽어보도록 하는데, 개개인에게 꼼꼼히 인상깊었던 점을 알려주고 구체적인 부분을 언급하며 칭찬한다.

① 변화를 두려워하지 않는다.   ② 지속적으로 교육한다.
③ 책임감으로 철저히 무장한다.   ④ 긍정적 강화법을 활용한다.
⑤ 지속적으로 교육한다.

> ✔해설 동기부여 방법
> ㉠ 긍정적 강화법을 활용한다.
> ㉡ 새로운 도전의 기회를 부여한다.
> ㉢ 창의적인 문제해결법을 찾는다.
> ㉣ 책임감으로 철저히 무장한다.
> ㉤ 몇 가지 코칭을 한다.
> ㉥ 변화를 두려워하지 않는다.
> ㉦ 지속적으로 교육한다.

8 다음에서 설명하고 있는 개념의 특징으로 옳지 않은 것은?

> 조직성원들을 신뢰하고 그들의 잠재력을 믿으며 그 잠재력의 개발을 통해 High Performance 조직이 되도록 하는 일련의 행위이다.

① 부정적인 인간관계   ② 학습과 성장의 기회
③ 성과에 대한 지식   ④ 상부로부터의 지원
⑤ 긍정적인 인간관계

> ✔해설 높은 성과를 내는 임파워먼트 환경의 특징
> • 도전적이고 흥미 있는 일
> • 학습과 성장의 기회
> • 높은 성과와 지속적인 개선을 가져오는 요인들에 대한 통제
> • 성과에 대한 지식
> • 긍정적인 인간관계
> • 개인들이 공헌하며 만족한다는 느낌
> • 상부로부터의 지원

Answer 6.② 7.④ 8.①

9 김 대리는 사내 교육 중 하나인 리더십 교육을 들은 후 관련 내용을 다음과 같이 정리하였다. 다음 제시된 내용을 보고 잘못 정리한 부분을 찾으면?

	임파워먼트
개념	• 리더십의 핵심 개념 중 하나, '권한 위임'이라고 할 수 있음 • ㉠ 조직 구성원들을 신뢰하고 그들의 잠재력을 믿으며, 그 잠재력의 개발을 통해 고성과 조직이 되도록 하는 일련의 행위 • 권한을 위임받았다고 인식하는 순간부터 직원들의 업무효율성은 높아짐
충족기준	• 여건의 조성 : 임파워먼트는 사람들이 자유롭게 참여하고 기여할 수 있는 일련의 여건들을 조성하는 것 • ㉡ 재능과 에너지의 극대화 : 임파워먼트는 사람들의 재능과 욕망을 최대한으로 활용할 뿐만 아니라, 나아가 확대할 수 있도록 하는 것 • 명확하고 의미 있는 목적에 초점 : 임파워먼트는 사람들이 분명하고 의미 있는 목적과 사명을 위해 최대의 노력을 발휘하도록 해주는 것
여건	• 도전적이고 흥미 있는 일 • 학습과 성장의 기회 • ㉢ 높은 성과와 지속적인 개선을 가져오는 요인들에 대한 통제 • 성과에 대한 지식 • 긍정적인 인간관계 • 개인들이 공헌하며 만족한다는 느낌 • 상부로부터의 지원
장애요인	• 개인 차원 : 주어진 일을 해내는 역량의 결여, 동기의 결여, 결의의 부족, 책임감 부족, 의존성 • ㉣ 대인 차원 : 다른 사람과의 성실성 결여, 약속 불이행, 성과를 제한하는 조직의 규범, 갈등처리 능력 부족, 제한된 정책과 절차 • ㉤ 관리 차원 : 통제적 리더십 스타일, 효과적 리더십 발휘 능력 결여, 경험 부족, 정책 및 기획의 실행 능력 결여, 비전의 효과적 전달 능력 결여 • 조직 차원 : 공감대 형성이 없는 구조와 시스템

① ㉠   ② ㉡

③ ㉢   ④ ㉣

⑤ ㉤

✔해설 ㉣ 제한된 정책과 절차는 조직 차원의 장애요인으로 들어가야 하는 부분이다.

10 다음 글에서와 같이 노조와의 갈등에 있어 최 사장이 보여 준 갈등해결방법은 어느 유형에 속하는가?

> 노조위원장은 임금 인상안이 받아들여지지 않자 공장의 중간관리자급들을 동원해 전격 파업을 단행하기로 하였고, 이들은 임금 인상과 더불어 자신들에게 부당한 처우를 강요한 공장장의 교체를 요구하였다. 회사의 창립 멤버로 회사 발전에 기여가 큰 공장장을 교체한다는 것은 최 사장이 단 한 번도 상상해 본 적 없는 일인지라 오히려 최 사장에게는 임금 인상 요구가 하찮게 여겨질 정도로 무거운 문제에 봉착하게 되었다. 1시간 뒤 가진 노조 대표와의 협상 테이블에서 최 사장은 임금과 부당한 처우 관련 모든 문제는 자신에게 있으니 공장장을 볼모로 임금 인상을 요구하지는 말 것을 노조 측에 부탁하였고, 공장장 교체 요구를 철회한다면 임금 인상안을 매우 긍정적으로 검토하겠다는 약속을 하게 되었다. 또한, 노조원들의 처우 관련 개선안이나 불만사항은 자신에게 직접 요청하여 합리적인 사안의 경우 즉시 수용할 것임을 전달하기도 하였다. 결국 이러한 최 사장의 노력을 받아들인 노조는 파업을 중단하고 다시 업무에 복귀하게 되었다.

① 수용형
② 경쟁형
③ 타협형
④ 통합형
⑤ 회피형

해설 최 사장은 공장장 교체 요구를 철회시켜 자신에게 믿음을 보여 준 직원을 계속 유지시킬 수 있었고, 노조 측은 처우 개선과 임금 인상 요구를 관철시켰으므로 'win-win'하였다고 볼 수 있다. 통합형은 협력형(collaborating)이라고도 하는데, 자신은 물론 상대방에 대한 관심이 모두 높은 경우로서 '나도 이기고 너도 이기는 방법(win-win)'을 말한다. 이 방법은 문제해결을 위하여 서로 간에 정보를 교환하면서 모두의 목표를 달성할 수 있는 해법을 찾는다. 아울러 서로의 차이를 인정하고 배려하는 신뢰감과 공개적인 대화를 필요로 한다. 통합형이 가장 바람직한 갈등해결 유형이라 할 수 있다.

11 갈등은 다음과 같이 몇 가지 과정을 거치면서 진행되는 것이 일반적인 흐름이라고 볼 때, 빈칸의 ㈎, ㈏, ㈐에 들어가야 할 말을 순서대로 올바르게 나열한 것은?

---

1. 의견 불일치

인간은 다른 사람들과 함께 부딪치면서 살아가게 되는데, 서로 생각이나 신념, 가치관이 다르고 성격도 다르기 때문에 다른 사람들과 의견의 불일치를 가져온다. 많은 의견 불일치는 상대방의 생각과 동기를 설명하는 기회를 주고 대화를 나누다보면 오해가 사라지고 더 좋은 관계로 발전할 수 있지만, 사소한 오해로 인한 작은 갈등이라도 그냥 내버려두면 심각한 갈등으로 발전하게 된다.

2. 대결 국면

의견 불일치가 해소되지 않으면 대결 국면으로 빠져들게 된다. 이 국면에서는 이제 단순한 해결방안은 없고 제기된 문제들에 대하여 새로운 다른 해결점을 찾아야 한다. 일단 대결국면에 이르게 되면 감정이 개입되어 상대방의 주장에 대한 문제점을 찾기 시작하고, 자신의 입장에 대해서는 그럴듯한 변명으로 옹호하면서 양보를 완강히 거부하는 상태에까지 이르게 된다. 즉, (가)은(는) 부정하면서 자기주장만 하려고 한다. 서로의 입장을 고수하려는 강도가 높아지면서 서로 간의 긴장은 더욱 높아지고 감정적인 대응이 더욱 격화되어 간다.

3. 격화 국면

격화 국면에 이르게 되면 상대방에 대하여 더욱 적대적인 현상으로 발전해 나간다. 이제 의견일치는 물 건너가고 (나)을(를) 통해 문제를 해결하려고 하기 보다는 강압적, 위협적인 방법을 쓰려고 하며, 극단적인 경우에는 언어폭력이나 신체적인 폭행으로까지 번지기도 한다. 상대방에 대한 불신과 좌절, 부정적인 인식이 확산되면서 다른 요인들에까지 불을 붙이는 상황에 빠지기도 한다. 이 단계에서는 상대방의 생각이나 의견, 제안을 부정하고, 상대방은 그에 대한 반격으로 대응함으로써 자신들의 반격을 정당하게 생각한다.

4. 진정 국면

시간이 지나면서 정점으로 치닫던 갈등은 점차 감소하는 진정 국면에 들어선다. 계속되는 논쟁과 긴장이 귀중한 시간과 에너지만 낭비하고 이러한 상태가 무한정 유지될 수 없다는 것을 느끼고 점차 흥분과 불안이 가라앉고 이성과 이해의 원상태로 돌아가려 한다. 그러면서 (다)이(가) 시작된다. 이 과정을 통해 쟁점이 되는 주제를 논의하고 새로운 제안을 하고 대안을 모색하게 된다. 이 단계에서는 중개자, 조정자 등의 제3자가 개입함으로써 갈등 당사자 간에 신뢰를 쌓고 문제를 해결하는데 도움이 되기도 한다.

5. 갈등의 해소

진정 국면에 들어서면 갈등 당사자들은 문제를 해결하지 않고는 자신들의 목표를 달성하기 어렵다는 것을 알게 된다. 물론 경우에 따라서는 결과에 다 만족할 수 없는 경우도 있지만 어떻게 해서든지 서로 일치하려고 한다.

① 상대방의 자존심 – 업무 – 침묵

② 제3자의 존재 – 리더 – 반성

③ 조직 전체의 분위기 – 이성 – 의견의 일치

④ 상대방의 입장 – 설득 – 협상

⑤ 자신의 잘못 – 객관적 사실 – 제3자의 역할

> ✔해설 대결 국면에서의 핵심 사항은 상대방의 입장에 대한 무비판적인 부정이며, 격화 국면에서는 설득이 전혀 효과를 발휘할 수 없게 된다. 진정 국면으로 접어들어 비로소 협상이라는 대화가 시작되며 험난한 단계를 거쳐 온 갈등은 이때부터 서서히 해결의 실마리가 찾아지게 된다.

12 다음 사례에서 민수의 행동 중 잘못된 행동은 무엇인가?

> 민수는 Y기업 판매부서의 부장이다. 그의 부서는 크게 3개의 팀으로 구성되어 있는데 이번에 그의 부서에서 본사의 중요한 프로젝트를 맡게 되었고 그는 세 팀의 팀장들에게 이번 프로젝트를 성공시키면 전원 진급을 시켜주겠다고 약속하였다. 각 팀의 팀장들은 민수의 말을 듣고 한 달 동안 야근을 하면서 마침내 거액의 계약을 따내게 되었다. 이로 인해 각 팀의 팀장들은 회사로부터 약간의 성과급을 받게 되었지만 정작 진급은 애초에 세 팀 중에 한 팀만 가능하다는 사실을 뒤늦게 통보받았다. 각 팀장들은 민수에게 불만을 표시했고 민수는 미안하게 됐다며 성과급 받은 것으로 만족하라는 말만 되풀이하였다.

① 상대방에 대한 이해

② 기대의 명확화

③ 사소한 일에 대한 관심

④ 약속의 불이행

⑤ 주의력 부족

> ✔해설 민수는 각 팀장들에게 프로젝트 성공 시 전원 진급을 약속하였지만 결국 그 약속을 이행하지 못했으므로 정답은 ④ 이다.

13 다음 중 '팀원들의 강점을 잘 활용하여 팀 목표를 달성하는 효과적인 팀'의 핵심적인 특징으로 적절하지 않은 것을 모두 고르면?

가. 팀의 사명과 목표를 명확하게 기술한다.
나. 창조적으로 운영된다.
다. 결과보다 과정과 방법에 초점을 맞춘다.
라. 역할과 책임을 명료화시킨다.
마. 개인의 강점을 활용하기보다 짜인 시스템을 활용한다.
바. 팀원 간에 멤버십 역할을 공유한다.
사. 의견의 불일치를 건설적으로 해결한다.
아. 의사소통에 있어 보안유지를 철저히 준수한다.
자. 객관적인 결정을 내린다.

---

① 다, 마, 바, 아
② 마, 자
③ 다, 사, 아, 자
④ 마, 바, 아, 자
⑤ 다, 바, 자

✔ 해설 다. 과정과 방법이 아닌 결과에 초점을 맞추어야 한다.
　　　　마. 개인의 강점과 능력을 최대한 활용하여야 한다.
　　　　바. 팀원 간에 리더십 역할을 공유하며 리더로서의 능력을 발휘할 기회를 제공하여야 한다.
　　　　아. 직접적이고 솔직한 대화, 조언 등을 통해 개방적인 의사소통을 하며 상대방의 아이디어를 적극 활용하여야 한다.
　　　　※ 효과적인 팀의 핵심적인 특징으로는 다음과 같은 것들이 있다.
　　　　　㉠ 팀의 사명과 목표를 명확하게 기술한다.
　　　　　㉡ 창조적으로 운영된다.
　　　　　㉢ 결과에 초점을 맞춘다.
　　　　　㉣ 역할과 책임을 명료화시킨다.
　　　　　㉤ 조직화가 잘 되어 있다.
　　　　　㉥ 개인의 강점을 활용한다.
　　　　　㉦ 리더십 역량을 공유하며 구성원 상호 간에 지원을 아끼지 않는다.
　　　　　㉧ 팀 풍토를 발전시킨다.
　　　　　㉨ 의견의 불일치를 건설적으로 해결한다.
　　　　　㉩ 개방적으로 의사소통한다.
　　　　　㉪ 객관적인 결정을 내린다.
　　　　　㉫ 팀 자체의 효과성을 평가한다.

14 대인관계능력을 구성하는 하위능력 중 현재 동신과 명섭의 팀에게 가장 필요한 능력은 무엇인가?

> 올해 E그룹에 입사하여 같은 팀에서 근무하게 된 동신과 명섭은 다른 팀에 있는 입사동기들과 외딴 섬으로 신입사원 워크숍을 가게 되었다. 그 곳에서 각 팀별로 1박 2일 동안 스스로 의·식·주를 해결 하며 주어진 과제를 수행하는 임무가 주어졌는데 동신은 부지런히 섬 이 곳 저 곳을 다니며 먹을 것을 구해오고 숙박할 장소를 마련하는 등 솔선수범 하였지만 명섭은 단지 섬을 돌아다니며 경치 구경만 하 고 사진 찍기에 여념이 없었다. 그리고 과제수행에 있어서도 동신은 적극적으로 임한 반면 명섭은 소극 적인 자세를 취해 그 결과 동신과 명섭의 팀만 과제를 수행하지 못했고 결국 인사상의 불이익을 당하 게 되었다.

① 리더십능력 ② 팀워크능력
③ 협상능력 ④ 고객서비스능력
⑤ 소통능력

✔ **해설** 현재 동신과 명섭의 팀에게 가장 필요한 능력은 팀워크능력이다.

15 다음 사례에 나타난 리더십 유형의 특징으로 옳은 것은?

> 이번에 새로 팀장이 된 대근은 입사 5년차인 비교적 젊은 팀장이다. 그는 자신의 팀에 있는 팀원들 은 모두 나름대로의 능력과 경험을 가지고 있으며 자신은 그들 중 하나에 불과하다고 생각한다. 따라서 다른 팀의 팀장들과 같이 일방적으로 팀원들에게 지시를 내리거나 팀원들의 의견을 듣고 그 중에서 마 음에 드는 의견을 선택적으로 추리는 등의 행동을 하지 않고 평등한 입장에서 팀원들을 대한다. 또한 그는 그의 팀원들에게 의사결정 및 팀의 방향을 설정하는데 참여할 수 있는 기회를 줌으로써 팀 내 행 동에 따른 결과 및 성과에 대해 책임을 공유해 나가고 있다. 이는 모두 팀원들의 능력에 대한 믿음에서 비롯된 것이다.

① 질문을 금지한다. ② 모든 정보는 리더의 것이다.
③ 실수를 용납하지 않는다. ④ 책임을 공유한다.
⑤ 핵심정보를 공유하지 않는다.

✔ **해설** ①②③ 전형적인 독재자 유형의 특징이다.
　　　 ※ 파트너십 유형의 특징
　　　　　 ㉠ 평등
　　　　　 ㉡ 집단의 비전
　　　　　 ㉢ 책임 공유

Answer 13.① 14.② 15.④

16 다음 사례에서 유팀장이 부하직원들의 동기부여를 위해 행한 방법으로 옳지 않은 것은?

전자제품을 생산하고 있는 △△기업은 매년 신제품을 출시하는 것으로 유명하다. 그것도 시리즈 별로 하나씩 출시하기 때문에 실제로 출시되는 신제품은 1년에 2~3개가 된다. 이렇다 보니 자연히 직원들은 새로운 제품을 출시하고도 곧바로 또 다른 제품에 대한 아이디어를 내야하고 결국 이것이 스트레스로 이어져 업무에 대한 효율성이 떨어지게 되었다. 유팀장의 부하직원들 또한 이러한 이유로 고민을 하고 있다. 따라서 유팀장은 자신의 팀원들에게 아이디어를 하나씩 낼 때마다 게시판에 적힌 팀원들 이름 아래 스티커를 하나씩 붙이고 스티커가 다 차게 되면 휴가를 보내주기로 하였다. 또한 최근 들어 출시되는 제품들이 모두 비슷하기만 할 뿐 새로운 면을 찾아볼 수 없어 뭔가 혁신적인 기술을 제품에 넣기로 하였다. 특히 △△기업은 전자제품을 주로 취급하다 보니 자연히 보안에 신경을 쓸 수밖에 없었고 유팀장은 이 기회에 새로운 보안시스템을 선보이기로 하였다. 그리하여 부하직원들에게 지금까지 아무도 시도하지 못한 새로운 보안시스템을 개발해 보자고 제안하였고 팀원들도 그 의견에 찬성하였다. 나아가 유팀장은 직원들의 스트레스를 좀 더 줄이고 업무효율성을 극대화시키기 위해 기존에 유지되고 있던 딱딱한 업무환경을 개선할 필요가 있음을 깨닫고 직원들에게 자율적으로 출퇴근을 할 수 있도록 하는 한편 사내에 휴식공간을 만들어 수시로 직원들이 이용할 수 있도록 변화를 주었다. 그 결과 이번에 새로 출시된 제품은 △△기업 사상 최고의 매출을 올리며 큰 성과를 거두었고 팀원들의 사기 또한 하늘을 찌르게 되었다.

① 긍정적 강화법을 활용한다.
② 새로운 도전의 기회를 부여한다.
③ 지속적으로 교육한다.
④ 변화를 두려워하지 않는다.
⑤ 자율적 출·퇴근 시스템을 도입한다.

> **✔ 해설** ① 유팀장은 스티커를 이용한 긍정적 강화법을 활용하였다.
> ② 유팀장은 지금까지 아무도 시도하지 못한 새로운 보안시스템을 개발해 보자고 제안하며 부하직원들에게 새로운 도전의 기회를 부여하였다.
> ④ 유팀장은 부하직원들에게 자율적으로 출퇴근할 수 있도록 하였고 사내에도 휴식공간을 만들어 자유롭게 이용토록 하는 등 업무환경의 변화를 두려워하지 않았다.

17 다음 사례에서 나오는 마부장의 리더십은 어떤 유형인가?

○○그룹의 마부장은 이번에 새로 보직 이동을 하면서 판매부서로 자리를 옮겼다. 그런데 판매부서는 ○○그룹에서도 알아주는 문제가 많은 부서 중에 한 곳으로 모두들 이곳으로 옮기기를 꺼려한다. 그런데 막상 이곳으로 온 마부장은 이곳 판매부서가 비록 직원이 3명밖에 없는 소규모의 부서이지만 세 명 모두가 각자 나름대로의 재능과 경험을 가지고 있고 단지 서로 화합과 협력이 부족하여 성과가 저조하게 나타났음을 깨달았다. 또한 이전 판매부장은 이를 간과한 채 오직 성과내기에 급급하여 직원들을 다그치기만 하자 팀 내 사기마저 떨어지게 된 것이다. 이에 마부장은 부원들의 단합을 위해 매주 등산모임을 만들고 수시로 함께 식사를 하면서 많은 대화를 나눴다. 또한 각자의 능력을 살릴 수 있도록 업무를 분담해 주고 작은 성과라도 그에 맞는 보상을 해 주었다. 이렇게 한 달, 두 달이 지나자 판매부서의 성과는 눈에 띄게 높아졌으며 직원들의 사기 역시 높아졌다.

① 카리스마 리더십
② 독재자형 리더십
③ 변혁적 리더십
④ 거래적 리더십
⑤ 서번트 리더십

✔해설 조직구성원들이 신뢰를 가질 수 있는 카리스마와 함께 조직변화의 필요성을 인지하고 그러한 변화를 나타내기 위해 새로운 비전을 제시하는 능력을 갖춘 리더십을 말한다.

Answer 16.③ 17.③

18 다음 두 사례를 읽고 하나가 가지고 있는 임파워먼트의 장애요인으로 옳은 것은?

〈사례1〉

▽▽그룹에 다니는 민대리는 이번에 새로 입사한 신입직원 하나에게 최근 3년 동안의 매출 실적을 정리해서 올려달라고 부탁하였다. 더불어 기존 거래처에 대한 DB를 새로 업데이트하고 회계팀으로부터 전달받은 통계자료를 토대로 새로운 마케팅 보고서를 작성하라고 지시하였다. 하지만 하나는 일에 대한 열의는 전혀 없이 그저 맹목적으로 지시받은 업무만 수행하였다. 민대리는 그녀가 왜 업무에 열의를 보이지 않는지, 새로운 마케팅 사업에 대한 아이디어를 내놓지 못하는지 의아해 했다.

〈사례2〉

◆◆기업에 다니는 박대리는 이번에 새로 입사한 신입직원 희진에게 최근 3년 동안의 매출 실적을 정리해서 올려달라고 부탁하였다. 더불어 기존 거래처에 대한 DB를 새로 업데이트하고 회계팀으로부터 전달받은 통계자료를 토대로 새로운 마케팅 보고서를 작성하라고 지시하였다. 희진은 지시받은 업무를 확실하게 수행했지만 일에 대한 열의는 전혀 없었다. 이에 박대리는 그녀와 함께 실적자료와 통계자료들을 살피며 앞으로의 판매 향상에 도움이 될 만한 새로운 아이디어를 생각하여 마케팅 계획을 세우도록 조언하였다. 그제야 희진은 자신에게 주어진 프로젝트에 대해 막중한 책임감을 느끼고 자신의 판단에 따라 효과적인 해결책을 만들었다.

① 책임감 부족
② 갈등처리 능력 부족
③ 경험 부족
④ 제한된 정책과 절차
⑤ 집중력 부족

> **✔해설** 〈사례2〉에서 희진은 자신의 업무에 대해 책임감을 가지고 일을 했지만 〈사례1〉에 나오는 하나는 자신의 업무에 대한 책임감이 결여되어 있다.

19 다음 두 조직의 특성을 참고할 때, '갈등관리' 차원에서 본 두 조직에 대한 설명으로 적절하지 않은 것은?

> 감사실은 늘 조용하고 직원들 간의 업무적 대화도 많지 않아 전화도 큰소리로 받기 어려운 분위기다. 다들 무언가를 열심히 하고는 있지만 직원들끼리의 교류나 상호작용은 찾아보기 힘들고 왠지 활기찬 느낌은 없다. 그렇지만 직원들끼리 반목과 불화가 있는 것은 아니며, 부서장과 부서원들 간의 관계도 나쁘지 않아 큰 문제없이 맡은 바 임무를 수행해 나가기는 하지만 실적이 좋지는 않다.
>
> 반면, 빅데이터 운영실은 하루 종일 떠들썩하다. 한쪽에선 시끄러운 전화소리와 고객과의 마찰로 빚어진 언성이 오가며 여기저기 조직원들끼리의 대화가 끝없이 이어진다. 일부 직원은 부서장에게 꾸지람을 듣기도 하고 한쪽에선 직원들 간의 의견 충돌을 해결하느라 열띤 토론도 이어진다. 어딘가 어수선하고 집중력을 요하는 일은 수행하기 힘든 분위기처럼 느껴지지만 의외로 업무 성과는 우수한 조직이다.

① 감사실은 조직 내 갈등이나 의견 불일치 등의 문제가 거의 없어 이상적인 조직으로 평가될 수 있다.
② 빅데이터 운영실에서는 갈등이 새로운 해결책을 만들어 주는 기회를 제공한다.
③ 감사실은 갈등수준이 낮아 의욕이 상실되기 쉽고 조직성과가 낮아질 수 있다.
④ 빅데이터 운영실은 생동감이 넘치고 문제해결 능력이 발휘될 수 있다.
⑤ 두 조직의 차이점에서 '갈등의 순기능'을 엿볼 수 있다.

✔해설 목표를 달성하기 위해 노력하는 팀이라면 갈등은 항상 일어나게 마련이다. 갈등은 의견 차이가 생기기 때문에 발생하게 된다. 그러나 이러한 결과가 항상 부정적인 것만은 아니다. 갈등은 새로운 해결책을 만들어 주는 기회를 제공한다. 중요한 것은 갈등에 어떻게 반응하느냐 하는 것이다. 갈등이나 의견의 불일치는 불가피하며 본래부터 좋거나 나쁜 것이 아니라는 점을 인식하는 것이 중요하다. 또한 갈등수준이 적정할 때는 조직 내부적으로 생동감이 넘치고 변화 지향적이며 문제해결 능력이 발휘되며, 그 결과 조직성과는 높아지고 갈등의 순기능이 작용한다.

20 다음 사례에서 박부장이 취할 수 있는 행동으로 적절하지 않은 것은?

> ◆◆기업에 다니는 박부장은 최근 경기침체에 따른 회사의 매출부진과 관련하여 근무환경을 크게 변화시키기로 결정하였다. 하지만 그의 부하들은 물론 상사와 동료들조차도 박부장의 결정에 회의적이었고 부정적인 시각을 내보였다. 그들은 변화에 소극적이었으며 갑작스런 변화는 오히려 회사의 존립자체를 무너뜨릴 수 있다고 판단하였다. 하지만 박부장은 갑작스런 변화가 처음에는 회사를 좀 더 어렵게 할 수는 있으나 장기적으로 본다면 틀림없이 회사에 큰 장점으로 작용할 것이라고 확신하고 있었고 여기에는 전 직원의 협력과 노력이 필요하였다.

① 직원들의 감정을 세심하게 살핀다.
② 변화의 긍정적인 면을 강조한다.
③ 주관적인 자세를 유지한다.
④ 변화에 적응할 시간을 준다.
⑤ 개방적인 분위기를 조성한다.

✔해설 변화에 소극적인 직원들을 성공적으로 이끌기 위한 방법
　ⓐ 개방적인 분위기를 조성한다.
　ⓑ 객관적인 자세를 유지한다.
　ⓒ 직원들의 감정을 세심하게 살핀다.
　ⓓ 변화의 긍정적인 면을 강조한다.
　ⓔ 변화에 적응할 시간을 준다.

21 다음 사례에서 오부장이 취할 행동으로 가장 적절한 것은?

> 오부장이 다니는 J의류회사는 전국 각지에 매장을 두고 있는 큰 기업 중 하나이다. 따라서 매장별로 하루에도 수많은 손님들이 방문하며 그 중에는 옷에 대해 불만을 품고 찾아오는 손님들도 간혹 있다. 하지만 고지식하며 상부의 지시를 중시 여기는 오부장은 이러한 사소한 일들도 하나하나 보고하여 상사의 지시를 받으라고 부하직원들에게 강조하고 있다. 그러다 보니 매장 직원들은 사소한 문제 하나라도 스스로 처리하지 못하고 일일이 상부에 보고를 하고 상부의 지시가 떨어지면 그때서야 문제를 해결한다. 이로 인해 자연히 불만고객에 대한 대처가 늦어지고 항의도 잇따르게 되었다. 오늘도 한 매장에서 소매에 단추 하나가 없어 이를 수선해 줄 것을 요청하는 고객의 불만을 상부에 보고해 지시를 기다리다가 결국 고객이 기다리지 못하고 환불요청을 한 사례가 있었다.

① 오부장이 직접 그 고객에게 가서 불만사항을 처리한다.

② 사소한 업무처리는 매장 직원들이 스스로 해결할 수 있도록 어느 정도 권한을 부여한다.

③ 매장 직원들에게 고객의 환불요청에 대한 책임을 물어 징계를 내린다.

④ 앞으로 이러한 실수가 일어나지 않도록 옷을 수선하는 직원들의 교육을 다시 시킨다.

⑤ 사소한 일도 상사에게 보고하여 지시를 받도록 한다.

> ✔해설 위의 사례에서 불만고객에 대한 대처가 늦어지고 그로 인해 항의가 잇따르고 있는 이유는 사소한 일조차 상부에 보고해 그 지시를 기다렸다가 해결하는 업무체계에 있다. 따라서 오부장은 어느 정도의 권한과 책임을 매장 직원들에게 위임하여 그들이 현장에서 바로 문제를 해결할 수 있도록 도와주어야 한다.

22 다음 사례에서 장부장이 취할 수 있는 가장 적절한 행동은 무엇인가?

> 서울에 본사를 둔 T그룹은 매년 상반기와 하반기에 한 번씩 전 직원이 워크숍을 떠난다. 이는 평소 직원들 간의 단체생활을 중시 여기는 T그룹 회장의 지침 때문이다. 하지만 워낙 직원이 많은 T그룹이다 보니 전 직원이 한꺼번에 움직이는 것은 불가능하고 각 부서별로 그 부서의 장이 재량껏 계획을 세우고 워크숍을 진행하도록 되어 있다. 이에 따라 생산부서의 장부장은 부원들과 강원도 태백산에 가서 1박 2일로 야영을 하기로 했다. 하지만 워크숍을 가는 날 아침 갑자기 예약한 버스가 고장이 나서 출발을 못한다는 연락을 받았다.

① 워크숍은 장소보다도 이를 통한 부원들의 단합과 화합이 중요하므로 서울 근교의 적당한 장소를 찾아 워크숍을 진행한다.

② 무슨 일이 있어도 계획을 실행하기 위해 새로 예약 가능한 버스를 찾아보고 태백산으로 간다.

③ 어쩔 수 없는 일이므로 상사에게 사정을 얘기하고 이번 워크숍은 그냥 집에서 쉰다.

④ 각 부원들에게 의견을 물어보고 각자 자율적으로 하고 싶은 활동을 하도록 한다.

⑤ 시간이 늦어지더라도 예정된 강원도로 야영을 간다.

> ✔해설 T그룹에서 워크숍을 하는 이유는 직원들 간의 단합과 화합을 키우기 위해서이고 또한 각 부서의 장에게 나름대로의 재량권이 주어졌으므로 위의 사례에서 장부장이 할 수 있는 행동으로 가장 적절한 것은 ①번이다.

Answer 20.③ 21.② 22.①

23 다음의 대화를 통해 알 수 있는 내용으로 가장 알맞은 것은?

> K팀장 : 좋은 아침입니다. 어제 말씀드린 보고서는 다 완성이 되었나요?
>
> L사원 : 예, 아직 완성을 하지 못했습니다. 시간이 많이 부족한 것 같습니다.
>
> K팀장 : 보고서를 작성하는데 어려움이 있나요?
>
> L사원 : 팀장님의 지시대로 하는데 어려움은 없습니다. 그러나 저에게 주신 자료 중 잘못된 부분이 있는 것 같습니다.
>
> K팀장 : 아. 저도 몰랐던 부분이네요. 잘못된 점이 무엇인가요?
>
> L사원 : 직접 보시면 아실 것 아닙니까? 일부러 그러신 겁니까?
>
> K팀장 : 아 그렇습니까?

① K팀장은 아침부터 L사원을 나무라고 있다.
② L사원은 K팀장과 사이가 좋지 못하다.
③ K팀장은 리더로서의 역할이 부족하다.
④ L사원은 팀원으로서의 팔로워십이 부족하다.
⑤ K팀장은 독재자 유형의 리더십을 보이고 있다.

✔ 해설 대화를 보면 L사원의 팔로워십이 부족함을 알 수 있다. 팔로워십은 팀의 구성원으로서의 역할을 충실하게 잘 수행하는 능력을 말한다. L사원은 헌신, 전문성, 용기, 정직, 현명함을 갖추어야 하고 리더의 결점이 있으면 올바르게 지적하되 덮어주는 아량을 갖추어야 한다.

24 다음 사례를 보고 리츠칼튼 호텔의 고객서비스 특징으로 옳은 것은?

> Robert는 미국 출장길에 샌프란시스코의 리츠칼튼 호텔에서 하루를 묵은 적이 있었다.
>
> 그는 서양식의 푹신한 베개가 싫어서 프런트에 전화를 걸어 좀 딱딱한 베개를 가져다 달라고 요청하였다. 호텔 측은 곧이어 딱딱한 베개를 구해왔고 덕분에 잘 잘 수 있었다.
>
> 다음날 현지 업무를 마치고 다음 목적지인 뉴욕으로 가서 우연히 다시 리츠칼튼 호텔에서 묵게 되었는데 아무 생각 없이 방 안에 들어간 그는 깜짝 놀랐다. 침대 위에 전날 밤 사용하였던 것과 같은 딱딱한 베개가 놓여 있는 게 아닌가.
>
> 어떻게 뉴욕의 호텔이 그것을 알았는지 그저 놀라울 뿐이었다. 그는 호텔 측의 이 감동적인 서비스를 잊지 않고 출장에서 돌아와 주위 사람들에게 침이 마르도록 칭찬했다.
>
> 어떻게 이런 일이 가능했을까? 리츠칼튼 호텔은 모든 체인점이 항시 공유할 수 있는 고객 데이터베이스를 구축하고 있었고, 데이터베이스에 저장된 정보를 활용해서 그 호텔을 다시 찾는 고객에게 완벽한 서비스를 제공하고 있었던 것이다.

① 불만 고객에 대한 사후 서비스가 철저하다.
② 신규 고객 유치를 위해 이벤트가 다양하다.
③ 고객이 물어보기 전에 고객이 원하는 것을 실행한다.
④ 고객이 원하는 것이 이루어질 때까지 노력한다.
⑤ 고객이 있는 곳으로 셔틀을 보내는 서비스를 제공한다.

✔해설 리츠칼튼 호텔은 고객이 무언가를 물어보기 전에 고객이 원하는 것에 먼저 다가가는 것을 서비스 정신으로 삼고 있다. 기존 고객의 데이터베이스를 공유하여 고객이 원하는 서비스를 미리 제공할 수 있는 것이다.

25 다음은 엄팀장과 그의 팀원인 문식이의 대화이다. 다음 상황에서 엄팀장이 주의해야 할 점으로 옳지 않은 것은?

엄팀장 : 문식씨, 좋은 아침이군요. 나는 문식씨가 구체적으로 어떤 업무를 하길 원하는지, 그리고 새로운 업무 목표는 어떻게 이룰 것인지 의견을 듣고 싶습니다.

문식 : 솔직히 저는 현재 제가 맡고 있는 업무도 벅찬데 새로운 업무를 받은 것에 대해 달갑지 않습니다. 그저 난감할 뿐이죠.

엄팀장 : 그렇군요. 그 마음 충분히 이해합니다. 하지만 현재 회사 여건상 인력감축은 불가피합니다. 현재의 인원으로 업무를 어떻게 수행할 수 있을지에 대해 우리는 계획을 세워야 합니다. 이에 대해 문식씨가 새로 맡게 될 업무를 검토하고 그것을 어떻게 달성할 수 있을지 집중적으로 얘기해 봅시다.

문식 : 일단 주어진 업무를 모두 처리하기에는 시간이 너무 부족합니다. 좀 더 다른 방법을 세워야 할 것 같아요.

엄팀장 : 그렇다면 혹시 그에 대한 다른 대안이 있나요?

문식 : 기존에 제가 가지고 있던 업무들을 보면 없어도 될 중복된 업무들이 있습니다. 이러한 업무들을 하나로 통합한다면 새로운 업무를 볼 여유가 생길 것 같습니다.

엄팀장 : 좋습니다. 좀 더 구체적으로 말씀해 주시겠습니까?

문식 : 우리는 지금까지 너무 고객의 요구를 만족시키기 위해 필요 없는 절차들을 많이 따르고 있었습니다. 이를 간소화할 필요가 있다고 생각합니다.

엄팀장 : 그렇군요. 어려운 문제에 대해 좋은 해결책을 제시해 줘서 정말 기쁩니다. 그렇다면 지금부터는 새로운 업무를 어떻게 진행시킬지, 그리고 그 업무가 문식씨에게 어떤 이점으로 작용할지에 대해 말씀해 주시겠습니까? 지금까지 문식씨는 맡은 업무를 잘 처리하였지만 너무 같은 업무만을 하다보면 도전정신도 없어지고 자극도 받지 못하죠. 이번에 새로 맡게 될 업무를 완벽하게 처리하기 위해 어떤 방법을 활용할 생각입니까?

문식 : 네. 사실 말씀하신 바와 같이 지금까지 겪어보지 못한 전혀 새로운 업무라 기분이 좋지는 않습니다. 하지만 반면 저는 지금까지 제 업무를 수행하면서 창의적인 능력을 사용해 보지 못했습니다. 이번 업무는 제게 이러한 창의적인 능력을 발휘할 수 있는 기회입니다. 따라서 저는 이번 업무를 통해 좀 더 창의적인 능력을 발휘해 볼 수 있는 경험과 그에 대한 자신감을 얻게 되었다는 점이 가장 큰 이점으로 작용할 것이라 생각됩니다.

엄팀장 : 문식씨 정말 훌륭한 생각을 가지고 있군요. 이미 당신은 새로운 기술과 재능을 가지고 있다는 것을 우리에게 보여주고 있습니다.

---

① 지나치게 많은 정보와 지시를 내려 직원들을 압도한다.
② 어떤 활동을 다루고, 시간은 얼마나 걸리는지 등에 대해 구체적이고 명확하게 밝힌다.
③ 질문과 피드백에 충분한 시간을 할애한다.
④ 직원들의 반응을 이해하고 인정한다.
⑤ 핵심적인 질문으로 효과를 높인다.

✅ **해설** 위의 상황은 엄팀장이 팀원인 문식이에게 코칭을 하고 있는 상황이다. 따라서 코칭을 할 때 주의해야 할 점으로 옳지 않은 것을 고르면 된다.
① 지나치게 많은 정보와 지시로 직원들을 압도해서는 안 된다.
※ **코칭을 할 때 주의해야 할 점**
ㄱ 시간을 명확히 알린다.
ㄴ 목표를 확실히 밝힌다.
ㄷ 핵심적인 질문으로 효과를 높인다.
ㄹ 적극적으로 경청한다.
ㅁ 반응을 이해하고 인정한다.
ㅂ 직원 스스로 해결책을 찾도록 유도한다.
ㅅ 코칭과정을 반복한다.
ㅇ 인정할 만한 일은 확실히 인정한다.
ㅈ 결과에 대한 후속 작업에 집중한다.

26 다음 사례에서 팀원들의 긴장을 풀어주기 위해 나팀장이 취할 수 있는 행동으로 가장 적절한 것은?

> 나팀장이 다니는 ▷◁기업은 국내에서 가장 큰 매출을 올리며 국내 경제를 이끌어가고 있다. 그로 인해 임직원들의 연봉은 다른 기업에 비해 몇 배나 높은 편이다. 하지만 그만큼 직원들의 업무는 많고 스트레스 또한 다른 직장인들에 비해 훨씬 많다. 매일 아침 6시까지 출근해서 2시간 동안 회의를 하고 야근도 밥 먹듯이 한다. 이런 생활이 계속되자 갓 입사한 신입직원들은 얼마 못 가 퇴사하기에 이르고 기존에 있던 직원들도 더 이상 신선한 아이디어를 내놓기 어려운 실정이 되었다. 특히 오늘 아침에는 유난히 팀원들이 긴장을 하는 것 같아 나팀장은 새로운 활동을 통해 팀원들의 긴장을 풀어주어야겠다고 생각했다.

① 자신이 신입직원이었을 당시 열정적으로 일해서 성공한 사례들을 들려준다.
② 오늘 아침 발표된 경쟁사의 신제품과 관련된 신문기사를 한 부씩 나눠주며 읽어보도록 한다.
③ 다른 직장인들에 비해 자신들의 연봉이 높음을 강조하면서 조금 더 힘내 줄 것을 당부한다.
④ 회사 근처에 있는 숲길을 천천히 걸으며 잠시 일상에서 벗어날 수 있는 시간을 마련해 준다.
⑤ 현재 맡고 있는 업무의 중요성을 알려준다.

✅ **해설** 나팀장의 팀원들은 매일 과도한 업무로 인해 스트레스가 쌓인 상태이므로 잠시 일상에서 벗어나 새롭게 기분전환을 할 수 있도록 배려해야 한다. 그러기 위해서는 조용한 숲길을 걷는다든지, 약간의 수면을 취한다든지, 사우나를 하면서 몸을 푸는 것도 좋은 방법이 될 수 있다.

Answer 25.① 26.④

27 N사 홍보팀 직원들은 팀워크를 향상시킬 수 있는 방법에 대한 토의를 진행하며 다음과 같은 의견들을 제시하였다. 다음 중 팀워크의 기본요소를 제대로 파악하고 있지 못한 사람은 누구인가?

A : "팀워크를 향상시키기 위해서는 무엇보다 팀원 간의 상호 신뢰와 존중이 중요하다고 봅니다."
B : "또 하나 빼놓을 수 없는 것은 스스로에 대한 넘치는 자아의식이 수반되어야 팀워크에 기여할 수 있어요."
C : "팀워크는 상호 협력과 각자의 역할이나 책임을 다하는 자세가 기본이 되어야 함을 우리 모두 명심해야 합니다."
D : "저는 팀원들끼리 솔직한 대화를 통해 서로를 이해하는 일이 무엇보다 중요하다고 생각해요."
E : "다들 좋은 말씀들이지만 팀원들이 서로 상대방의 사기를 북돋아 주는 일도 빼놓을 수 없지 않겠어요?"

---

① A
② B
③ C
④ D
⑤ E

> **✔ 해설** '내가'라는 자아의식의 과잉은 팀워크를 저해하는 대표적인 요인이 될 수 있다. 팀워크는 팀 구성원이 공동의 목적을 달성하기 위해 상호 관계성을 가지고 서로 협력하여 일을 해나가는 것인 만큼 자아의식이 강하거나 자기중심적인 이기주의는 반드시 지양해야 할 요소가 된다.

28 다음에서 설명하는 갈등해결방법은?

자신에 대한 관심은 낮고 상대방에 대한 관심은 높은 경우로, '나는 지고 너는 이기는 방법'이다. 주로 상대방이 거친 요구를 해오는 경우 전형적으로 나타난다.

---

① 회피형
② 경쟁형
③ 수용형
④ 타협형
⑤ 통합형

> **✔ 해설** 갈등해결방법의 유형
> ㉠ **회피형** : 자신과 상대방에 대한 관심이 모두 낮은 경우(나도 지고 너도 지는 방법)
> ㉡ **경쟁형** : 자신에 대한 관심은 높고 상대방에 대한 관심은 낮은 경우(나는 이기고 너는 지는 방법)
> ㉢ **수용형** : 자신에 대한 관심은 낮고 상대방에 대한 관심은 높은 경우(나는 지고 너는 이기는 방법)
> ㉣ **타협형** : 자신에 대한 관심과 상대방에 대한 관심이 중간정도인 경우(타협적으로 주고받는 방법)
> ㉤ **통합형** : 자신은 물론 상대방에 대한 관심이 모두 높은 경우(나도 이기고 너도 이기는 방법)

29 (주)서원각 인사팀에 근무하고 있는 김 대리는 팀워크와 관련된 신입사원 교육을 진행하였다. 교육이 끝나고 수강한 신입사원들에게 하나의 상황을 제시한 후, 교육 내용을 토재로 주어진 상황에 대해 이해한 바를 발표하도록 하였다. 김 대리가 제시한 상황과 이를 이해한 신입사원들의 발표 내용 중 일부가 다음과 같을 때, 교육 내용을 잘못 이해한 사람은 누구인가?

〈지시된 상황〉

　입사한 지 2개월이 된 강 사원은 요즘 고민이 많다. 같은 팀 사람들과 업무를 진행함에 있어 어려움을 겪고 있기 때문이다. 각각의 팀원들이 가지고 있는 능력이나 개인의 역량은 우수한 편이다. 그러나 팀원들 모두 자신의 업무를 수행하는 데는 열정적이지만, 공동의 목적을 달성하기 위해 업무를 수행하다 보면 팀원들의 강점은 드러나지 않으며, 팀원들은 다른 사람의 업무에 관심이 없다. 팀원들이 자기 자신의 업무를 훌륭히 해낼 줄 안다면 팀워크 또한 좋을 것이라고 생각했던 강 사원은 혼란을 겪고 있다.

최주봉 : 강 사원의 팀은 팀원들의 강점을 잘 인식하고 이를 활용하는 방법을 찾는 것이 중요할 것 같습니다. 팀원들의 강점을 잘 활용한다면 강 사원뿐만 아니라 팀원들 모두가 공동의 목적을 달성하는 데 대한 자신감을 갖게 될 것입니다.

오세리 : 팀원들이 개인의 업무에만 관심을 갖는 것은 문제가 있습니다. 개인의 업무 외에도 업무지원, 피드백, 동기부여를 위해 서로의 업무에 관심을 갖고 서로에게 의존하는 것이 중요합니다.

이아야 : 강 사원의 팀은 팀워크가 많이 부족한 것 같습니다. 팀원들로 하여금 집단에 머물도록 만들고, 팀의 구성원으로서 계속 남이 있기를 원하게 만드는 팀워크를 키우는 것이 중요합니다.

장유신 : 강 사원이 속해 있는 팀의 구성원들은 팀의 에너지를 최대로 활용하지 못하는 것 같습니다. 각자의 역할과 책임을 다함과 동시에 서로 협력할 줄 알아야 합니다.

심현탁 : 강 사원의 팀은 협력, 통제, 자율 세 가지 기제에 따른 팀 내 적합한 팀워크의 유형을 파악하여 팀워크를 향상시키기 위해 노력할 필요가 있습니다.

---

① 최주봉　　　　　　　　　　　② 오세리
③ 이아야　　　　　　　　　　　④ 장유신
⑤ 심현탁

✔해설 구성원이 서로에 끌려서 집단에 계속해서 남아 있기를 원하는 정도는 팀응집력에 대한 내용이다.
팀워크는 팀 구성원간의 협동 동작·작업, 또는 그들의 연대, 팀의 구성원이 공동의 목표를 달성하기 위하여 각 역할에 따라 책임을 다하고 협력적으로 행동하는 것을 이르는 말이다.

30 조직 사회에서 일어나는 갈등을 해결하는 방법 중 문제를 회피하지 않으면서 상대방과의 대화를 통해 동등한 만큼의 목표를 서로 누리는 두 가지 방법이 있다. 이 두 가지 갈등해결방법에 대한 다음의 설명 중 빈칸에 들어갈 알맞은 말은?

> 첫 번째 유형은 자신에 대한 관심과 상대방에 대한 관심이 중간정도인 경우로서, 서로가 받아들일 수 있는 결정을 하기 위하여 타협적으로 주고받는 방식을 말한다. 즉, 갈등 당사자들이 반대의 끝에서 시작하여 중간 정도 지점에서 타협하여 해결점을 찾는 것이다.
>
> 두 번째 유형은 협력형이라고도 하는데, 자신은 물론 상대방에 대한 관심이 모두 높은 경우로서 '나도 이기고 너도 이기는 방법(win-win)'을 말한다. 이 방법은 문제해결을 위하여 서로 간에 정보를 교환하면서 모두의 목표를 달성할 수 있는 '윈윈' 해법을 찾는다. 아울러 서로의 차이를 인정하고 배려하는 신뢰감과 공개적인 대화를 필요로 한다. 이 유형이 가장 바람직한 갈등해결 유형이라 할 수 있다. 이러한 '윈윈'의 방법이 첫 번째 유형과 다른 점은 (   )는 것이며, 이것을 '윈윈 관리법'이라고 한다.

① 시너지 효과를 극대화할 수 있다.
② 상호 친밀감이 더욱 돈독해진다.
③ 보다 많은 이득을 얻을 수 있다.
④ 문제의 근본적인 해결책을 얻을 수 있다.
⑤ 대인관계를 넓힐 수 있다.

✔ 해설 첫 번째 유형은 타협형, 두 번째 유형은 통합형을 말한다. 갈등의 해결에 있어서 문제를 근본적·본질적으로 해결하는 것이 가장 좋다. 통합형 갈등해결 방법에서의 '윈윈(Win-Win) 관리법'은 서로가 원하는 바를 얻을 수 있기 때문에 성공적인 업무관계를 유지하는 데 매우 효과적이다.

Answer 30.④

Chapter 06 직업윤리

1 윤리와 직업

(1) 윤리의 의미

① **윤리적 인간** ··· 공동의 이익을 추구하고 도덕적 가치 신념을 기반으로 형성된다.

② **윤리규범의 형성** ··· 공동생활과 협력을 필요로 하는 인간생활에서 형성되는 공동행동의 룰을 기반으로 형성된다.

③ **윤리의 의미** ··· 인간과 인간 사이에서 지켜야 할 도리를 바르게 하는 것으로 인간 사회에 필요한 올바른 질서라고 할 수 있다.

예제 1

윤리에 대한 설명으로 옳지 않은 것은?

① 윤리는 인간과 인간 사이에서 지켜져야 할 도리를 바르게 하는 것으로 볼 수 있다.
② 동양적 사고에서 윤리는 인륜과 동일한 의미이며, 엄격한 규율이나 규범의 의미가 배어 있다.
③ 인간은 윤리를 존중하며 살아야 사회가 질서와 평화를 얻게 되고, 모든 사람이 안심하고 개인적 행복을 얻게 된다.
④ 윤리는 세상에 두 사람 이상이 있으면 존재하며, 반대로 혼자 있을 때도 지켜져야 한다.

출제의도

윤리의 의미와 윤리적 인간, 윤리규범의 형성 등에 대한 기본적인 이해를 평가하는 문제이다.

해 설

윤리는 인간과 인간 사이에서 지켜져야 할 도리를 바르게 하는 것으로서 이 세상에 두 사람 이상이 있으면 존재하고 반대로 혼자 있을 때에는 의미가 없는 말이 되기도 한다.

답 ④

---

(2) 직업의 의미

① 직업은 본인의 자발적 의사에 의한 장기적으로 지속하는 일로, 경제적 보상이 따라야 한다.

② **입신출세론** ··· 입신양명(立身揚名)이 입신출세(立身出世)로 바뀌면서 현대에 와서는 직업 활동의 결과를 출세에 비중을 두는 경향이 짙어졌다.

③ 3D 기피현상 … 힘들고(Difficult), 더럽고(Dirty), 위험한(Dangerous) 일은 하지 않으려고 하는 현상

(3) 직업윤리

① 직업윤리란 직업인이라면 반드시 지켜야 할 공통적인 윤리규범으로 어느 직장에 다니느냐를 구분하지 않는다.

② 직업윤리와 개인윤리의 조화
   ㉠ 업무상 행해지는 개인의 판단과 행동이 사회적 파급력이 큰 기업시스템을 통하여 다수의 이해관계자와 관련된다.
   ㉡ 많은 사람의 고도화 된 협력을 요구하므로 맡은 역할에 대한 책임완수와 투명한 일 처리가 필요하다.
   ㉢ 규모가 큰 공동 재산·정보 등을 개인이 관리하므로 높은 윤리의식이 요구된다.
   ㉣ 직장이라는 특수 상황에서 갖는 집단적 인간관계는 가족관계, 친분관계와는 다른 배려가 요구된다.
   ㉤ 기업은 경쟁을 통하여 사회적 책임을 다하고, 보다 강한 경쟁력을 키우기 위하여 조직원인의 역할과 능력을 꾸준히 향상시켜야 한다.
   ㉥ 직무에 따른 특수한 상황에서는 개인 차원의 일반 상식과 기준으로는 규제할 수 없는 경우가 많다.

예제 2

직업윤리에 대한 설명으로 옳지 않은 것은?

① 개인윤리를 바탕으로 각자가 직업에 종사하는 과정에서 요구되는 특수한 윤리규범이다.
② 직업에 종사하는 현대인으로서 누구나 공통적으로 지켜야 할 윤리기준을 직업윤리라 한다.
③ 개인윤리의 기본 덕목인 사랑, 자비 등과 공동발전의 추구, 장기적 상호이익 등의 기본은 직업윤리도 동일하다.
④ 직업을 가진 사람이라면 반드시 지켜야 할 윤리규범이며, 중소기업 이상의 직장에 다니느냐에 따라 구분된다.

출제의도

직업윤리의 정의와 내용에 대한 올바른 이해를 요구하는 문제이다.

해 설

직업윤리란 직업을 가진 사람이라면 반드시 지켜야 할 공통적인 윤리규범을 말하는 것으로 어느 직장에 다니느냐를 구분하지 않는다.

답 ④

2 직업윤리를 구성하는 하위능력

(1) 근로윤리

① 근면한 태도
  ㉠ 근면이란 게으르지 않고 부지런한 것으로 근면하기 위해서는 일에 임할 때 적극적이고 능동적인 자세가 필요하다.
  ㉡ 근면의 종류
    • 외부로부터 강요당한 근면
    • 스스로 자진해서 하는 근면

② 정직한 행동
  ㉠ 정직은 신뢰를 형성하고 유지하는 데 기본적이고 필수적인 규범이다.
  ㉡ 정직과 신용을 구축하기 위한 지침
    • 정직과 신뢰의 자산을 매일 조금씩 쌓아가자.
    • 잘못된 것도 정직하게 밝히자.
    • 타협하거나 부정직을 눈감아 주지 말자.
    • 부정직한 관행은 인정하지 말자.

③ 성실한 자세 … 성실은 일관하는 마음과 정성의 덕으로 자신의 일에 최선을 다하고자 하는 마음자세를 가지고 업무에 임하는 것이다.

예제 3

우리 사회에서 정직과 신용을 구축하기 위한 지침으로 볼 수 없는 것은?

① 정직과 신뢰의 자산을 매일 조금씩 쌓아가도록 한다.
② 잘못된 것도 정직하게 밝혀야 한다.
③ 작은 실수는 눈감아 주고 때론 타협을 하여야 한다.
④ 부정직한 관행은 인정하지 말아야 한다.

출제의도

근로윤리 중에서도 정직한 행동과 성실한 자세에 대해 올바르게 이해하고 있는지 평가하는 문제이다.

해 설

타협하거나 부정직한 일에 대해서는 눈감아주지 말아야 한다.

답 ③

(2) 공동체윤리

① 봉사(서비스)의 의미

   ⊙ 직업인에게 봉사란 자신보다 고객의 가치를 최우선으로 하는 서비스 개념이다.

   ⓛ SERVICE의 7가지 의미

     • S(Smile & Speed) : 서비스는 미소와 함께 신속하게 하는 것

     • E(Emotion) : 서비스는 감동을 주는 것

     • R(Respect) : 서비스는 고객을 존중하는 것

     • V(Value) : 서비스는 고객에게 가치를 제공하는 것

     • I(Image) : 서비스는 고객에게 좋은 이미지를 심어 주는 것

     • C(Courtesy) : 서비스는 예의를 갖추고 정중하게 하는 것

     • E(Excellence) : 서비스는 고객에게 탁월하게 제공되어져야 하는 것

   ⓒ 고객접점서비스 : 고객과 서비스 요원 사이에서 15초 동안의 짧은 순간에 이루어지는 서비스로, 이 순간을 진실의 순간(MOT ; Moment of Truth) 또는 결정적 순간이라고 한다.

② 책임의 의미 … 책임은 모든 결과는 나의 선택으로 인한 결과임을 인식하는 태도로, 상황을 회피하지 않고 맞닥뜨려 해결하는 자세가 필요하다.

③ 준법의 의미 … 준법은 민주 시민으로서 기본적으로 지켜야 하는 의무이며 생활 자세이다.

④ 예절의 의미 … 예절은 일정한 생활문화권에서 오랜 생활습관을 통해 하나의 공통된 생활방법으로 정립되어 관습적으로 행해지는 사회계약적 생활규범으로, 언어문화권에 따라 다르고 같은 언어문화권이라도 지방에 따라 다를 수 있다.

⑤ 직장에서의 예절

   ⊙ 직장에서의 인사예절

     • 악수

     –악수를 하는 동안에는 상대에게 집중하는 의미로 반드시 눈을 맞추고 미소를 짓는다.

     –악수를 할 때는 오른손을 사용하고, 너무 강하게 쥐어짜듯이 잡지 않는다.

     –악수는 힘 있게 해야 하지만 상대의 뼈를 부수듯이 손을 잡지 말아야 한다.

     –악수는 서로의 이름을 말하고 간단한 인사 몇 마디를 주고받는 정도의 시간 안에 끝내야 한다.

     • 소개

     –나이 어린 사람을 연장자에게 소개한다.

-내가 속해 있는 회사의 관계자를 타 회사의 관계자에게 소개한다.

-신참자를 고참자에게 소개한다.

-동료임원을 고객, 손님에게 소개한다.

-비임원을 임원에게 소개한다.

-소개받는 사람의 별칭은 그 이름이 비즈니스에서 사용되는 것이 아니라면 사용하지 않는다.

-반드시 성과 이름을 함께 말한다.

-상대방이 항상 사용하는 경우라면, Dr. 또는 Ph.D. 등의 칭호를 함께 언급한다.

-정부 고관의 직급명은 퇴직한 경우라도 항상 사용한다.

-천천히 그리고 명확하게 말한다.

-각각의 관심사와 최근의 성과에 대하여 간단한 언급을 한다.

• 명함 교환

-명함은 반드시 명함 지갑에서 꺼내고 상대방에게 받은 명함도 명함 지갑에 넣는다.

-상대방에게서 명함을 받으면 받은 즉시 호주머니에 넣지 않는다.

-명함은 하위에 있는 사람이 먼저 꺼내는데 상위자에 대해서는 왼손으로 가볍게 받쳐 내는 것이 예의이
며, 동위자, 하위자에게는 오른손으로만 쥐고 건넨다.

-명함을 받으면 그대로 집어넣지 말고 명함에 관해서 한 두 마디 대화를 건네 본다.

-쌍방이 동시에 명함을 꺼낼 때는 왼손으로 서로 교환하고 오른손으로 옮겨진다.

ⓒ 직장에서의 전화예절

• 전화걸기

-전화를 걸기 전에 먼저 준비를 한다. 정보를 얻기 위해 전화를 하는 경우라면 얻고자 하는 내용을 미리
메모하도록 한다.

-전화를 건 이유를 숙지하고 이와 관련하여 대화를 나눌 수 있도록 준비한다.

-전화는 정상적인 업무가 이루어지고 있는 근무 시간에 걸도록 한다.

-당신이 통화를 원하는 상대와 통화할 수 없을 경우에 대비하여 비서나 다른 사람에게 메시지를 남길 수
있도록 준비한다.

-전화는 직접 걸도록 한다.

-전화를 해달라는 메시지를 받았다면 가능한 한 48시간 안에 답해주도록 한다.

• 전화받기

-전화벨이 3~4번 울리기 전에 받는다.

-당신이 누구인지를 즉시 말한다.

-천천히, 명확하게 예의를 갖추고 말한다.

-밝은 목소리로 말한다.

-말을 할 때 상대방의 이름을 함께 사용한다.

-메시지를 받아 적을 수 있도록 펜과 메모지를 곁에 둔다.

-주위의 소음을 최소화한다.

-긍정적인 말로서 전화 통화를 마치고 전화를 건 상대방에게 감사를 표시한다.

• 휴대전화

-당신이 어디에서 휴대전화로 전화를 하든지 간에 상대방에게 통화를 강요하지 않는다.

-상대방이 장거리 요금을 지불하게 되는 휴대전화의 사용은 피한다.

-운전하면서 휴대전화를 하지 않는다.

-친구의 휴대전화를 빌려 달라고 부탁하지 않는다.

-비상시에만 휴대전화를 사용하는 친구에게는 휴대전화로 전화하지 않는다.

ⓒ 직장에서의 E-mail 예절

• E-mail 보내기

-상단에 보내는 사람의 이름을 적는다.

-메시지에는 언제나 제목을 넣도록 한다.

-메시지는 간략하게 만든다.

-요점을 빗나가지 않는 제목을 잡도록 한다.

-올바른 철자와 문법을 사용한다.

• E-mail 답하기

-원래 이-메일의 내용과 관련된 일관성 있는 답을 하도록 한다.

-다른 비즈니스 서신에서와 마찬가지로 화가 난 감정의 표현을 보내는 것은 피한다.

-답장이 어디로, 누구에게로 보내는지 주의한다.

⑥ **성예절을 지키기 위한 자세** … 직장에서 여성의 특징을 살린 한정된 업무를 담당하던 과거와는 달리 여성과 남성이 대등한 동반자 관계로 동등한 역할과 능력발휘를 한다는 인식을 가질 필요가 있다.

ㄱ 직장 내에서 여성이 남성과 동등한 지위를 보장받기 위해서 그만한 책임과 역할을 다해야 하며, 조직은 그에 상응하는 여건을 조성해야 한다.

ㄴ 성희롱 문제를 사전에 예방하고 효과적으로 처리하는 방안이 필요한 것이다.

ⓒ 남성 위주의 가부장적 문화와 성 역할에 대한 과거의 잘못된 인식을 타파하고 남녀공존의 직장문화를 정착하는 노력이 필요하다.

예제 4

예절에 대한 설명으로 옳지 않은 것은?

① 예절은 일정한 생활문화권에서 오랜 생활습관을 통해 하나의 공통된 생활방식으로 정립되어 관습적으로 행해지는 사회계약적인 생활규범이라 할 수 있다.
② 예절은 언어문화권에 따라 다르나 동일한 언어문화권일 경우에는 모두 동일하다.
③ 무리를 지어 하나의 문화를 형성하여 사는 일정한 지역을 생활문화권이라 하며, 이 문화권에 사는 사람들이 가장 편리하고 바람직한 방법이라고 여겨 그렇게 행하는 생활방법이 예절이다.
④ 예절은 한 나라에서 통일되어야 국민들이 생활하기가 수월하며, 올바른 예절을 지키는 것이 바른 삶을 사는 것이라 할 수 있다.

출제의도

공동체윤리에 속하는 여러 항목 중 예절의 의미와 특성에 대한 이해능력을 평가하는 문제이다.

해 설

예절은 언어문화권에 따라 다르고, 동일한 언어문화권이라도 지방에 따라 다를 수 있다. 예를 들면 우리나라의 경우 서울과 지방에 따라 예절이 조금씩 다르다.

답 ②

출 제 예 상 문 제

1 개인윤리와 직업윤리의 조화에 대한 설명으로 가장 옳지 않은 것은?

① 업무상 개인의 판단과 행동이 사회적 영향력이 큰 기업시스템을 통하여 다수의 이해관계자와 관련된다.
② 수많은 사람이 관련되어 고도화된 공동의 협력을 요구하므로 맡은 역할에 대한 책임완수가 필요하다.
③ 직장이라는 집단적 인간관계에서도 가족관계, 개인적 선호에 의한 친분 관계와 유사한 측면의 배려가 필요하다.
④ 각각의 직무에서 오는 특수한 상황에서는 개인적 덕목 차원의 일반적인 상식과 기준으로 규제할 수 없는 경우가 많다.
⑤ 개인윤리의 기본 덕목인 사랑, 자비 등과 방법론상의 이념인 공동발전의 추구, 장기적 상호이익 등의 기본은 동일하다.

> ✔ 해설 ③ 직장이라는 특수 상황에서 갖는 집단적 인간관계는 가족관계, 개인적 선호에 의한 친분 관계와는 다른 측면의 배려가 필요하다.

2 직업윤리의 측면에 있어서 "SERVICE"란 단어 속에 숨겨진 7가지 의미를 제대로 파악하지 못하고 있는 사람은?

① 甲 : 'S'는 'Smile'과 'Speed'의 두 가지 의미를 함께 가지고 있습니다. 미소와 함께 빠른 처리가 서비스의 생명이라고 생각합니다.
② 乙 : 서비스란 단어에 'E'는 두 번 들어가는데 'Emotion'과 'Effect'로 감동적인 결과를 도출해야 함을 의미합니다.
③ 丙 : 'R'은 'Respect'로, 고객을 존중하는 것이야 말로 좋은 서비스의 기본이라고 할 수 있습니다.
④ 丁 : 서비스에서 'I'는 'Image'를 말합니다. 좋은 서비스는 고객에게 좋은 이미지를 심어줄 수 있습니다.
⑤ 戊 : 'V'는 'Value'의 약자로 서비스의 핵심은 고객에게 가치를 제공하는 것에 있으며, 고객에게 가치 있는 서비스를 제공했을 때만이 성공적인 서비스가 될 수 있습니다.

> ✔ 해설 "SERVICE"에서 'E'는 'Emotion'과 'Excellence'를 의미한다.
> ※ "SERVICE"의 7가지 의미
> ㉠ S(Smile & Speed) : 서비스는 미소와 함께 신속하게 하는 것
> ㉡ E(Emotion) : 서비스는 감동을 주는 것
> ㉢ R(Respect) : 서비스는 고객을 존중하는 것
> ㉣ V(Value) : 서비스는 고객에게 가치를 제공하는 것
> ㉤ I(Image) : 서비스는 고객에게 좋은 이미지를 심어 주는 것
> ㉥ C(Courtesy) : 서비스는 예의를 갖추고 정중하게 하는 것
> ㉦ E(Excellence) : 서비스는 고객에게 탁월하게 제공되어져야 하는 것

3 다음 사례에 해당하는 비윤리적 행위의 유형은?

> • 甲은 제품을 설계할 때 안전상의 고려를 충분히 하지 않아 소비자의 안전사고를 유발시켰다.
> • 乙은 작업 중에 안전수칙을 철저히 지키지 않아 사고를 유발하였다.

① 도덕적 타성
② 도덕적 태만
③ 거짓말
④ 무절제
⑤ 무관심

✔해설 제시된 사례는 비윤리적인 결과를 피하기 위하여 일반적으로 필요한 주의나 관심을 기울이지 않는 도덕적 태만에 해당한다. 도덕적 태만은 어떤 결과가 나쁜 것을 알지만 자신의 행위가 그러한 결과를 가져올 수 있다는 것을 모르는 경우이다.

4 다음 사례에서 甲이 중요시하는 직업윤리의 기본원칙은 무엇인가?

> 사내에서 '대쪽'이라는 별명으로 통하는 甲은 업무를 처리함에 있어 공공성을 바탕으로 공사구분을 명확히 하고, 모든 것을 숨김없이 투명하게 처리한다.

① 객관성의 원칙
② 고객중심의 원칙
③ 전문선의 원칙
④ 정직과 신용의 원칙
⑤ 공정경쟁의 원

✔해설 직업윤리의 5대 원칙
㉠ 객관성의 원칙 : 업무의 공공성을 바탕으로 공사구분을 명확히 하고, 모든 것을 숨김없이 투명하게 처리하는 원칙을 말한다.
㉡ 고객중심의 원칙 : 고객에 대한 봉사를 최우선으로 생각하고 현장중심, 실천중심으로 일하는 원칙을 말한다.
㉢ 전문성의 원칙 : 자기업무에 전문가로서의 능력과 의식을 가지고 책임을 다하며, 능력을 연마하는 것을 말한다.
㉣ 정직과 신용의 원칙 : 업무와 관련된 모든 것을 숨김없이 정직하게 수행하고, 본분과 약속을 지켜 신뢰를 유지하는 것을 말한다.
㉤ 공정경쟁의 원칙 : 법규를 준수하고, 경쟁원리에 따라 공정하게 행동하는 것을 말한다.

Answer 1.③ 2.② 3.② 4.①

5 다음에서 설명하고 있는 개념으로 적절한 것은?

> 이것은 일정한 생활문화권에서 오랜 생활습관을 통해 하나의 공통된 생활방법으로 정립되어 관습적으로 행해지는 사회계약적 생활규범으로, 언어문화권에 따라 다르고 같은 언어문화권이라도 지방에 따라 다를 수 있다.

① 봉사   ② 책임
③ 준법   ④ 예절
⑤ 문화

> ✔ 해설 **공동체윤리**
> ① **봉사** : 직업인에게 봉사란 자신보다 고객의 가치를 최우선으로 하는 서비스 개념이다.
> ② **책임** : 책임은 모든 결과는 나의 선택으로 인한 결과임을 인식하는 태도로, 상황을 회피하지 않고 맞닥뜨려 해결하는 자세가 필요하다.
> ③ **준법** : 준법은 민주 시민으로서 기본적으로 지켜야 하는 의무이며 생활 자세이다.
> ④ **예절** : 예절은 일정한 생활문화권에서 오랜 생활습관을 통해 하나의 공통된 생활방법으로 정립되어 관습적으로 행해지는 사회계약적 생활규범으로, 언어문화권에 따라 다르고 같은 언어문화권이라도 지방에 따라 다를 수 있다.

6 다음 두 가지 근면의 사례를 구분하는 가장 중요한 요소로 적절한 것은?

> 1) 연일 계속되는 야근과 휴일 근무로 인해 육체의 수고와 정신적 스트레스는 물론 가정의 화목까지 위협받지만 온 힘을 다하여 새벽부터 출근길에 오르는 수많은 직장인들
> 2) 부유한 집안에서 태어나 젊은 나이에도 학업과 직장 생활을 뒤로 하고 방탕한 생활을 하다가, 40 대 후반이 되어서야 만학의 꿈을 갖고 스스로 불철주야 도서관에서 학문에 정진하는 중년

① 근면의 방법
② 보수의 유무
③ 근면의 동기
④ 근면의 사회성
⑤ 집단과 개인의 근면

> ✔ 해설 1)은 외부로부터 강요당한 근면, 2)는 스스로 자진해서 하는 근면의 모습이며 이는 '근면의 동기'로 구분될 수 있는 종류이다. 1)과 같은 근면은 수동적, 소극적인 반면, 2)와 같은 근면은 능동적, 적극적이다.

7 다음과 같은 직업윤리의 덕목을 참고할 때, 빈칸에 공통으로 들어갈 알맞은 말은 무엇인가?

> 사회시스템은 구성원 서로가 신뢰하는 가운데 운영이 가능한 것이며, 그 신뢰를 형성하고 유지하는데 필요한 가장 기본적이고 필수적인 규범이 바로 (   )인 것이다.
> 그러나 우리 사회의 (   )은(는) 아직까지 완벽하지 못하다. 거센 역사의 소용돌이 속에서 여러 가지 부당한 핍박을 받은 경험이 있어서 그럴 수도 있지만, 원칙보다는 집단 내의 정과 의리를 소중히 하는 문화적 정서도 그 원인이라 할 수 있다

① 성실
② 정직
③ 인내
④ 희생
⑤ 도전

✔해설 이러한 정직과 신용을 구축하기 위한 4가지 지침으로 다음과 같은 것들이 있다.
　㉠ 정직과 신뢰의 자산을 매일 조금씩 쌓아가자.
　㉡ 잘못된 것도 정직하게 밝히자.
　㉢ 정직하지 못한 것을 눈감아 주지 말자.
　㉣ 부정직한 관행은 인정하지 말자.

8 원모는 이번에 새로 입사한 회사에서 회식을 하게 되어 팀 동료들과 식사를 할 만한 곳을 알아보고 있다. 그러나 사회초년생인 원모는 회사 회식을 거의 해 본 경험이 없었고, 회사 밖의 많은 선택 가능한 대안 (회식장소) 중에서도 상황 상 주위의 가까운 팀 내 선배들이 강력하게 추천하는 곳을 선택하기로 했는데, 이는 소비자 구매의사결정 과정에서 대안의 평가에 속하는 한 부분으로써 어디에 해당한다고 볼 수 있는가?

① 순차식
② 분리식
③ 결합식
④ 사전편집식
⑤ 휴리스틱 기법

✔해설 휴리스틱 기법은 여러 가지 요인을 체계적으로 고려하지 않고 경험, 직관에 의해서 문제해결과정을 단순화시키는 규칙을 만들어 평가하는 것을 의미한다. 다시 말해, 어떠한 문제를 해결하거나 또는 불확실한 상황에서 판단을 내려야 할 때 정확한 실마리가 없는 경우에 사용하는 방법이다.

Answer 5.④ 6.③ 7.② 8.⑤

9 다음 글의 빈칸에 공통으로 들어갈 윤리 덕목으로 적절한 것은?

> (   )이란 사전적인 의미로는 새로운 기업을 만들어 경제활동을 하는 사람들이 지니고 있는 것이라고 말할 수 있다. 즉, 경제적인 이윤을 얻기 위해 위험을 무릅쓰고 창업을 하는 사람들이 지니고 있는 가치 지향이나 태도인 것이다.
>
> 오스트리아 출신 미국 경제학자 조셉 슘페터는 새로운 가치를 창출하여 사회와 경제에 기여하려는 사람들로 정의하고, 이들이 지니고 있는 혁신적 사고와 태도를 (   )이라고 정의하였다. 그리고 그는 이것이 건강한 자본주의 경제의 핵심이라고 보았다. 경쟁적 시장경제에서는 진입 장벽이 낮아서 개인이 혁신적인 사고만 가지고도 새로운 기회를 만들어서 기업으로 발전시킨 사례가 많이 나타난다. 이러한 혁신적 사고와 도전 정신 속에서 경제는 활력이 넘치고, 시민들은 그 활력에 따른 성장의 혜택을 누리게 된다.

① 창의성   ② 지속 가능성
③ 창업 의지   ④ 기업가 정신
⑤ 사명감

✔해설   기업가 정신의 대표적인 예로 마이크로 소프트의 빌 게이츠나 애플의 창시자 스티브 잡스와 같은 창업자들이 보여준 새로운 혁신과 도전의 정신이 있다. 기업가 정신은 경제적 이익 추구와 더불어 국민 전체의 이익을 증진시키지만, 반대로 기업가 정신이 부족한 기업이 많아지면 경제는 활력을 잃고 국민의 삶은 나아지지 않는다. 그러므로 기업가 정신은 건강한 경제와 경제성장의 핵심이라고 할 수 있다.

10 다음 빈칸에 들어갈 용어로 올바른 것은?

> • 1980년대 이후 소득수준과 생활수준이 급격히 향상되면서 근로자들이 일하기를 꺼리는 업종을 지칭하는 신조어를 말한다.
> • 더러움을 의미하는 dirty, 힘듦을 의미하는 difficult, ___㉠___ 을 의미하는 dangerous의 앞 글자를 따 만들었다.
> • 본래는 제조업, 광업, 건축업 등 더럽고 어려우며 위험한 분야의 산업을 일컬었으나 최근에는 주로 젊은층을 위주로 한 노동인력의 취업경향을 설명하는 데 사용된다.

① 위험함   ② 연관성
③ 어두움   ④ 이질감
⑤ 선명함

✔해설   3D 기피현상 : 힘들고(Difficult), 더럽고(Dirty), 위험한(Dangerous) 일은 하지 않으려고 하는 현상

11 다음에서 알 수 있는 슈펭글러의 사례가 우리 사회에 발생하지 않도록 하기 위한 적절한 제도적 장치로 가장 거리가 먼 것은?

> 2000년대 초, 독일 카셀의 폭스바겐 공장에서 근무하던 슈펭글러는 믿을 수 없는 장면을 목격했다. 폭스바겐 내에서 공금 유용과 비용 부풀리기를 이용한 착복 등이 일어나고 있었던 것이다. 슈펭글러가 확인한 바에 따르면 이는 일부 몇몇 직원의 일탈이 아니라 노조까지 연루된 부패 사건이었다. 그는 이 사실을 직속 상사와 감사담당관, 경영진에게 알렸으나, 몇 해가 지나도록 그들은 묵묵부답이었다.
>
> 2003년, 회사에 알리는 것만으로는 이를 해결할 수 없다는 걸 깨달은 슈펭글러는 주주들과 감독이사회에 편지를 보내기에 이른다. 하지만 며칠 뒤 그가 받은 답변은 슈펭글러 자신의 해고 통지였다. 부정행위로 회사의 공금이 새고 있음을 고발한 대가는 가혹했다. 슈펭글러는 긴 시간 동안 법정 투쟁 속에 힘든 싸움을 이어가야 했으며, 수년 후에야 검찰 수사를 통해 슈펭글러가 고발한 사내 부패문제가 밝혀졌다.

① 직원의 신원은 확실히 보호되고 모든 제보가 진지하게 다루어지며 제기된 문제는 적절하게 조사된다는 내용이 명확하게 명시된 정책을 운영해야 한다.

② 개인의 불평불만과도 관련될 수 있으므로 인사부 직원을 중심으로 한 '고충신고라인' 등의 제도와 연계시키는 정책을 추진하여야 한다.

③ 조직 내의 모든 관리자와 직원은 물론 외부 이해관계자까지 포함하는 포괄적인 정책이 마련되어야 한다.

④ 고발 행위는 자발적인 행동이 아니라 의무가 돼야 하고 이 의무는 정책에서 분명하게 설명되어야 한다.

⑤ 직속상관에 추가하여 조직원이 신뢰할 만한 윤리경영 담당자 또는 내부감사 책임자(조직 대표나 CEO 포함)에게 직접 제보할 수 있는 시스템이 갖춰져야 한다.

> ✔해설 기업의 내부고발에 대한 문제이다. 내부고발자는 자신의 업무에서 알게 된 조직 내 불법 행위나 위험한 활동에 우려를 제기하는 사람이다. 따라서 내부고발과 개인적인 불평불만은 구분돼야 하며 이 둘은 별도의 보고체계를 갖는 것이 중요하다. 일반적인 고충신고라인은 복리후생을 담당하는 인사부와 연결되며, 내부고발의 문제는 이보다 훨씬 중요한 사안이므로 근본적이고 독립적인 내부고발 시스템으로 다루어져야 할 문제이다.

Answer 9.④ 10.① 11.②

12 다음 글에서 엿볼 수 있는 우리나라 기업 문화의 비윤리적인 악습을 지칭하는 말로 적절한 것은?

> 근대 이전으로 거슬러 올라갈수록 사회적 강자의 약자에 대한 지배는 인신 예속적 양상을 보인다. 봉건적 신분 제도가 가진 중요한 특징은 개인이 사회에서 차지하는 직분이 단순한 기능적 차원을 넘어 인신 예속적 성격을 띤다는 점이다. 예를 들어 지주와 소작농의 관계는 토지 임대인-임차인의 관계를 넘어 주인-머슴의 관계와 동일시되었다. 따라서 지주는 토지 임대인으로서 가지는 법적 권리를 넘어 주인 또는 상전으로서 무한한 권리를 향유할 수 있었으며, 소작농은 토지 임차인으로서 가지는 법적 의무를 넘어 머슴이나 상놈으로서 무한한 의무를 걸머지지 않으면 안 되었다.

① 차별
② 갑질
③ 무책임
④ 상하관계
⑤ 빈익빈부익부

✔해설 최근 사회적 문제로 대두되고 있는 갑질 문제의 근원을 설명하고 있는 글이다. 갑질은 계약 권리에 있어 쌍방을 의미하는 갑을(甲乙) 관계에서 상대적으로 우위에 있는 '갑'이 우월한 신분, 지위, 직급, 위치 등을 이용하여 상대방에 오만무례하게 행동하거나 이래라저래라 하며 제멋대로 구는 행동을 말한다. 갑질의 범위에는 육체적 · 정신적 폭력, 언어폭력, 괴롭히는 환경 조장 등이 해당된다.

13 근면에는 두 가지의 종류가 있다. 하나는 외부로부터 강요당한 근면이고, 다른 하나는 스스로 자진해서 하는 근면이 있다. 다음 중 외부로부터 강요당한 근면에 해당하는 것끼리 짝지어진 것은?

> ㉠ 가난했을 때 논밭이나 작업장에서 열악한 노동 조건 하에서 기계적으로 삶을 유지하기 위해 하는 일
> ㉡ 상사의 명령에 의해 잔업하는 일
> ㉢ 회사 내 진급시험을 위해 외국어를 열심히 공부하는 일
> ㉣ 세일즈맨이 자신의 성과를 높이기 위해서 노력하는 일

① ㉠, ㉡
② ㉠, ㉢
③ ㉡, ㉢
④ ㉢, ㉣
⑤ ㉠, ㉣

✔해설 외부로부터 강요당한 근면은 억지로 하는 노동과 상사에 의한 잔업이 해당된다.
자진해서 하는 근면은 일정한 목표를 성취하기 위해 노력하는 것이 해당된다.

14 다음은 공무원이 준수해야 할 직업윤리의 중요성을 설명하는 글이다. 빈칸에 들어갈 가장 적절한 말은 어느 것인가?

> 공무원은 국민 전체에 대한 봉사자로서 공적업무를 수행함에 있어서 공무원 개인의 이해나 관심에 따라 직무수행에 영향을 받아서는 아니 된다. 이러한 공무원들에게는 일반 국민에게 기대되는 것보다 더욱 높은 수준의 도덕성이 요구되고 공무원에게 기대되는 바람직한 행동의 방향과 원칙에 대한 명확한 기준의 제시가 필요하며 이러한 기능을 수행하는 것이 바로 (   )(이)라 할 수 있다.
> 우리 사회에서 공무원이 수행하는 역할과 그 영향력은 어느 영역보다도 크고 중요한 것으로 국민들에게 인식되고 있다. 이로 인하여 일반 국민들은 공무원들이 가지고 있는 가치관이나 의사결정, 그리고 행동에 대하여 매우 민감하게 반응한다. 그리고 공무원의 그릇된 행동이 미치는 사회적 영향력 또한 매우 크다는 점에서 공무원의 바람직한 의식과 행동을 담보하기 위한 지침의 제정이 요구되는 것이다.

① 공무원 윤리지침
② 공무원 행동강령
③ 공무원 청렴평가
④ 청탁금지법
⑤ 직무의 공정성

✔해설 공무원들에게는 일반 국민들에게 기대되는 것 보다 높은 수준의 사고와 도덕성이 요구된다. 일반 국민들과 비교하여 '축소(절제)된 사생활의 원칙'이 적용되며, 이러한 원칙을 규범화한 것이 바로 「공무원 행동강령」이라고 할 수 있다.

Answer 12.② 13.① 14.②

15 다음 대화의 빈 칸에 들어갈 말로 알맞은 것은?

> A : 직업인으로서 지켜야 할 기본 윤리는 무엇인가요?
>
> B : 직업인이라면 일반적으로 정직과 성실, 신의, 책임, 의무 등의 덕목을 준수해야 합니다.
>
> A : 선생님께서 말씀하신 덕목은 모든 사람들에게 요구되는 윤리와 부합하는데, 그 이유는 무엇인가요?
>
> B : _____

> ㉠ 모든 직업인은 직업인이기 전에 인간이기 때문입니다.
> ㉡ 직업은 사회적 역할 분담의 성격을 지니고 있기 때문입니다.
> ㉢ 직장 생활에서 사람들과 관계를 맺어야 하기 때문입니다.
> ㉣ 특수한 윤리가 필요한 직업은 존재하지 않기 때문입니다.

① ㉠, ㉢   ② ㉡, ㉣

③ ㉠, ㉡, ㉢   ④ ㉠, ㉢, ㉣

⑤ ㉠, ㉡, ㉢, ㉣

✔해설 ㉣ 주어진 내용은 직업윤리의 일반성과는 거리가 멀다. 사회구조의 변화와 정보 사회로의 진전에 따른 전문 직종의 증가와 분화로 해당 직업의 특성에 알맞은 윤리가 요구되고 있는데, 이를 직업윤리의 특수성이라 한다. 특수한 윤리가 필요한 직업은 점점 늘어나고 있는 추세이나 이런 특수성은 보편적인 윤리의 토대 위에 정립되어야 한다.

16 다음은 채용비리와 관련한 실태와 문제점을 제기한 글이다. 다음 글에서 제기된 문제점을 보완할 수 있는 방안으로 적절한 것을 〈보기〉에서 모두 고른 것은?

> 공직 유관단체 채용비리 특별점검 결과 272개 대상 기관 중 200개 기관에서 적발 건이 발생되었다. 적발 건수의 합계는 무려 946건으로 기관 당 평균 5건에 육박하는 수치이다. 그러나 채용비리 연루자 및 부정합격자 등에 대한 제재 근거가 미흡하다는 지적이 제기되고 있다. 공직유관단체 대다수의 기관이 채용비리 연루 직원 업무배제, 면직, 부정합격자 채용취소 등에 관한 내부 규정 미비로 인하여 연루 기관장 등 임원에 대한 해임 이외의 다른 제재수단이 없는 것으로 드러났다. 채용비리 연루자 중 수사의뢰(징계요구)된 기관의 임직원에 대해 근거규정이 없어 업무배제가 불가하며, 범죄사실과 징계여부가 확정되기까지는 최소 3개월의 시간이 소요된다는 것 또한 문제점을 해소하는 데 걸림돌이 되고 있다.

〈보기〉

㈎ 채용비리 예방을 위해 부정청탁 또는 비리 내용을 홈페이지 등에 공개한다.

㈏ 채용비리로 수사의뢰 되거나 징계 의결 요구된 경우 해당 직원을 즉시 업무 배제할 수 있는 근거를 마련한다.

㈐ 채용비리의 징계시효를 연장하는 규정을 마련한다.

㈑ 채용 관리 및 면접 위원 구성의 투명성과 평가 기준의 공정성을 확보한다.

---

① ㈎, ㈏, ㈐, ㈑
② ㈏, ㈐, ㈑
③ ㈎, ㈐, ㈑
④ ㈎, ㈏, ㈑
⑤ ㈎, ㈏, ㈐

 해설 제시된 내용 이외에도 채용비리 근절을 위하여 취할 수 있는 방법으로, 수사결과 등으로 밝혀진 부정합격자에 대해서는 채용취소 근거규정을 마련하고 응시자격을 제한하는 조치도 고려할 수 있다. 또한 채용 과정의 투명성을 확보하고 내부 점검을 보다 강화하기 위하여 외부 시험위원을 과반수 이상 구성토록 명시하는 것도 좋은 방법이 될 수 있다. 이 밖에도 이해당사자 구체화, 블라인드 방식 강화, 채용관련 문서 영구 보존 의무화 등을 통해 채용비리 근절을 앞당길 수 있을 것이다.

17 다음 글과 같은 친절한 서비스를 제공하기 위해서 금지해야 할 행위로 적절하지 않은 것은?

> 고객이 서비스 상품을 구매하기 위해서는 입구에 들어올 때부터 나갈 때까지 여러 서비스 요원과 몇 번의 짧은 순간을 경험하게 되는데 그때마다 서비스 요원은 모든 역량을 동원하여 고객을 만족시켜 주어야 하는 것이다. 이를 뒷받침하기 위해서는 고객접점에 있는 서비스 요원들에게 권한을 부여하고 강화된 교육이 필요하며, 고객과 상호작용에 의하여 서비스가 순발력 있게 제공될 수 있는 서비스 전달시스템을 갖추어야 한다. 고객은 윗사람에게 결재의 여유를 주지 않을 뿐만 아니라 기다리지도 않는다.

① 고객에게 짧은 시간에 결정적이고 좋은 인상을 심어주려는 행위
② 고객을 방치한 채 업무자끼리 대화하는 행위
③ 고객이 있는데 화장을 하거나 고치는 행위
④ 개인 용무의 전화 통화를 하는 행위
⑤ 이어폰을 꽂고 음악을 듣는 행위

✔해설 주어진 글은 '고객접점서비스'에 관한 내용이다. 고객접점서비스란 고객과 서비스 요원 사이의 15초 동안의 짧은 순간에서 이루어지는 서비스로서 이 순간은 진실의 순간(MOT : moment of truth) 또는 결정적 순간이다. 이 15초 동안에 고객접점에 있는 최일선 서비스 요원이 책임과 권한을 가지고 우리 회사를 선택한 것이 가장 좋은 선택이었다는 사실을 고객에게 입증시켜야 한다는 것이다. 즉 "결정의 순간"이란 고객이 기업조직의 어떤 한 측면과 접촉하는 사건이며, 그 서비스의 품질에 관하여 무언가 인상을 얻을 수 있는 사건이다. 따라서 고객접점서비스 차원에서 볼 때, 고객에게 짧은 시간에 결정적이고 좋은 인상을 심어주려는 행위는 바람직한 행위인 것이다.

18 다음 중 개인윤리와 직업윤리에 대한 올바른 설명을 모두 고른 것은?

> ㉠ 직업윤리는 개인윤리에 비해 특수성을 갖고 있다.
> ㉡ 개인윤리가 보통 상황에서의 일반적 윤리규범이라고 한다면, 직업윤리는 좀 더 구체적 상황에서의 실천규범이다.
> ㉢ 모든 사람은 근로자라는 공통점 속에서 모두 같은 직업윤리를 가지게 된다.
> ㉣ 직업윤리는 개인윤리를 바탕으로 성립되는 규범이기 때문에, 항상 개인윤리보다 우위에 있다.

① ㉠㉡   ② ㉠㉢
③ ㉠㉣   ④ ㉡㉢
⑤ ㉡㉣

✔ 해설 직업윤리는 특정 직업에서 보이는 특수하고 구체적인 윤리를 말한다. 개인윤리의 경우에는 일반적인 상황에 대한 윤리를 의미한다.
㉢ 모든 사람은 근로자라는 공통점을 가질 수도 있겠지만, 어떤 직업을 갖느냐에 따라 서로 다른 직업윤리를 가질 수 있다.
㉣ 직업윤리는 개인윤리를 바탕으로 성립되고 조화가 필요하며, 항상 직업윤리가 개인윤리보다 우위에 있다고 말할 수 없다.

19 다음은 '기업의 직업윤리'의 중요성을 다루는 세미나에서 제공된 발표 자료의 일부이다. 이에 대한 설명으로 적절하지 않은 것은?

> 외국인 투자자들은 최근 한국 기업의 기업 윤리 행태에 대해 비판의 목소리를 높이고 있죠. 투자자의 신뢰를 배신한 한국 기업이라고 구체적으로 지칭하며, 이들에 대한 지분율을 낮추는 등 보유 주식을 대거 처분하고 있는 모습을 보이고 있습니다. 특히 가짜 백수오 사건으로 물의를 일으키는 N사가 대표적인데요. N사는 건강 기능성식품을 제조하면서 진짜 백수오가 아닌, 인체에 유해한 물질을 넣었었죠. 이 같은 사실이 공개되기 직전에 내부 임원들이 수십억 원대의 보유 주식을 매각한 사실까지 드러나면서 엄청난 비난이 쏟아지기도 했습니다.
>
> 이러한 행태에 분노한 외국인들은 N사의 주식을 대규모로 매각했고, 주가는 한 달 만에 82% 이상 폭락했죠. 문제는 N사와 같은 행태가 한국 기업 내에서 어렵지 않게 보인다는 것입니다. 국내 최대 자동차기업 중 하나인 Z사는 10조 원이 넘는 지출을 통해 부지를 매입했는데, 이것에 대해 외국인 투자자들은 비상식적인 경영 행위로 판단하고, 경영진에게 일침을 가하기도 했습니다.

① 투자자들은 기업의 경영 방침에 대해 지적하고 간섭할 권리가 있다.

② 한국 기업 경영진들은 종종 자신의 이득만을 위해 정보를 조작하는 등 투명하지 않은 모습을 보이기 때문에 국민들에게 비난의 대상이 되기도 한다.

③ 정보 통신의 발달로 인해 기업들의 정직하지 못한 행태가 쉽게 확인 가능하게 되면서, 기업의 공정에 대한 윤리의식이 기업의 성과에 매우 중요한 요인이 되고 있다.

④ 기업들은 브랜드 이미지를 관리하기 위해 SNS 모니터링, 홍보단 등을 구성하고 운영할 필요가 있다.

⑤ 경영진은 절대 사익을 추구해서는 안 된다는 것이 아니며, 최소한 상식적인 운영을 통해 주주의 이익을 저버리는 행동을 해서는 안 된다.

✔ **해설** 브랜드 이미지를 관리하기 위한 조치로 적절한 것은 사실이지만, 제공된 자료에 의하면 브랜드 이미지에 대한 오해를 해소하거나 홍보를 위한 행동이 필요한 것이 아니라, 신뢰를 저버린 것이 크게 문제가 된다는 점을 알 수 있다.

① 기업은 투자자에게 투명한 정보를 제공하고, 투자자의 이윤 성취에 힘써야 할 의무가 있다. 따라서 투자자를 설득시킬 수 있는 경영 방침을 시행하는 것이 중요하다.

② 주어진 글을 통해 확인할 수 있는 내용이다.

③ 정보 통신의 발달이 공정성의 강조를 촉진시키고 있다는 내용뿐만 아니라, 주어진 글을 통해 주가가 폭락하는 등의 모습이 보여 성과와의 연관성을 설명하고 있다.

⑤ Z사의 비상식적인 경영 행태를 비판하는 모습에서 확인할 수 있다.

20 다음 글을 참고할 때, 빈칸에 들어갈 적절한 말은?

> 길동이는 얼마 전 B공사에 합격하여 출근 후 자신만의 명함을 갖게 되었다. 길동이는 스승의 날이 가까워져 집 근처에 있는 은사님을 찾아가 인사를 드리게 되었고, 은사님에게 명함을 건넸다. 길동이의 명함을 받은 은사님은 웃으며 "취직을 축하하네. 그런데 말이야, 다른 사람과 명함 교환을 할 때에는 (   )는 점을 잊지 말게." 라고 말씀하셨다.

① 윗사람에게 명함을 건넬 때에는 손으로 건네지 말고, 책상 위에 올려 밀어주어야 한다.

② 명함을 받고, 빨리 명함 지갑에 집어넣는 모습을 보여야 한다.

③ 윗사람이 명함을 달라고 하기 전까지 먼저 꺼내지 않는다.

④ 상대방을 만나기 전에 미리 명함을 꺼내두고, 윗사람 앞에서는 명함 지갑을 보이지 않는다.

⑤ 명함에 추가 정보를 적는 것은 상대방의 앞에서 하지 않도록 한다.

✔해설 명함에 추가 정보를 적는 것 자체는 상대방에 대한 세부사항을 기억하기 위해 바람직한 방법이라고 할 수 있으나, 상대방이 건네 준 소중한 명함에 상대방의 면전에서 무언가 기재를 하는 것은 자칫 무례한 행동으로 보일 수 있어 유의해야 한다.
① 명함은 아랫사람이 먼저 꺼내고, 왼손으로 가볍게 받쳐 건넨다.
② 명함을 받으면 명함에 관해 한두 마디 건넨다.
③ 명함을 달라고 하기 전에 꺼내는 것은 문제가 되지 않는다.
④ 명함을 미리 꺼내둘 필요는 없으며, 명함 지갑을 보이는 것 역시 예절에 어긋나는 행동이 아니다.

21 다음 (가)와 (나)에 해당하는 직업윤리 덕목을 순서대로 바르게 짝지은 것은?

> (가) 자신의 일이 자신의 능력과 적성에 꼭 맞는다 여기고 그 일에 열성을 가지고 성실히 임하는 태도
> (나) 자신의 일이 누구나 할 수 있는 것이 아니라 해당 분야의 지식과 교육을 밑바탕으로 성실히 수행
>   해야만 가능한 것이라 믿고 수행하는 태도

① 책임의식, 천직의식　　　　　　　　② 전문가의식, 소명의식

③ 천직의식, 전문가의식　　　　　　　④ 직분의식, 소명의식

⑤ 봉사의식, 직분의식

 선택지에 주어진 직업윤리 덕목은 다음과 같이 설명될 수 있다.
- 소명의식 : 자신이 맡은 일은 하늘에 의해 맡겨진 일이라고 생각하는 태도
- 천직의식 : 자신의 일이 자신의 능력과 적성에 꼭 맞는다 여기고 그 일에 열성을 가지고 성실히 임하는 태도
- 직분의식 : 자신이 하고 있는 일이 사회나 기업을 위해 중요한 역할을 하고 있다고 믿고 자신의 활동을 수행하는 태도
- 책임의식 : 직업에 대한 사회적 역할과 책무를 충실히 수행하고 책임을 다하는 태도
- 전문가의식 : 자신의 일이 누구나 할 수 있는 것이 아니라 해당 분야의 지식과 교육을 밑바탕으로 성실히 수행해야
  만 가능한 것이라 믿고 수행하는 태도
- 봉사의식 : 직업 활동을 통해 다른 사람과 공동체에 대하여 봉사하는 정신을 갖추고 실천하는 태도

22 다음 사례에서 엿볼 수 있는 직업윤리 정신으로 가장 알맞은 것은?

> 고려청자 재현의 기초를 습득한 해강 유근형 선생은 일본인 공장을 나온 후 경기도 분원의 사기장 출신인 김완배를 찾아 그가 은거하고 있는 강원도 양구로 간다. 그에게 유약 제조법의 기본을 배운 유근형은 청자 제작에 좋은 태토를 찾기 위해 황해도 봉산 관정리와 함경북도 생기령 등을 다녔다. 청자 유약의 비법을 알아내기 위해, 고려시대 때 청자 가마터를 수소문해서 강진을 비롯한 전국의 옛 가마터를 답사했다. 유약과 태토의 비법을 어느 정도 찾아낸 그는 여주와 수원의 야산에 장작 가마를 만든 후 끝없는 실패를 반복하면서도 불과 씨름을 했고, 1928년 드디어 일본 벳푸시(別府市) 박람회에 청자를 출품하여 금상을 수상했다.

① 봉사　　　　　　　　　　② 성실
③ 희생　　　　　　　　　　④ 근검
⑤ 책임

> ✔해설 해강 유근형 선생이 고려청자 재현에 열성을 보인 사례를 소개하고 있다. 이는 성실한 모습을 보여주는 사례로, 성실은 일관하는 마음과 정성의 덕이다. 우리는 정성스러움을 '진실하여 전연 흠이 없는 완전한 상태에 도달하고자 하는 사람이 선을 택하여 노력하는 태도'라 말할 수 있다. 그러한 태도가 보통 사람들의 삶 속으로 스며들면서 자신의 일에 최선을 다하고자 하는 마음자세로 연결되었다고 볼 수 있다.

23 다음 중 책임감이 높은 사람의 특징으로 가장 거리가 먼 것은?

① 동료의 일은 자신이 알아서 해결하도록 간섭하지 않는다.
② 삶을 긍정적으로 바라보는 태도가 바탕이 된다.
③ 모든 결과는 나의 선택으로 말미암아 일어났다고 생각한다.
④ 누구의 잘못인지를 따지기 전에 어떤 상황에 있어서든 나는 문제해결의 주체라고 생각한다.
⑤ 모든 상황에 대하여 회피하지 않는다.

> ✔해설 일반적으로 책임감이 없는 사람은 회사에서 불필요한 사람으로 인식을 받기 쉽고, 반대로 자기 일에 대한 사명감과 책임감이 투철한 사람은 여러 사람에게 도움을 많이 주므로 조직에서 꼭 필요한 사람으로 인식하는 경우가 많다. 따라서 책임감이 높은 사람은 자신의 일뿐만 아니라 동료들의 업무 수행에 있어서도 적극적으로 도움을 줄 수 있는지를 스스로 찾아낼 수 있는 특징이 있다.

Answer 21.③ 22.② 23.①

24 다음은 A기관 민원실에 걸려 있는 전화 민원 응대 시 준수사항이다. 밑줄 친 ㈎~㈐ 중 전화 예절에 어긋나는 것은?

- 전화는 항상 친절하고 정확하게 응대하겠습니다.
- 전화는 전화벨이 세 번 이상 울리기 전에 신속하게 받겠으며, ㈎ <u>전화 받은 직원의 소속과 이름을 정확히 밝힌 후 상담하겠습니다.</u>
- ㈏ <u>통화 중에는 고객의 의견을 명확히 이해하기 위하여 고객과의 대화를 녹취하여 보관하도록</u> 하겠습니다.
- 고객의 문의 사항에 대해서는 공감하고 경청하며, 문의한 내용을 이해하기 쉽게 충분히 설명하겠습니다.
- 부득이한 사정으로 전화를 다른 직원에게 연결할 경우에는 먼저 고객의 양해를 구한 후 신속하게 연결하겠으며, ㈐ <u>통화 요지를 다른 직원에게 간략하게 전달하여 고객이 같은 내용을 반복하지 않도록</u> 하겠습니다.
- 담당 직원이 부재중이거나 통화 중일 경우에는 고객에게 연결하지 못하는 이유를 설명하고 ㈑ <u>유선 민원 접수표를 담당 직원에게 전달하여 빠른 시간 내에 연락드리겠습니다.</u>
- ㈒ <u>고객의 문의 사항에 즉시 답변하기 어려울 때는 양해를 구한 후 관련 자료 등을 확인하여 신속히 답변 드리겠습니다.</u>
- 고객과 상담 종료 후에는 추가 문의 사항을 확인한 다음 정중히 인사하고, 고객이 전화를 끊은 후에 수화기를 내려놓겠습니다.
- 직원이 고객에게 전화를 할 경우에는 본인의 소속과 성명을 정확히 밝힌 후에 답변 드리겠습니다.

---

① ㈎   ② ㈏

③ ㈐   ④ ㈑

⑤ ㈒

✔ **해설** 고객과의 대화 내용을 녹취하는 것은 고객에 대한 예절의 차원이 아닌 A기관의 업무수행을 위한 행위이다. 고객의 의견을 명확히 이해하기 위해서는 "~다는 말씀이시지요?" 또는 "~라고 이해하면 되겠습니까?" 등의 발언을 통하여 고객이 말하는 중요 부분을 반복하여 확인하는 것이 효과적인 방법이라고 할 수 있다.

25 다음은 인터넷 검색을 통하여 얻은 내용을 나타낸 것이다. 주어진 내용에 해당하는 사례들을 〈보기〉에서 알맞게 고른 것은?

> 기업이 생산 및 영업 활동을 하면서 환경경영, 윤리경영, 사회공헌과 노동자를 비롯한 지역 사회 등 사회 전체의 이익을 동시에 추구하며 그에 따라 의사결정 및 활동을 하는 것

〈보기〉

㉠ 장난감 제조업체인 A사는 자사 공장에서의 아동 노동을 금지하는 규정을 제정하고 시행하였다.
㉡ 가공식품 회사인 B사는 생산 원가를 낮추기 위해 공장을 해외로 이전하기로 하였다.
㉢ 무역회사인 C사는 매년 소재지의 학교와 문화 시설에 상당액을 기부하고 있다.
㉣ 자동차 회사인 D사는 구조 조정을 명분으로 상당수의 직원을 해고하였다.

① ㉠, ㉡
② ㉠, ㉢
③ ㉡, ㉢
④ ㉡, ㉣
⑤ ㉢, ㉣

✔ 해설 ㉠ 기업이 인권을 보호하기 위해 노력한 활동으로 사회적 책임을 수행한 사례에 해당한다.
㉢ 지역 사회의 이익을 함께 추구하는 기업 활동으로 기업의 사회적 책임을 수행한 사례에 해당한다.
㉡㉣ 기업이 이윤을 확대하기 위해 취한 행동으로 기업의 사회적 책임 수행과는 거리가 멀다.

26 다음은 B공사의 윤리경영에 입각한 임직원 행동강령의 일부이다. 주어진 행동강령에 부합하는 설명이 아닌 것은?

제○○조(금품 등을 받는 행위의 제한)

① 임직원(배우자 또는 직계 존·비속을 포함한다.)은 직무관련자나 직무관련임직원으로부터 금전, 부동산, 선물, 향응, 채무면제, 취업제공, 이권부여 등 유형·무형의 경제적 이익을 받거나 요구 또는 제공받기로 약속해서는 아니 된다. 다만, 다음 각 호의 어느 하나에 해당하는 경우에는 그러하지 아니하다.

　1. 친족이 제공하는 금품 등
　2. 사적 거래로 인한 채무의 이행 등에 의하여 제공되는 금품 등
　3. 원활한 직무수행 또는 사교·의례의 목적으로 제공될 경우에 한하여 제공되는 3만 원 이하의 음식물·편의 또는 5만 원 이하의 소액의 선물
　4. 직무와 관련된 공식적인 행사에서 주최자가 참석자에게 통상적인 범위에서 일률적으로 제공하는 교통·숙박·음식물 등의 금품 등
　5. 불특정 다수인에게 배포하기 위한 기념품 또는 홍보용품 등
　6. 특별히 장기적·지속적인 친분관계를 맺고 있는 자가 질병·재난 등으로 어려운 처지에 있는 임직원에게 공개적으로 제공하는 금품 등
　7. 임직원으로 구성된 직원 상조회 등이 정하는 기준에 따라 공개적으로 구성원에게 제공하는 금품 등
　8. 상급자가 위로, 격려, 포상 등의 목적으로 하급자에게 제공하는 금품 등
　9. 외부강의·회의 등에 관한 대가나 경조사 관련 금품 등
　10. 그 밖에 다른 법령·기준 또는 사회상규에 따라 허용되는 금품 등

② 임직원은 직무관련자였던 자나 직무관련임직원이었던 사람으로부터 당시의 직무와 관련하여 금품 등을 받거나 요구 또는 제공받기로 약속해서는 아니 된다. 다만, 제1항 각 호의 어느 하나에 해당하는 경우는 제외한다.

---

① 임직원의 개인적인 채무 이행 시의 금품 수수 행위는 주어진 행동강령에 의거하지 않는다.
② 3만 원 이하의 음식물·편의 제공은 어떤 경우에든 가능하다.
③ 어떠한 경우이든 공개적으로 제공되는 금품은 문제의 소지가 현저히 줄어든다고 볼 수 있다.
④ 직원 상조회 등으로부터 금품이 제공될 경우, 그 한도액은 제한하지 않는다.
⑤ 해당 업무를 더 이상 담당하지 않는 자로부터 이미 지난 과거의 업무와 관련한 금품도 제공받을 수 없다.

✔ 해설 '원활한 직무수행 또는 사교·의례의 목적으로 제공될 경우에 한하여 제공되는 3만 원 이하의 음식물·편의 또는 5만 원 이하의 소액의 선물'이라고 명시되어 있으며, 부정한 이익을 목적으로 하는 경우는 3만 원 이하의 금액에 대해서 도 처벌이 가능하다고 해석될 수 있다.

① 사적 거래로 인한 채무의 이행 등에 의하여 제공되는 금품은 '금품 등을 받는 행위의 제한' 사항의 예외로 규정되 어 있다.

③ 공개적인 경우 문제의 소지가 현저히 줄어든다고 볼 수 있다.

④ 상조회로부터의 금품에 대한 한도액과 관련한 규정은 제시되어 있지 않다.

⑤ '직무관련자였던 자나 직무관련임직원이었던 사람'에 해당되므로 이 역시 금품을 제공받을 수 없는 경우가 된다.

27 동진이는 팀원들과 함께 아이디어 회의를 하고 있는 중이다. 다양한 아이디어를 수집하여 정리하고 토론을 하였다. 다음 중 '직무책임'에 관하여 틀린 의견을 낸 사람은 누구인가?

① 김대리 – 내가 해야 할 직무를 개인적인 일보다 우선적으로 수행해야 합니다.

② 이대리 – 내가 해야 할 직무를 행함에 있어서, 역할과 책임을 명확하게 해야 합니다.

③ 신주임 – 자신의 고유직무만 아니라 소속팀의 공동직무도 공동책임입니다.

④ 정과장 – 직무수행 중 일어난 과실에 대해서는 법적 책임만 져야 합니다.

⑤ 최과장 – 자신이 과실을 저질렀을 때에는 끝까지 책임지려는 책임감이 무엇보다도 중요합니다.

✔ 해설 책임감에 관한 내용이다. 직무수행 중 일어난 과실에 대해서는 법적인 책임만 부담한다는 식의 가치관보다는 무한책 임감을 갖고 잘못을 저질렀을 때에는, 끝까지 책임지려고 하는 책임감이 중요하다는 가치관을 가져야 한다.

직무를 수행하면서 책임은 법적인 책임만 있는 것이 아니라, 사규에 의한 책임, 도의적 책임, 개인양심에 대한 책임 등 여러 가지가 있다. 법적 책임 한 가지만 한정되어 책임감을 정의한다는 것은 직업인으로서의 윤리에 어긋난다.

28 다음과 같은 상황을 맞은 강 대리가 취할 수 있는 가장 적절한 행동은 어느 것인가?

> 강 대리는 자신이 일하는 ◇◇교통공사에 고향에서 친하게 지냈던 형이 다음 주부터 철도차량운전사로 일하게 되었다는 소식을 듣게 되었다. 이 소식을 듣고 오랜만에 형과 만난 강 대리는 형과 이야기를 하던 중 형이 현재 복용하고 있는 약물이 법적으로 금지된 마약류이며 중독된 상황임을 알게 되었다. 강 대리는 형이 어렵게 취업을 하게 된 사정을 생각하며 고민하게 되었다.

① 인사과에 추가적인 이유는 말하지 않고 신입 운전사를 해고해야 할 것 같다고 말한다.

② 형에게 자신이 비밀을 지키는 대신 자신과 회사에서는 아는 척을 하지 말아달라고 부탁한다.

③ 철도차량운전상의 위험과 장해를 일으킬 수 있으므로 형에게 직접 회사에 알릴 것을 권한다.

④ 형의 성격상 철도차량운전사로 손색이 없다는 것을 알고 있으므로 괜히 기분 상할 일을 만들지 않고 그냥 넘어간다.

⑤ 면허가 취소될 수도 있기 때문에 형에게 그 동안 다른 사람의 면허를 잠시 대여하는 방법을 알려준다.

✔해설 철도안전법 제20조 제1항에 따르면 운전면허의 철도차량운전상의 위험과 장해를 일으킬 수 있는 약물 또는 알코올 중독자로서 대통령령으로 정하는 사람은 운전면허를 받을 수 없다. 형이 철도차량을 운전하는 것은 법에 위반되는 행위이고 운전상의 위험과 장해를 일으킬 수 있기 때문에 형에게 스스로 알릴 것을 권한 후 형이 알리지 않을 시에는 직접 회사에 알려야 한다.

29 다음 글에서 의미하는 공동체윤리의 덕목으로 가장 적절한 것은 어느 것인가?

> 오 사원은 민원실을 찾아 요청사항을 해결하고자 하는 고객에게 최선을 다한다. 항상 고객의 물음에 열성적인 마음으로 답을 해 줄뿐 아니라, 민원실 문을 열고 들어오는 고객을 발견한 순간부터 상담이 끝날 때까지 오 사원은 한시도 고객으로부터 시선을 떼지 않는다. 또한 상담 중에 다른 불편함이 있지나 않은 지 고객을 유심히 살피기도 한다. 가끔 상담을 마치고 민원실을 나서는 고객의 얼굴에선 오 사원의 태도에 매우 만족했음을 느낄 수 있다.

① 성실
② 봉사
③ 근면
④ 예절
⑤ 책임

✔**해설** 주어진 글은 봉사(서비스) 중에서도 '고객접점서비스'에 관한 설명이다. 고객접점서비스란 고객과 서비스 요원 사이의 15초 동안의 짧은 순간에서 이루어지는 서비스로서 이 순간은 진실의 순간(MOT: moment of truth) 또는 결정적 순간이다. 이 15초 동안에 고객접점에 있는 최일선 서비스 요원이 책임과 권한을 가지고 우리 회사를 선택한 것이 가장 좋은 선택이었다는 사실을 고객에게 입증시켜야 한다는 것이다. 따라서 고객이 서비스 상품을 구매하기 위해서는 입구에 들어올 때부터 나갈 때까지 여러 서비스요원과 몇 번의 짧은 순간을 경험하게 되는데 그때마다 서비스요원은 모든 역량을 동원하여 고객을 만족시켜주어야 하는 것이다.

30 다음 중 직업윤리로 준수해야 할 덕목의 하나인 '책임'을 강조한 사례가 아닌 것은 어느 것인가?

① 중요한 계약을 성사시키기 위해 아내의 출산 소식에도 끝까지 업무를 수행한 A과장
② 실적 부진의 원인으로 자신의 추진력과 영업력이 부족했음을 인정한 B팀장
③ 매일 출근시간 한 시간 전에 나와 운동을 하며 건강관리에 소홀함이 없는 C대리
④ 본인이 선택한 일이니 그에 따른 결과 역시 다른 누구의 탓도 아니라는 D팀장
⑤ 상사의 지시가 없었어도 며칠 후 행사를 준비하기 위해 스스로 잔업을 마다하지 않는 E대리

✔**해설** C대리의 행동에서는 꾸준히 자기개발을 수행하는 성실함을 엿볼 수 있으며, 이는 '책임'을 실천하는 모습과는 관련이 없다.

Answer 28.③ 29.② 30.③

PART

03

면접

01 면접의 기본

1 면접준비

(1) 면접의 기본 원칙

① **면접의 의미** … 면접이란 다양한 면접기법을 활용하여 지원한 직무에 필요한 능력을 지원자가 보유하고 있는지를 확인하는 절차라고 할 수 있다. 즉, 지원자의 입장에서는 채용 직무수행에 필요한 요건들과 관련하여 자신의 환경, 경험, 관심사, 성취 등에 대해 기업에 직접 어필할 수 있는 기회를 제공받는 것이며, 기업의 입장에서는 서류전형만으로 알 수 없는 지원자에 대한 정보를 직접적으로 수집하고 평가하는 것이다.

② **면접의 특징** … 면접은 기업의 입장에서 서류전형이나 필기전형에서 드러나지 않는 지원자의 능력이나 성향을 볼 수 있는 기회로, 면대면으로 이루어지며 즉흥적인 질문들이 포함될 수 있기 때문에 지원자가 완벽하게 준비하기 어려운 부분이 있다. 하지만 지원자 입장에서도 서류전형이나 필기전형에서 모두 보여주지 못한 자신의 능력 등을 기업의 인사담당자에게 어필할 수 있는 추가적인 기회가 될 수도 있다.

[서류 · 필기전형과 차별화되는 면접의 특징]

• 직무수행과 관련된 다양한 지원자 행동에 대한 관찰이 가능하다.
• 면접관이 알고자 하는 정보를 심층적으로 파악할 수 있다.
• 서류상의 미비한 사항과 의심스러운 부분을 확인할 수 있다.
• 커뮤니케이션 능력, 대인관계 능력 등 행동 · 언어적 정보도 얻을 수 있다.

③ 면접의 유형

　ⓐ **구조화 면접** : 구조화 면접은 사전에 계획을 세워 질문의 내용과 방법, 지원자의 답변 유형에 따른 추가 질문과 그에 대한 평가 역량이 정해져 있는 면접 방식으로 표준화 면접이라고도 한다.

　　• 표준화된 질문이나 평가요소가 면접 전 확정되며, 지원자는 편성된 조나 면접관에 영향을 받지 않고 동일한 질문과 시간을 부여받을 수 있다.

　　• 조직 또는 직무별로 주요하게 도출된 역량을 기반으로 평가요소가 구성되어, 조직 또는 직무에서 필요한 역량을 가진 지원자를 선발할 수 있다.

　　• 표준화된 형식을 사용하는 특성 때문에 비구조화 면접에 비해 신뢰성과 타당성, 객관성이 높다.

　ⓑ **비구조화 면접** : 비구조화 면접은 면접 계획을 세울 때 면접 목적만을 명시하고 내용이나 방법은 면접관에게 전적으로 일임하는 방식으로 비표준화 면접이라고도 한다.

　　• 표준화된 질문이나 평가요소 없이 면접이 진행되며, 편성된 조나 면접관에 따라 지원자에게 주어지는 질문이나 시간이 다르다.

　　• 면접관의 주관적인 판단에 따라 평가가 이루어져 평가 오류가 빈번히 일어난다.

　　• 상황 대처나 언변이 뛰어난 지원자에게 유리한 면접이 될 수 있다.

④ 경쟁력 있는 면접 요령

　ⓐ **면접 전에 준비하고 유념할 사항**

　　• 예상 질문과 답변을 미리 작성한다.

　　• 작성한 내용을 문장으로 외우지 않고 키워드로 기억한다.

　　• 지원한 회사의 최근 기사를 검색하여 기억한다.

　　• 지원한 회사가 속한 산업군의 최근 기사를 검색하여 기억한다.

　　• 면접 전 1주일간 이슈가 되는 뉴스를 기억하고 자신의 생각을 반영하여 정리한다.

　　• 찬반토론에 대비한 주제를 목록으로 정리하여 자신의 논리를 내세운 예상답변을 작성한다.

　ⓑ **면접장에서 유념할 사항**

　　• 질문의 의도 파악 : 답변을 할 때에는 질문 의도를 파악하고 그에 충실한 답변이 될 수 있도록 질문사항을 유념해야 한다. 많은 지원자가 하는 실수 중 하나로 답변을 하는 도중 자기 말에 심취되어 질문의 의도와 다른 답변을 하거나 자신이 알고 있는 지식만을 나열하는 경우가 있는데, 이럴 경우 의사소통능력이 부족한 사람으로 인식될 수 있으므로 주의하도록 한다.

　　• 답변은 두괄식 : 답변을 할 때에는 두괄식으로 결론을 먼저 말하고 그 이유를 설명하는 것이 좋다. 미괄식으로 답변을 할 경우 용두사미의 답변이 될 가능성이 높으며, 결론을 이끌어 내는 과정에서 논리성이 결여될 우려가 있다. 또한 면접관이 결론을 듣기 전에 말을 끊고 다른 질문을 추가하는 예상치 못한 상황이 발생될 수 있으므로 답변은 자신이 전달하고자 하는 바를 먼저 밝히고 그에 대한 설명을 하는 것이 좋다.

- 지원한 회사의 기업정신과 인재상을 기억 : 답변을 할 때에는 회사가 원하는 인재라는 인상을 심어주기 위해 지원한 회사의 기업정신과 인재상 등을 염두에 두고 답변을 하는 것이 좋다. 모든 회사에 해당되는 두루뭉술한 답변보다는 지원한 회사에 맞는 맞춤형 답변을 하는 것이 좋다.
- 나보다는 회사와 사회적 관점에서 답변 : 답변을 할 때에는 자기중심적인 관점을 피하고 좀 더 넓은 시각으로 회사와 국가, 사회적 입장까지 고려하는 인재임을 어필하는 것이 좋다. 자기중심적 시각을 바탕으로 자신의 출세만을 위해 회사에 입사하려는 인상을 심어줄 경우 면접에서 불이익을 받을 가능성이 높다.
- 난처한 질문은 정직한 답변 : 난처한 질문에 답변을 해야 할 때에는 피하기보다는 정면 돌파로 정직하고 솔직하게 답변하는 것이 좋다. 난처한 부분을 감추고 드러내지 않으려 회피하려는 지원자의 모습은 인사담당자에게 입사 후에도 비슷한 상황에 처했을 때 회피할 수도 있다는 우려를 심어줄 수 있다. 따라서 직장생활에 있어 중요한 덕목 중 하나인 정직을 바탕으로 솔직하게 답변을 하도록 한다.

(2) 면접의 종류 및 준비 전략

① 인성면접

ㄱ 면접 방식 및 판단기준
- 면접 방식 : 인성면접은 면접관이 가지고 있는 개인적 면접 노하우나 관심사에 의해 질문을 실시한다. 주로 입사지원서나 자기소개서의 내용을 토대로 지원동기, 과거의 경험, 미래 포부 등을 이야기하도록 하는 방식이다.
- 판단기준 : 면접관의 개인적 가치관과 경험, 해당 역량의 수준, 경험의 구체성 · 진실성 등

ㄴ 특징 : 인성면접은 그 방식으로 인해 역량과 무관한 질문들이 많고 지원자에게 주어지는 면접질문, 시간 등이 다를 수 있다. 또한 입사지원서나 자기소개서의 내용을 토대로 하기 때문에 지원자별 질문이 달라질 수 있다.

ⓒ 예시 문항 및 준비전략

• 예시 문항

  • 3분 동안 자기소개를 해 보십시오.
  • 자신의 장점과 단점을 말해 보십시오.
  • 학점이 좋지 않은데 그 이유가 무엇입니까?
  • 최근에 인상 깊게 읽은 책은 무엇입니까?
  • 회사를 선택할 때 중요시하는 것은 무엇입니까?
  • 일과 개인생활 중 어느 쪽을 중시합니까?
  • 10년 후 자신은 어떤 모습일 것이라고 생각합니까?
  • 휴학 기간 동안에는 무엇을 했습니까?

• 준비전략 : 인성면접은 입사지원서나 자기소개서의 내용을 바탕으로 하는 경우가 많으므로 자신이 작성한 입사지원서와 자기소개서의 내용을 충분히 숙지하도록 한다. 또한 최근 사회적으로 이슈가 되고 있는 뉴스에 대한 견해를 묻거나 시사상식 등에 대한 질문을 받을 수 있으므로 이에 대한 대비도 필요하다. 자칫 부담스러워 보이지 않는 질문으로 가볍게 대답하지 않도록 주의하고 모든 질문에 입사 의지를 담아 성실하게 답변하는 것이 중요하다.

② 발표면접

  ㉠ 면접 방식 및 판단기준
  • 면접 방식 : 지원자가 특정 주제와 관련된 자료를 검토하고 그에 대한 자신의 생각을 면접관 앞에서 주어진 시간 동안 발표하고 추가 질의를 받는 방식으로 진행된다.
  • 판단기준 : 지원자의 사고력, 논리력, 문제해결력 등
  ㉡ 특징 : 발표면접은 지원자에게 과제를 부여한 후, 과제를 수행하는 과정과 결과를 관찰·평가한다. 따라서 과제수행 결과뿐 아니라 수행과정에서의 행동을 모두 평가할 수 있다.

ⓒ 예시 문항 및 준비전략

• 예시 문항

[신입사원 조기 이직 문제]

※ 지원자는 아래에 제시된 자료를 검토한 뒤, 신입사원 조기 이직의 원인을 크게 3가지로 정리하고 이에 대한 구체적인 개선안을 도출하여 발표해 주시기 바랍니다.

※ 본 과제에 정해진 정답은 없으나 논리적 근거를 들어 개선안을 작성해 주십시오.

• A기업은 동종업계 유사기업들과 비교해 볼 때, 비교적 높은 재무안정성을 유지하고 있으며 업무강도가 그리 높지 않은 것으로 외부에 알려져 있음.

• 최근 조사결과, 동종업계 유사기업들과 연봉을 비교해 보았을 때 연봉 수준도 그리 나쁘지 않은 편이라는 것이 확인되었음.

• 그러나 지난 3년간 1~2년차 직원들의 이직률이 계속해서 증가하고 있는 추세이며, 경영진 회의에서 최우선 해결과제 중 하나로 거론되었음.

• 이에 따라 인사팀에서 현재 1~2년차 사원들을 대상으로 개선되어야 하는 A기업의 조직문화에 대한 설문조사를 실시한 결과, '상명하복식의 의사소통'이 36.7%로 1위를 차지했음.

• 이러한 설문조사와 함께, 신입사원 조기 이직에 대한 원인을 분석한 결과 파랑새 증후군, 셀프홀릭 증후군, 피터팬 증후군 등 3가지로 분류할 수 있었음.

〈동종업계 유사기업들과의 연봉 비교〉　　〈우리 회사 조직문화 중 개선되었으면 하는 것〉

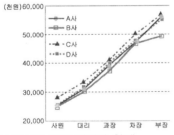 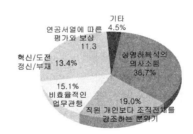

〈신입사원 조기 이직의 원인〉

• 파랑새 증후군
- 현재의 직장보다 더 좋은 직장이 있을 것이라는 막연한 기대감으로 끊임없이 새로운 직장을 탐색함.
- 학력 수준과 맞지 않는 '하향지원', 전공과 적성을 고려하지 않고 일단 취업하고 보자는 '묻지마 지원'이 파랑새 증후군을 초래함.

• 셀프홀릭 증후군
- 본인의 역량에 비해 가치가 낮은 일을 주로 하면서 갈등을 느낌.

• 피터팬 증후군
- 기성세대의 문화를 무조건 수용하기보다는 자유로움과 변화를 추구함.
- 상명하복, 엄격한 규율 등 기성세대가 당연시하는 관행에 거부감을 가지며 직장에 답답함을 느낌.

- 준비전략 : 발표면접의 시작은 과제 안내문과 과제 상황, 과제 자료 등을 정확하게 이해하는 것에서 출발한다. 과제 안내문을 침착하게 읽고 제시된 주제 및 문제와 관련된 상황의 맥락을 파악한 후 과제를 검토한다. 제시된 기사나 그래프 등을 충분히 활용하여 주어진 문제를 해결할 수 있는 해결책이나 대안을 제시하며, 발표를 할 때에는 명확하고 자신 있는 태도로 전달할 수 있도록 한다.

③ 토론면접
  ㉠ 면접 방식 및 판단기준
  - 면접 방식 : 상호갈등적 요소를 가진 과제 또는 공통의 과제를 해결하는 내용의 토론 과제를 제시하고, 그 과정에서 개인 간의 상호작용 행동을 관찰하는 방식으로 면접이 진행된다.
  - 판단기준 : 팀워크, 적극성, 갈등 조정, 의사소통능력, 문제해결능력 등
  ㉡ 특징 : 토론을 통해 도출해 낸 최종안의 타당성도 중요하지만, 결론을 도출해 내는 과정에서의 의사소통능력이나 갈등상황에서 의견을 조정하는 능력 등이 중요하게 평가되는 특징이 있다.
  ㉢ 예시 문항 및 준비전략
  - 예시 문항

    - 담뱃값 인상에 대한 찬반토론
    - 비정규직 철폐에 대한 찬반토론
    - 대학의 영어 강의 확대 찬반토론

  - 준비전략 : 토론면접은 무엇보다 팀워크와 적극성이 강조된다. 따라서 토론과정에 적극적으로 참여하며 자신의 의사를 분명하게 전달하며, 갈등상황에서 자신의 의견만 내세울 것이 아니라 다른 지원자의 의견을 경청하고 배려하는 모습도 중요하다. 갈등상황을 일목요연하게 정리하여 조정하는 등의 의사소통능력을 발휘하는 것도 좋은 전략이 될 수 있다.

④ 상황면접
  ㉠ 면접 방식 및 판단기준
  - 면접 방식 : 상황면접은 직무 수행 시 접할 수 있는 상황들을 제시하고, 그러한 상황에서 어떻게 행동할 것인지를 이야기하는 방식으로 진행된다.
  - 판단기준 : 해당 상황에 적절한 역량의 구현과 구체적 행동지표

ⓛ 특징 : 실제 직무 수행 시 접할 수 있는 상황들을 제시하므로 입사 이후 지원자의 업무수행능력을 평가하는 데 적절한 면접 방식이다. 또한 지원자의 가치관, 태도, 사고방식 등의 요소를 통합적으로 평가하는 데 용이하다.

ⓒ 예시 문항 및 준비전략

• 예시 문항

> 당신은 생산관리팀의 팀원으로, 생산팀이 기한에 맞춰 효율적으로 제품을 생산할 수 있도록 관리하는 역할을 맡고 있습니다. 3개월 뒤에 제품A를 정상적으로 출시하기 위해 생산팀의 생산 계획을 수립한 상황입니다. 그러나 원가가 곧 실적으로 이어지는 구매팀에서는 최대한 원가를 줄여 전반적 단가를 낮추려고 원가절감을 위한 제안을 하였으나, 연구개발팀에서는 구매팀이 제안한 방식으로 제품을 생산할 경우 대부분이 구매팀의 실적으로 산정될 것이므로 제대로 확인도 해보지 않은 채 적합하지 않은 방식이라고 판단하고 있습니다. 당신은 어떻게 하겠습니까?

• 준비전략 : 상황면접은 먼저 주어진 상황에서 핵심이 되는 문제가 무엇인지를 파악하는 것에서 시작한다. 주질문과 세부질문을 통하여 질문의 의도를 파악하였다면, 그에 대한 구체적인 행동이나 생각 등에 대해 응답할수록 높은 점수를 얻을 수 있다.

⑤ 역할면접

㉠ 면접 방식 및 판단기준

• 면접 방식 : 역할면접 또는 역할연기 면접은 기업 내 발생 가능한 상황에서 부딪히게 되는 문제와 역할을 가상적으로 설정하여 특정 역할을 맡은 사람과 상호작용하고 문제를 해결해 나가도록 하는 방식으로 진행된다. 역할연기 면접에서는 면접관이 직접 역할연기를 하면서 지원자를 관찰하기도 하지만, 역할연기 수행만 전문적으로 하는 사람을 투입할 수도 있다.

• 판단기준 : 대처능력, 대인관계능력, 의사소통능력 등

㉡ 특징 : 역할면접은 실제 상황과 유사한 가상 상황에서의 행동을 관찰함으로서 지원자의 성격이나 대처 행동 등을 관찰할 수 있다.

㉢ 예시 문항 및 준비전략

• 예시 문항

> [금융권 역할면접의 예]
> 당신은 ○○은행의 신입 텔러이다. 사람이 많은 월말 오전 한 할아버지(면접관 또는 역할담당자)께서 ○○은행을 사칭한 보이스피싱으로 500만 원을 피해 보았다며 소란을 일으키고 있다. 실제 업무상황이라고 생각하고 상황에 대처해 보시오.

- 준비전략 : 역할연기 면접에서 측정하는 역량은 주로 갈등의 원인이 되는 문제를 해결 하고 제시된 해결 방안을 상대방에게 설득하는 것이다. 따라서 갈등해결, 문제해결, 조정·통합, 설득력과 같은 역량이 중요시된다. 또한 갈등을 해결하기 위해서 상대방에 대한 이해도 필수적인 요소이므로 고객 지향을 염두에 두고 상황에 맞게 대처해야 한다.

  역할면접에서는 변별력을 높이기 위해 면접관이 압박적인 분위기를 조성하는 경우가 많기 때문에 스트레스 상황에서 불안해하지 않고 유연하게 대처할 수 있도록 시간과 노력을 들여 충분히 연습하는 것이 좋다.

2 면접 이미지 메이킹

(1) 성공적인 이미지 메이킹 포인트

① 복장 및 스타일

㉠ 남성

- 양복 : 양복은 단색으로 하며 넥타이나 셔츠로 포인트를 주는 것이 효과적이다. 짙은 회색이나 감청색이 가장 단정하고 품위 있는 인상을 준다.
- 셔츠 : 흰색이 가장 선호되나 자신의 피부색에 맞추는 것이 좋다. 푸른색이나 베이지색은 산뜻한 느낌을 줄 수 있다. 양복과의 배색도 고려하도록 한다.
- 넥타이 : 의상에 포인트를 줄 수 있는 아이템이지만 너무 화려한 것은 피한다. 지원자의 피부색은 물론, 정장과 셔츠의 색을 고려하며, 체격에 따라 넥타이 폭을 조절하는 것이 좋다.
- 구두 & 양말 : 구두는 검정색이나 짙은 갈색이 어느 양복에나 무난하게 어울리며 깔끔하게 닦아 준비한다. 양말은 정장과 동일한 색상이나 검정색을 착용한다.
- 헤어스타일 : 머리스타일은 단정한 느낌을 주는 짧은 헤어스타일이 좋으며 앞머리가 있다면 이마나 눈썹을 가리지 않는 선에서 정리하는 것이 좋다.

ⓛ 여성

- 의상 : 단정한 스커트 투피스 정장이나 슬랙스 슈트가 무난하다. 블랙이나 그레이, 네이비, 브라운 등 차분해 보이는 색상을 선택하는 것이 좋다.
- 소품 : 구두, 핸드백 등은 같은 계열로 코디하는 것이 좋으며 구두는 너무 화려한 디자인이나 굽이 높은 것을 피한다. 스타킹은 의상과 구두에 맞춰 단정한 것으로 선택한다.
- 액세서리 : 액세서리는 너무 크거나 화려한 것은 좋지 않으며 과하게 많이 하는 것도 좋은 인상을 주지 못한다. 착용하지 않거나 작고 깔끔한 디자인으로 포인트를 주는 정도가 적당하다.
- 메이크업 : 화장은 자연스럽고 밝은 이미지를 표현하는 것이 좋으며 진한 색조는 인상이 강해 보일 수 있으므로 피한다.
- 헤어스타일 : 커트나 단발처럼 짧은 머리는 활동적이면서도 단정한 이미지를 줄 수 있도록 정리한다. 긴 머리의 경우 하나로 묶거나 단정한 머리망으로 정리하는 것이 좋으며, 짙은 염색이나 화려한 웨이브는 피한다.

② 인사

ⓐ 인사의 의미 : 인사는 예의범절의 기본이며 상대방의 마음을 여는 기본적인 행동이라고 할 수 있다. 인사는 처음 만나는 면접관에게 호감을 살 수 있는 가장 쉬운 방법이 될 수 있기도 하지만 제대로 예의를 지키지 않으면 지원자의 인성 전반에 대한 평가로 이어질 수 있으므로 각별히 주의해야 한다.

ⓑ 인사의 핵심 포인트

- 인사말 : 인사말을 할 때에는 밝고 친근감 있는 목소리로 하며, 자신의 이름과 수험번호 등을 간략하게 소개한다.
- 시선 : 인사는 상대방의 눈을 보며 하는 것이 중요하며 너무 빤히 쳐다본다는 느낌이 들지 않도록 주의한다.
- 표정 : 인사는 마음에서 우러나오는 존경이나 반가움을 표현하고 예의를 차리는 것이므로 살짝 미소를 지으며 하는 것이 좋다.
- 자세 : 인사를 할 때에는 가볍게 목만 숙인다거나 흐트러진 상태에서 인사를 하지 않도록 주의하며 절도 있고 확실하게 하는 것이 좋다.

③ 시선처리와 표정, 목소리
  ㉠ 시선처리와 표정 : 표정은 면접에서 지원자의 첫인상을 결정하는 중요한 요소이다. 얼굴표정은 사람의 감정을 가장 잘 표현할 수 있는 의사소통 도구로 표정 하나로 상대방에게 호감을 주거나, 비호감을 사기도 한다. 호감이 가는 인상의 특징은 부드러운 눈썹, 자연스러운 미간, 적당히 볼록한 광대, 올라간 입꼬리 등으로 가볍게 미소를 지을 때의 표정과 일치한다. 따라서 면접 중에는 밝은 표정으로 미소를 지어 호감을 형성할 수 있도록 한다. 시선은 면접관과 고르게 맞추되 생기 있는 눈빛을 띄도록 하며, 너무 빤히 쳐다본다는 인상을 주지 않도록 한다.
  ㉡ 목소리 : 면접은 주로 면접관과 지원자의 대화로 이루어지므로 목소리가 미치는 영향이 상당하다. 답변을 할 때에는 부드러우면서도 활기차고 생동감 있는 목소리로 하는 것이 면접관에게 호감을 줄 수 있으며 적당한 제스처가 더해진다면 상승효과를 얻을 수 있다. 그러나 적절한 답변을 하였음에도 불구하고 콧소리나 날카로운 목소리, 자신감 없는 작은 목소리는 답변의 신뢰성을 떨어뜨릴 수 있으므로 주의하도록 한다.

④ 자세
  ㉠ 걷는 자세
  • 면접장에 입실할 때에는 상체를 곧게 유지하고 발끝은 평행이 되게 하며 무릎을 스치듯 11자로 걷는다.
  • 시선은 정면을 향하고 턱은 가볍게 당기며 어깨나 엉덩이가 흔들리지 않도록 주의한다.
  • 발바닥 전체가 닿는 느낌으로 안정감 있게 걸으며 발소리가 나지 않도록 주의한다.
  • 보폭은 어깨넓이만큼이 적당하지만, 스커트를 착용했을 경우 보폭을 줄인다.
  • 걸을 때도 미소를 유지한다.

  ㉡ 서있는 자세
  • 몸 전체를 곧게 펴고 가슴을 자연스럽게 내민 후 등과 어깨에 힘을 주지 않는다.
  • 정면을 바라본 상태에서 턱을 약간 당기고 아랫배에 힘을 주어 당기며 바르게 선다.
  • 양 무릎과 발뒤꿈치는 붙이고 발끝은 11자 또는 V형을 취한다.
  • 남성의 경우 팔을 자연스럽게 내리고 양손을 가볍게 쥐어 바지 옆선에 붙이고, 여성의 경우 공수자세를 유지한다.

ⓒ 앉은 자세

• 남성

- 의자 깊숙이 앉고 등받이와 등 사이에 주먹 1개 정도의 간격을 두며 기대듯 앉지 않도록 주의한다. (남녀 공통 사항)
- 무릎 사이에 주먹 2개 정도의 간격을 유지하고 발끝은 11자를 취한다.
- 시선은 정면을 바라보며 턱은 가볍게 당기고 미소를 짓는다. (남녀 공통 사항)
- 양손은 가볍게 주먹을 쥐고 무릎 위에 올려놓는다.
- 앉고 일어날 때에는 자세가 흐트러지지 않도록 주의한다. (남녀 공통 사항)

• 여성

- 스커트를 입었을 경우 왼손으로 뒤쪽 스커트 자락을 누르고 오른손으로 앞쪽 자락을 누르며 의자에 앉는다.
- 무릎은 붙이고 발끝을 가지런히 한다.
- 양손을 모아 무릎 위에 모아 놓으며 스커트를 입었을 경우 스커트 위를 가볍게 누르듯이 올려놓는다.

(2) 면접 예절

① 행동 관련 예절

ⓐ **지각은 절대금물** : 시간을 지키는 것은 예절의 기본이다. 지각을 할 경우 면접에 응시할 수 없거나, 면접 기회가 주어지더라도 불이익을 받을 가능성이 높아진다. 따라서 면접장소가 결정되면 교통편과 소요시간을 확인하고 가능하다면 사전에 미리 방문해 보는 것도 좋다. 면접 당일에는 서둘러 출발하여 면접 시간 20~30분 전에 도착하여 회사를 둘러보고 환경에 익숙해지는 것도 성공적인 면접을 위한 요령이 될 수 있다.

ⓑ **면접 대기 시간** : 지원자들은 대부분 면접장에서의 행동과 답변 등으로만 평가를 받는다고 생각하지만 그렇지 않다. 면접관이 아닌 면접진행자 역시 대부분 인사실무자이며 면접관이 면접 후 지원자에 대한 평가에 있어 확신을 위해 면접진행자의 의견을 구한다면 면접진행자의 의견이 당락에 영향을 줄 수 있다. 따라서 면접 대기 시간에도 행동과 말을 조심해야 하며, 면접을 마치고 돌아가는 순간까지도 긴장을 늦춰서는 안 된다. 면접 중 압박적인 질문에 답변을 잘 했지만, 면접장을 나와 흐트러진 모습을 보이거나 욕설을 한다면 면접 탈락의 요인이 될 수 있으므로 주의해야 한다.

ⓒ 입실 후 태도 : 본인의 차례가 되어 호명되면 또렷하게 대답하고 들어간다. 만약 면접장 문이 닫혀 있다면 상대에게 소리가 들릴 수 있을 정도로 노크를 두세 번 한 후 대답을 듣고 나서 들어가야 한다. 문을 여닫을 때에는 소리가 나지 않게 조용히 하며 공손한 자세로 인사한 후 성명과 수험번호를 말하고 면접관의 지시에 따라 자리에 앉는다. 이 경우 착석하라는 말이 없는데 먼저 의자에 앉으면 무례한 사람으로 보일 수 있으므로 주의한다. 의자에 앉을 때에는 끝에 앉지 말고 무릎 위에 양손을 가지런히 얹는 것이 예절이라고 할 수 있다.

ⓔ 옷매무새를 자주 고치지 마라. : 일부 지원자의 경우 옷매무새 또는 헤어스타일을 자주 고치거나 확인하기도 하는데 이러한 모습은 과도하게 긴장한 것 같아 보이거나 면접에 집중하지 못하는 것으로 보일 수 있다. 남성 지원자의 경우 넥타이를 자꾸 고쳐 맨다거나 정장 상의 끝을 너무 자주 만지작거리지 않는다. 여성 지원자는 머리를 계속 쓸어 올리지 않고, 특히 짧은 치마를 입고서 신경이 쓰여 치마를 끌어내리는 행동은 좋지 않다.

ⓜ 다리를 떨거나 산만한 시선은 면접 탈락의 지름길 : 자신도 모르게 다리를 떨거나 손가락을 만지는 등의 행동을 하는 지원자가 있는데, 이는 면접관의 주의를 끌 뿐만 아니라 불안하고 산만한 사람이라는 느낌을 주게 된다. 따라서 가능한 한 바른 자세로 앉아 있는 것이 좋다. 또한 면접관과 시선을 맞추지 못하고 여기저기 둘러보는 듯한 산만한 시선은 지원자가 거짓말을 하고 있다고 여겨지거나 신뢰할 수 없는 사람이라고 생각될 수 있다.

② 답변 관련 예절

ⓐ 면접관이나 다른 지원자와 가치 논쟁을 하지 않는다. : 질문을 받고 답변하는 과정에서 면접관 또는 다른 지원자의 의견과 다른 의견이 있을 수 있다. 특히 평소 지원자가 관심이 많은 문제이거나 잘 알고 있는 문제인 경우 자신과 다른 의견에 대해 이의가 있을 수 있다. 하지만 주의할 것은 면접에서 면접관이나 다른 지원자와 가치 논쟁을 할 필요는 없다는 것이며 오히려 불이익을 당할 수도 있다. 정답이 정해져 있지 않은 경우에는 가치관이나 성장배경에 따라 문제를 받아들이는 태도에서 답변까지 충분히 차이가 있을 수 있으므로 굳이 면접관이나 다른 지원자의 가치관을 지적하고 고치려 드는 것은 좋지 않다.

ⓑ 답변은 항상 정직해야 한다. : 면접이라는 것이 아무리 지원자의 장점을 부각시키고 단점을 축소시키는 것이라고 해도 절대로 거짓말을 해서는 안 된다. 거짓말을 하게 되면 지원자는 불안하거나 꺼림칙한 마음이 들게 되어 면접에 집중을 하지 못하게 되고 수많은 지원자를 상대하는 면접관은 그것을 놓치지 않는다. 거짓말은 그 지원자에 대한 신뢰성을 떨어뜨리며 이로 인해 다른 스펙이 아무리 훌륭하다고 해도 채용에서 탈락하게 될 수 있음을 명심하도록 한다.

ⓒ 경력직을 경우 전 직장에 대해 험담하지 않는다. : 지원자가 전 직장에서 무슨 업무를 담당했고 어떤 성과를 올렸는지는 면접관이 관심을 둘 사항일 수 있지만, 이전 직장의 기업문화나 상사들이 어땠는지는 그다지 궁금해 하는 사항이 아니다. 전 직장에 대해 험담을 늘어놓는다든가, 동료와 상사에 대한 악담을 하게 된다면 오히려 지원자에 대한 부정적인 이미지만 심어줄 수 있다. 만약 전 직장에 대한 말을 해야 할 경우가 생긴다면 가능한 한 객관적으로 이야기하는 것이 좋다.

ⓒ 자기 자신이나 배경에 대해 자랑하지 않는다. : 자신의 성취나 부모 형제 등 집안사람들이 사회·경제적으로 어떠한 위치에 있는지에 대한 자랑은 면접관으로 하여금 지원자에 대해 오만한 사람이거나 배경에 의존하려는 나약한 사람이라는 이미지를 갖게 할 수 있다. 따라서 자기 자신이나 배경에 대해 자랑하지 않도록 하고, 자신이 한 일에 대해서 너무 자세하게 얘기하지 않도록 주의해야 한다.

3 면접 질문 및 답변 포인트

(1) 가족 및 대인관계에 관한 질문

① 당신의 가정은 어떤 가정입니까?
면접관들은 지원자의 가정환경과 성장과정을 통해 지원자의 성향을 알고 싶어 이와 같은 질문을 한다. 비록 가정 일과 사회의 일이 완전히 일치하는 것은 아니지만 '가화만사성'이라는 말이 있듯이 가정이 화목해야 사회에서도 화목하게 지낼 수 있기 때문이다. 그러므로 답변 시에는 가족사항을 정확하게 설명하고 집안의 분위기와 특징에 대해 이야기하는 것이 좋다.

② 친구 관계에 대해 말해 보십시오.
지원자의 인간성을 판단하는 질문으로 교우관계를 통해 답변자의 성격과 대인관계능력을 파악할 수 있다. 새로운 환경에 적응을 잘하여 새로운 친구들이 많은 것도 좋지만, 깊고 오래 지속되어온 인간관계를 말하는 것이 더욱 바람직하다.

(2) 성격 및 가치관에 관한 질문

① 당신의 PR포인트를 말해 주십시오.

PR포인트를 말할 때에는 지나치게 겸손한 태도는 좋지 않으며 적극적으로 자기를 주장하는 것이 좋다. 앞으로 입사 후 하게 될 업무와 관련된 자기의 특성을 구체적인 일화를 더하여 이야기하도록 한다.

② 당신의 장·단점을 말해 보십시오.

지원자의 구체적인 장·단점을 알고자 하기 보다는 지원자가 자기 자신에 대해 얼마나 알고 있으며 어느 정도의 객관적인 분석을 하고 있나, 그리고 개선의 노력 등을 시도하는지를 파악하고자 하는 것이다. 따라서 장점을 말할 때는 업무와 관련된 장점을 뒷받침할 수 있는 근거와 함께 제시하며, 단점을 이야기할 때에는 극복을 위한 노력을 반드시 포함해야 한다.

③ 가장 존경하는 사람은 누구입니까?

존경하는 사람을 말하기 위해서는 우선 그 인물에 대해 알아야 한다. 잘 모르는 인물에 대해 존경한다고 말하는 것은 면접관에게 바로 지적당할 수 있으므로, 추상적이라도 좋으니 평소에 존경스럽다고 생각했던 사람에 대해 그 사람의 어떤 점이 좋고 존경스러운지 대답하도록 한다. 또한 자신에게 어떤 영향을 미쳤는지도 언급하면 좋다.

(3) 학교생활에 관한 질문

① 지금까지의 학교생활 중 가장 기억에 남는 일은 무엇입니까?

가급적 직장생활에 도움이 되는 경험을 이야기하는 것이 좋다. 또한 경험만을 간단하게 말하지 말고 그 경험을 통해서 얻을 수 있었던 교훈 등을 예시와 함께 이야기하는 것이 좋으나 너무 상투적인 답변이 되지 않도록 주의해야 한다.

② 성적은 좋은 편이었습니까?

면접관은 이미 서류심사를 통해 지원자의 성적을 알고 있다. 그럼에도 불구하고 이 질문을 하는 것은 지원자가 성적에 대해서 어떻게 인식하느냐를 알고자 하는 것이다. 성적이 나빴던 이유에 대해서 변명하려 하지 말고 담백하게 받아드리고 그것에 대한 개선노력을 했음을 밝히는 것이 적절하다.

(4) 지원동기 및 직업의식에 관한 질문

① 왜 우리 회사를 지원했습니까?

이 질문은 어느 회사나 가장 먼저 물어보고 싶은 것으로 지원자들은 기업의 이념, 대표의 경영능력, 재무 구조, 복리후생 등 외적인 부분을 설명하는 경우가 많다. 이러한 답변도 적절하지만 지원 회사의 주력 상품에 관한 소비자의 인지도, 경쟁사 제품과의 시장점유율을 비교하면서 입사동기를 설명한다면 상당히 주목 받을 수 있을 것이다.

② 만약 이번 채용에 불합격하면 어떻게 하겠습니까?

불합격할 것을 가정하고 회사에 응시하는 지원자는 거의 없을 것이다. 이는 지원자를 궁지로 몰아넣고 어떻게 대응하는지를 살펴보며 입사 의지를 알아보려고 하는 것이다. 이 질문은 너무 깊이 들어가지 말고 침착하게 답변하는 것이 좋다.

③ 당신이 생각하는 바람직한 사원상은 무엇입니까?

직장인으로서 또는 조직의 일원으로서의 자세를 묻는 질문으로 지원하는 회사에서 어떤 인재상을 요구하는가를 알아두는 것이 좋으며, 평소에 자신의 생각을 미리 정리해 두어 당황하지 않도록 한다.

④ 직무상의 적성과 보수의 많음 중 어느 것을 택하겠습니까?

이런 질문에서 회사 측에서 원하는 답변은 당연히 직무상의 적성에 비중을 둔다는 것이다. 그러나 적성만을 너무 강조하다 보면 오히려 솔직하지 못하다는 인상을 줄 수 있으므로 어느 한 쪽을 너무 강조하거나 경시하는 태도는 바람직하지 못하다.

⑤ 상사와 의견이 다를 때 어떻게 하겠습니까?

과거와 다르게 최근에는 상사의 명령에 무조건 따르겠다는 수동적인 자세는 바람직하지 않다. 회사에서는 때에 따라 자신이 판단하고 행동할 수 있는 직원을 원하기 때문이다. 그러나 지나치게 자신의 의견만을 고집한다면 이는 팀원 간의 불화를 야기할 수 있으며 팀 체제에 악영향을 미칠 수 있으므로 선호하지 않는다는 것에 유념하여 답해야 한다.

⑥ 근무지가 지방인데 근무가 가능합니까?

근무지가 지방 중에서도 특정 지역은 되고 다른 지역은 안 된다는 답변은 바람직하지 않다. 직장에서는 순환 근무라는 것이 있으므로 처음에 지방에서 근무를 시작했다고 해서 계속 지방에만 있는 것은 아님을 유의하고 답변하도록 한다.

1 한국장애인고용공단 면접기출

- 장애인 고용률이 낮은 이유가 무엇이라고 생각하는지 말해 보시오.

- 본인이 가지고 있는 장애인에 대한 인식은 어떠한지 말해 보시오.

- 고용상시상황보고서란 무엇인지 말해 보시오.

- 직장에서 장애인고용부담금이란 무엇인지 말해 보시오.

- 팀에서 부당한 업무를 시켰을 때 대응방안은 무엇인지 말해 보시오.

- 장애인고용의무제도가 있음에도 공단에서 기업을 지원하는 이유에 대해 말해 보시오.

- 우리 공단에 입사해서 하고 싶은 일이나 계획이 있다면 말해 보시오.

- 민원 전화응대 시, 본인의 업무가 아닌 다른 업무의 전화가 왔을 때 어떻게 응대하겠는지 말해 보시오.

- 장애인 채용을 꺼리는 고용주가 있다면 어떻게 설득을 할 것인지 말해 보시오.

- 본인이 지원한 분야의 업무 중 가장 중요한 것은 무엇이라고 생각하는지 말해 보시오.

- 누군가를 설득해보거나 누군가에게 설득당해 본 경험이 있으면 말해 보시오.

- 신(信)통(通)한(汗)이 무엇인지 말해 보시오.

- 장애인 동료에게 여행지를 추천한다면 어디로 할 것이며, 그 이유를 말해 보시오.

- 장애인을 상대해 본 경험이 있으면 말해 보시오.

- 1분간 자기소개를 해 보시오.

- 다른 지원자와 다른 자신만의 강점에 대해 말해 보시오.

- 지원동기와 입사 후 포부를 말해 보시오.

- 힘들었던 경험과 어떻게 극복했었는지 말해 보시오.

- 가장 행복했던 추억이나 경험을 말해 보시오.

- 발달장애인에 대해 설명해 보시오.

- 우리 공단에 대해 아는 대로 말해 보시오.

- 희생이나 배려한 경험이 있다면 말해 보시오.

- 우리 공단을 홍보한다면 어떻게 할 것인지 말해 보시오.

- 자신만의 소통 방법이 있다면 말해 보시오.

- 창의성을 발의한 경험이 있다면 말해 보시오.

- 최근 장애인 관련 이슈 중에 관심 있게 접한 것이 있다면 무엇인가?

- 뇌병변, 하반신 마비, 청각장애, 시각장애 중 한 가지 장애를 가져야 한다면 어떤 장애유형을 선택할지 이유와 함께 설명해 보시오.

- 뇌병변, 하반신 마비, 청각장애, 시각장애 중 절대 갖고 싶지 않은 장애유형과 그 이유를 설명해 보시오.

- 우리공단을 언제 알게 되었는가?

- 개인 이메일 주소나 아이디의 의미와 그렇게 지은 특별한 의미가 있다면 말해 보시오.

- 10년 뒤 목표를 구체적은 숫자를 넣어 답해 보시오.

- 장애인 고용률을 높이기 위한 새로운 방안이 있다면 말해 보시오.

- 꾸준히 하고 있는 봉사 활동이 있는가?

- 고객이 우리 공단 방침과 다른 서비스를 요구하였을 때 어떻게 대처할 것인가?

- 우리 공단에 대해 아는 대로 회사에 대해서 아는 대로 말해보시오.

- 고용을 제외한 장애인에게 최고의 복지는 무엇인가?

- 공단의 정신 중 하나를 택해 자신과 연결해 보시오.

- 지적장애 정도가 심하고 근로의욕이 낮은 장애인 분이 매일 찾아와 일자리를 구하고 싶다고 한다면 어떻게 대처할 것인가?

2 공기업 면접기출

• 상사가 부정한 일로 자신의 이득을 취하고 있다. 이를 인지하게 되었을 때 자신이라면 어떻게 행동할 것인가?

• 본인이 했던 일 중 가장 창의적이었다고 생각하는 경험에 대해 말해보시오.

• 직장생활 중 적성에 맞지 않는다고 느낀다면 다른 일을 찾을 것인가? 아니면 참고 견뎌내겠는가?

• 자신만의 특별한 취미가 있는가? 그것을 업무에서 활용할 수 있다고 생각하는가?

• 면접을 보러 가는 길인데 신호등이 빨간불이다. 시간이 매우 촉박한 상황인데, 무단횡단을 할 것인가?

• 원하는 직무에 배치 받지 못할 경우 어떻게 행동할 것인가?

• 타인과 차별화 될 수 있는 자신만의 장점 및 역량은 무엇인가?

• 자격증을 한 번에 몰아서 취득했는데 힘들지 않았는가?

• 오늘 경제신문 첫 면의 기사에 대해 브리핑을 해 보시오.

• 공사 진행과 관련하여 민원인과의 마찰이 생기면 어떻게 대응하겠는가?

• 직장 상사가 나보다 다섯 살 이상 어리다면 어떤 기분이 들것 같은가?

• 현재 심각한 취업난인 반면 중소기업은 인력이 부족하다는데 어떻게 생각하는가?

• 영어로 자기소개를 말해보시오.

• 영어로 지원동기를 말해보시오.

• 지방이나 오지 근무에 대해서는 어떻게 생각하는가?

• 상사에게 부당한 지시를 받으면 어떻게 행동하겠는가?

• 최근 주의 깊게 본 시사 이슈는 무엇이었는가?

• 자신만의 스트레스 해소법이 있다면 말해보시오.

가볍게! 빠르게! 확인하는 용어사전 시리즈

시사용어사전 │ 경제용어사전 │ 부동산용어사전

시사용어사전 1228

매일 접하는 각종 기사와 정보! 공기업/언론사/기업체/공무원 채용을 준비하는 수험생과

현대인이 꼭 알아야 할 최신 시사상식을 쏙쏙 뽑아 이해하기 쉽도록 영역별로 정리

경제용어사전 1050

주요 경제용어는 거의 다 실었다! 금융권/공기업/언론사/기업체/공무원 채용을 준비하기 전에,

경제 공부를 시작하기 전에 읽어보면 경제가 쉬워지도록 사전식으로 구성

부동산용어사전 1310

부동산에 대한 이해를 높이고 부동산의 개발과 활용, 투자 및 부동산 용어 학습에도

적극적으로 이용할 수 있는 교재, 공인중개사 출제용어도 수록

자격증

한번에 따기 위한 서원각 교재

한 권에 준비하기 시리즈 / 기출문제 정복하기 시리즈를 통해 자격증 준비하자!